D1664091

Schäfer • Insolvenzanfechtung anhand von Rechtsprechungsbeispielen

Insolvenzanfechtung

anhand von Rechtsprechungsbeispielen

2. Auflage

von

Rechtsanwalt
Berthold Schäfer

ISBN: 978-3-89655-347-8

© ZAP Verlag
LexisNexis Deutschland GmbH, Münster 2008
Ein Unternehmen der Reed Elsevier Gruppe

Druck: Bercker, Kevelaer

Für Elke und Julia

Vorwort

Dieses Buch erscheint nunmehr in neuem Gewand, nachdem der frühere Verlag offenbar doch nicht auf Dauer zwei konkurrierende Werke fortführen wollte. Dem im Insolvenzrecht besonders engagierten ZAP-Verlag gebührt Dank dafür, dass das Buch schon bald in 2. Auflage erscheinen konnte.

Seit dem Erscheinen der Vorauflage sind eine ganze Reihe bedeutsamer Entscheidungen des Bundesgerichtshofes zum Insolvenzanfechtungsrecht ergangen, die eine Neuauflage als sinnvoll erscheinen ließen. Zu erwähnen sind in diesem Zusammenhang insbesondere die Urteile des BGH vom 29.11.2007 zur Globalzession (Beispielsfall 3) und zur Anfechtung einer einheitlichen Rechtshandlung bzw. einer mittelbaren Zuwendung gegenüber mehreren Anfechtungsgegnern (Beispielsfall 4 und 18) vom 16.11.2007 zum Vorrang der Deckungsanfechtung vor der „Schenkungsanfechtung" (Beispielsfall 81) sowie das für Sicherheitenpoolverträge bedeutsame Urteil vom 21.02.2008 (Beispielsfall 54).

Die Zahl der Beispielsfälle wurde von 82 auf 105 erweitert, um das schwierige und für die insolvenzrechtliche Praxis wichtige Recht der Insolvenzanfechtung noch anschaulicher zu machen. Zur Erläuterung der Bestimmung des § 132 InsO (Anfechtbarkeit unmittelbar nachteiliger Rechtshandlungen) wurden zwei Beispielsfälle neu in die Fallsammlung aufgenommen. Ergänzt wurde das Buch ferner durch ein ausführliches Register der besprochenen und zitierten Entscheidungen, das bei der Erstellung der 1. Auflage leider noch aus zeitlichen Gründen entfallen musste. Rechtsprechung und Schrifttum konnten bis Juni 2008 berücksichtigt werden.

Kritik, Anregungen und Lob sind stets nützlich und daher willkommen. Ich gebe zu diesem Zweck meine Anschrift wie folgt bekannt:

Berthold Schäfer
Salbeiweg 4
71672 Marbach am Neckar

E-Mail: Berthold.Schaefer@onlinehome.de

Marbach, im Juli 2008   Berthold Schäfer

Vorwort zur 1. Auflage

Das Recht der Insolvenzanfechtung gehört wohl ohne Zweifel zu den kompliziertesten Bereichen des Zivilrechts. Namhafte Juristen haben dieses Rechtsgebiet in Kommentierungen zu den einschlägigen Gesetzesbestimmungen unter Verarbeitung der hierzu ergangenen zahlreichen höchstrichterlichen Entscheidungen erschlossen.

Wie kaum ein anderes Rechtsgebiet wird jedoch das Insolvenzanfechtungsrecht maßgeblich durch praktische Fälle mit Leben ausgefüllt und dadurch anschaulich. Mit der vorliegenden Arbeit wird daher der Versuch unternommen, die wesentlichen Grundsätze des Insolvenzanfechtungsrechts mit Hilfe konkreter Beispielsfälle aus der Rechtsprechung darzustellen. Dies hat zwar zur Folge, dass trotz der beträchtlichen Zahl von 82 Beispielsfällen ein Anspruch auf Vollständigkeit und eine geschlossene systematische Darstellung nicht erhoben werden kann. Insoweit ist vielmehr auf die einschlägigen Kommentierungen zu verweisen. Auf der anderen Seite aber dürfte die fallbezogene und komprimierte Darstellung gerade auch für den Praktiker die Einarbeitung in dieses schwierige Rechtsgebiet erleichtern.

In dieses Buch sind die Erfahrungen aus einer mehr als 18-jährigen Tätigkeit für Rechtsanwälte beim Bundesgerichtshof eingeflossen, wobei das Insolvenzrecht einen Schwerpunkt bildete.

Das Buch ist meinen Eltern in Dankbarkeit gewidmet.

Marbach, den 28.10.2007   Berthold Schäfer

Hinweise zur Benutzung der CD-ROM

Eine besondere Software-Installation ist nicht erforderlich. Legen Sie einfach die CD-ROM in Ihr Laufwerk ein. Sie erhalten Zugriff auf die Dateien z.B. über das Symbol „Arbeitsplatz" auf Ihrem Bildschirm (dort durch Doppelklick auf das Symbol für das CD-ROM-Laufwerk).

Durch Doppelklick auf die Datei „start.doc" gelangen Sie auf das Zentraldokument (im Word-Format). Die Dokumentenanzeige erfolgt durch die Kombination der Taste „Strg" und einem Mausklick über den jeweiligen Link.

Inhaltsverzeichnis

Seite

Seite

Seite

Seite

Seite

Seite

Seite

Seite

Seite

Literaturverzeichnis

Arbeitskreis für Insolvenz- und Schiedsgerichtswesen e.V. Köln (Hrsg.), Kölner Schrift zur Insolvenzordnung, 2. Auflage, Herne, Berlin 2000

Bauer, Joachim, Die schleichende Wiedereinführung von Insolvenzrechten zugunsten des Fiskus und der Sozialkassen schreitet voran, erschienen in: ZInsO 2008, 119

Bitter, Georg, Pfändung des Dispositionskredits?, erschienen in: WM 2001, 889

Blank, Michael, Anmerkung zu OLG Hamburg, erschienen in: ZInsO 2004, 983

ders., Der Coup im Bundestag: Die Neuregelung des § 28e Abs. 1 Satz 2 SGB IV n. F. (ab 1.1.2008), erschienen in: ZInsO 2008, 1

Bork, Reinhard, Grundtendenzen des Insolvenzanfechtungsrechts, erschienen in: ZIP 2008, 1041

ders., Lastschrift in der Insolvenz des Lastschriftschuldners, erschienen in: Festschrift für Walter Gerhardt, 2004

Bräuer, Gregor, Ausschluss der Insolvenzanfechtung durch § 28e Abs. 1 Satz 2 SGB IV n.f., erschienen in: ZInsO 2008, 169

Brömmekamp, Utz, Insolvenzrechtliche Anfechtbarkeit einer vom Gemeinschuldner geleisteten Bewährungsauflage, erschienen in: ZIP 2001, 951

Bülow, Peter, Recht der Kreditsicherheiten, 6. Auflage, Heidelberg 2003

Canaris, Claus-Wilhelm, Bankvertragsrecht, 3. Auflage, Berlin 1988

Cranshaw, Friedrich, Gläubigerbenachteiligung bei ungenehmigter Kontoüberziehung, erschienen in: jurisPR-InsR 11/2007

Dahl, Michael, Der neue § 28e SGB IV und seine Auswirkung auf anhängige Verfahren, erschienen in: NZI 2008, 160

Eckardt, Diederich, Kreditsicherung versus Insolvenzanfechtung, erschienen in: ZIP 1999, 1417

ders., Zur Kenntnis des Anfechtungsgegners von der Begünstigungsabsicht im Rahmen der Konkursanfechtung, erschienen in: EWiR 1999, 801

Eickmann, Dieter/**Flessner**, Axel/**Irschlinger**, Friedrich (u.a.), Heidelberger Kommentar zur Insolvenzordnung, 4. Auflage, Heidelberg 2006

Felke, Klaus, Die Pfändung der offenen Kreditlinie im System der Zwangsvollstreckung erschienen in: WM 2002, 1632

Förster, Karsten, Klartext: Bananenrepublik!, erschienen in: ZInsO 2005, 785

Ganter, Hans-Gerhard, Rechtsprechung des Bundesgerichtshofes zum Kreditsicherungsrecht, erschienen in: WM 1998, 2081

ders., Aktuelle Probleme des Kreditsicherungsrechts, erschienen in: WM 2006, 1081

Gottwald, Peter (Hrsg.), Insolvenzrechtshandbuch, 3. Auflage, München 2006

Häsemeyer, Ludwig, Insolvenzrecht, 4. Auflage, Köln 2007

Henckel, Wolfram, Anfechtung der Tilgung fremder Schuld, erschienen in: ZIP 2004,1671

ders., Konstruktion, Funktion, Interessen – zur modifizierten Erlöschenstheorie durch den Bundesgerichtshof, erschienen in: Festschrift für Kirchhof 2003, S. 191

Huber, Michael, Konkurrierende Anfechtungsansprüche zugunsten verschiedener Insolvenzmassen im Dreiecksverhältnis oder „Krieg der Insolvenzverwalter", erschienen in: NZI 2008, 149

Jaeger, Ernst, Insolvenzordnung, Großkommentar in 5 Bänden, Berlin 2004 bis 2008

Jaeger, Ernst/**Henckel**, Wolfram, Konkursordnung: Großkommentar, 9. Auflage, Berlin 1997

Kayser, Godehard, Höchstrichterliche Rechtsprechung zur Insolvenzanfechtung und Unternehmensinsolvenz, 2. Auflage, Köln 2007

ders., Insolvenzrechtliche Bargeschäfte (§ 142 InsO) bei der Erfüllung gesetzlicher Ansprüche?, erschienen in: ZIP 2007, 49

Kilger, Joachim/**Schmidt**, Karsten, Insolvenzgesetze, 17. Auflage, München 1997

Kirchhof, Hans Peter/**Lwowski**, Jürgen/**Stürner**, Rolf (Hrsg.), Münchener Kommentar zur Insolvenzordnung, Bd. II, 2. Auflage, München 2008

Kissel, Otto Rudolf/**Mayer**, Herbert, Gerichtsverfassungsgesetz, 4. Auflage, München 2005

Kreft, Gerhart, Neue Entwicklungen im Anfechtungsrecht (Teil 1), erscheinen in: DStR 2005, 1192

Kübler, Bruno/**Prütting**, Hans, InsO, Kommentar zur Insolvenzordnung (Loseblattwerk), Köln

dies., Das neue Insolvenzrecht, RWS – Dokumentation 18, 2. Auflage, Köln 2000

Kuder, Karen, Das Ende der Globalzession?, erschienen in: ZInsO 2006, 1065

Marotzke, Wolfgang, Die insolvenzrechtliche Anfechtbarkeit von Zahlungen aus einem im Soll geführten Konto, erschienen in: ZInsO 2007, 897

Nobbe, Gerd/**Ellenberger**, Jürgen, Unberechtigte Widersprüche des Schuldners im Lastschriftverkehr, sittliche Läuterung durch den vorläufigen Insolvenzverwalter?, erschienen in: WM 2006, 1885

Obermüller, Manfred, Insolvenzrecht in der Bankpraxis, 6. Auflage, Köln 2002

Pape, Gerhard, Von der Perle der Reichsjustizgesetze zur Abbruchhalde, erschienen in: ZInsO 2005, 842

Piekenbrock, Andreas, Zum Wert der Globalzession in der Insolvenz, erschienen in: WM 2007, 141

Ries, Stephan, Insolvenz(anfechtungs)recht auf dem Rückzug?, erschienen in: ZInsO 2005, 848

Schäfer, Berthold, Die neuere Rechtsprechung des Bundesgerichtshofes zur Wirksamkeit von Verfügungen über künftige Rechte in der Insolvenz des Verfügenden, erschienen in: ZInsO 2007, 18

ders., Insolvenzrechtliche Aspekte der „Stammrechtstheorie" und der „Kerntheorie" am Beispiel höchstrichterlicher und obergerichtlicher Rechtsprechung, erschienen in: ZInsO 2006, 635

ders., Anfechtbarkeit der Prämienzahlung eines Arbeitgebers auf eine zugunsten seiner Arbeitnehmer abgeschlossene Direktversicherung, erschienen in: NZI 2008, 151

Schimansky, Herbert/**Bunte**, Hermann-Josef/**Lwowski**, Jürgen, Bankrechtshandbuch, 2. Auflage, München 2001

Schmalenbach, Dirk/**Sester**, Peter, Insolvenzfestigkeit der Globalzession bei Kreditlinien und strukturierten Finanzierungen, erschienen in: WM 2007, 1164

Schmidt, Andreas (Hrsg.), Hamburger Kommentar zum Insolvenzrecht, 2. Auflage, Münster 2007

Uhlenbruck, Wilhelm (Hrsg.), Insolvenzordnung, 12. Auflage, München 2003

von der Heydt, Maria, Vermögenszuweisungsfiktion des § 28e Abs. 1 Satz 2 SGB IV n.F., Gläubigerbenachteiligung und Insolvenzanfechtung, erschienen in: ZInsO 2008, 178

von Mettenheim, Christoph, Anmerkung zu BGH WM 2008, 173, erschienen in: ZInsO 2008, 110

Wimmer, Klaus (Hrsg.), Frankfurter Kommentar zur Insolvenzordnung, 4. Auflage, Neuwied 2006

Zeuner, Mark, Die Anfechtung in der Insolvenz, 2. Auflage, München 2007

Zöller, Richard (Hrsg.), Zivilprozessordnung, 26. Auflage, Köln 2007

Zuleger, Ralf, Verrechnung von Zahlungseingängen bei offener Kreditlinie, erschienen in: ZInsO 2002, 49

Abkürzungsverzeichnis

A

a.A.	anderer Ansicht
a.a.O.	am angegebenen Ort
Abs.	Absatz
AG	Amtsgericht
Alt.	Alternative
a.F.	alte Fassung
Art.	Artikel
Aufl.	Auflage

B

BAG	Bundesarbeitsgericht
BB	Betriebsberater (Zs.)
Beschl.	Beschluss
BFH	Bundesfinanzhof
BGB	Bürgerliches Gesetzbuch
BGBl.	Bundesgesetzblatt
BGH	Bundesgerichtshof
BGHSt	Entscheidungen des Bundesgerichtshofes in Strafsachen
BGHZ	Entscheidungen des Bundesgerichtshofes in Zivilsachen
BR-Drucks.	Bundesrats-Drucksache
Bsp.	Beispiel
bspw.	beispielsweise
BVerfG	Bundesverfassungsgericht
bzgl.	bezüglich
bzw.	beziehungsweise

C

ca.	circa

D

DB	Der Betrieb (Zs.)
ders.	derselbe

d.h.	das heißt
DZWIR	Deutsche Zeitschrift für Wirtschafts- und Insolvenzrecht
E	
EGInsO	Einführungsgesetz zur Insolvenzordnung
EStG	Einkommensteuergesetz
etc.	et cetera
EU	Europäische Union
EuGH	Europäischer Gerichtshof
evtl.	eventuell
EWiR	Entscheidungen zum Wirtschaftsrecht (Zs.)
F	
f.	folgende
ff.	fort folgende
FG	Finanzgericht
G	
GbR	Gesellschaft bürgerlichen Rechts
gem.	gemäß
GesO	Gesamtvollstreckungsordnung
ggf.	gegebenenfalls
GmbH	Gesellschaft mit beschränkter Haftung
GmbHG	Gesetz betreffend die Gesellschaften mit beschränkter Haftung
GmbHR	GmbH-Rundschau (Zs.)
grds.	grundsätzlich
H	
HGB	Handelsgesetzbuch
h.M.	herrschende Meinung
Hrsg.	Herausgeber
I	
i.d.R.	in der Regel
i.H.d.	in Höhe der
i.H.v.	in Höhe von

insbes.	insbesondere
InsO	Insolvenzordnung
InsVV	Insolvenzrechtliche Verfügungsverordnung
i.R.d.	im Rahmen des
i.S.d.	im Sinne des
i.S.v.	im Sinne von
i.V.m.	in Verbindung mit

K

Kap.	Kapitel
KG	Kammergericht

L

LG	Landgericht
Lit.	Literatur

M

m.w.N.	mit weiteren Nachweisen
MoMiG	Gesetzes zur Modernisierung des GmbH-Rechts und zur Bekämpfung von Missbräuchen

N

n.F.	neue Fassung
NJW	Neue Juristische Wochenschrift (Zs.)
Nr.	Nummer
n.v.	nicht veröffentlicht
NWB	Neue Wirtschafts-Briefe (Zs.)
NZG	Neue Zeitschrift für Gesellschaftsrecht
NZI	Neue Zeitschrift für Insolvenzrecht

O

o.g.	oben genannt
OLG	Oberlandesgericht

P

PKH	Prozesskostenhilfe

R

Rn.	Randnummer
RSB	Restschuldbefreiung
Rspr.	Rechtsprechung

S

s.	siehe
S.	Seite
s.a.	siehe auch
s.o.	siehe oben
sog.	so genannt
StGB	Strafgesetzbuch
st. Rspr.	ständige Rechtsprechung
str.	streitig
s.u.	siehe unten

U

u.a.	unter anderem
USt	Umsatzsteuer
UStG	Umsatzsteuergesetz
usw.	und so weiter
u.U.	unter Umständen

V

v.	von/vom
v.a.	vor allem
VerglO	Vergleichsordnung
vgl.	vergleiche

W

WM	Zeitschrift für Wirtschafts- und Bankrecht (Wertpapiermitteilungen)

Z

z.B.	zum Beispiel
ZInsO	Zeitschrift für das gesamte Insolvenzrecht
ZIP	Zeitschrift für Wirtschaftsrecht

ZPO	Zivilprozessordnung
Zs.	Zeitschrift
z.T.	zum Teil
ZVG	Gesetz über die Zwangsversteigerung und Zwangsverwaltung
z.Zt.	zur Zeit

Einleitung

Das Insolvenzanfechtungsrecht ist in den §§ 129 bis 147 InsO geregelt, die   1
seit dem Inkrafttreten der InsO am 01.01.1999 für das gesamte Bundesge-
biet gelten. Sie lösen die bisherigen §§ 29 bis 42 KO und § 10 GesO ab und
gelten im Grundsatz für alle Insolvenzverfahren, deren Eröffnung nach dem
31.12.1998 beantragt wurde (vgl. Art. 103, 104, 110 EGInsO). Nach § 106
InsO sind jedoch die Vorschriften der InsO über die Anfechtung von Rechtshandlungen auf die vor dem 01.01.1999 vorgenommenen Rechtshandlungen
nur anzuwenden, soweit diese nicht nach dem bisherigen Recht der Anfechtung entzogen oder in geringerem Umfang unterworfen sind.

Zweck der insolvenzrechtlichen Anfechtung ist es, ungerechtfertigte Vermö-   2
gensverschiebungen, welche die spätere Masse verkürzt haben, rückgängig zu
machen. Entsprechend dieser Zielsetzung betont der BGH immer wieder die
Bedeutung einer wirtschaftlichen Betrachtungsweise im Bereich des Anfechtungsrechts.[1]

Noch nicht abschließend geklärt ist die Abgrenzung des Anwendungsbereichs   3
des § 91 InsO, wonach Rechte an den Gegenständen der Insolvenzmasse nach
der Eröffnung des Insolvenzverfahrens nicht mehr wirksam erworben werden können, gegenüber dem Recht der Insolvenzanfechtung. Hinsichtlich der
Wirksamkeit von Vorausabtretungen künftiger Forderungen in der Insolvenz
des Sicherungsgebers dürfte sich der BGH aber nunmehr in einer neueren
Entscheidung v. 29.11.2007 dahin gehend festgelegt haben, dass in diesen
Fällen nur noch eine Insolvenzanfechtung in Betracht kommt, wenn der
Abtretungsvertrag in unkritischer Zeit abgeschlossen wurde.[2] Auf den Fort-
bestand der Verfügungsmacht zum Zeitpunkt der Entstehung der im Voraus
abgetretenen Forderung soll es demnach nicht mehr ankommen.[3] Allerdings
geht der IX. Zivilsenat des BGH auch nach der Abkehr von der sog. „Erlöschenstheorie"[4] davon aus, dass mit der Erfüllungswahl des Insolvenzverwalters die Sicherungszession eines Anspruchs des Schuldners aus einem im Er-
öffnungszeitpunkt beiderseits noch nicht vollständig erfüllten gegenseitigen

---

1   Vgl. neuerdings BGH, 19.04.2007 – IX ZR 59/06, ZInsO 2007, 600.
2   BGH, 29.11.2007 – IX ZR 30/07, BGHZ 174, 297 = ZInsO 2008, 91.
3   Vgl. hierzu BGH, 30.05.1958 – V ZR 295/56, BGHZ 27, 360, 366/367 = WM 1958, 903
     und BGH, 05.01.1955 – IV ZR 154/54, NJW 1955, 544 sowie ausführlich Schäfer, ZInsO
     2007, 18.
4   BGH, 25.04.2002 – IX ZR 313/99, BGHZ 150, 353, ZInsO 2002, 577.

Vertrag nach § 103 InsO ihre Wirkung verliere; die erst mit der Erfüllungswahl wieder durchsetzbar gewordenen Ansprüche würden nicht wirksam in die Sicherungszession einbezogen.[5] Diese Auffassung wird im Schrifttum zu Recht kritisiert.[6] Der BGH begründe nicht, warum die Erfüllungswahl des Insolvenzverwalters dazu führen sollte, dass die Sicherungsabtretung an § 91 InsO scheitere.

4   In der Gesetzesbegründung zur InsO[7] ist davon die Rede, dass der Anwendungsbereich des Anfechtungsrechts im Vergleich zum geltenden Recht erweitert werde, in dem eine Anfechtung zwar im Konkurs- und im Gesamtvollstreckungsverfahren, nicht aber im Vergleichsverfahren möglich sei. Die Anwendbarkeit des Insolvenzanfechtungsrechts setze die Eröffnung des Verfahrens voraus und sei unabhängig davon, ob das Verfahren der Liquidierung des Schuldnervermögens nach den gesetzlichen Bestimmungen diene oder auf der Grundlage eines Plans abgewickelt werde. Auch der Schuldner, dessen Unternehmen nach Maßgabe des Insolvenzplans in seiner Hand erhalten bleibt, kann daher Vermögensgegenstände zurückbekommen, die der Verwalter im Wege der Anfechtung zur Masse zurückgeholt hat, während normalerweise das Anfechtungsrecht darauf ausgerichtet ist, dass der Ertrag der Anfechtung unmittelbar den Gläubigern zugute kommt.[8]

5   Als Kernstück der InsO wurden die vier Haupttatbestände der früheren Konkursanfechtung im Grundsatz beibehalten.[9] Dabei entsprechen die §§ 130 bis 132 InsO der besonderen Konkursanfechtung nach § 30 KO, § 133 InsO entspricht der Absichtsanfechtung nach § 31 KO und § 134 InsO entspricht der Schenkungsanfechtung nach § 32 KO. § 135 InsO stimmt schließlich mit der Anfechtung der Sicherung oder Befriedigung des Gläubigers eines eigenkapitalersetzenden Darlehens nach § 32a KO überein. Da das geltende Recht der Konkursanfechtung – so die Gesetzesbegründung zur InsO[10] – nach allgemeiner Auffassung die ihm vom Gesetzgeber zugedachte Aufgabe nur un-

---

5   BGH, 09.03.2006 – IX ZR 55/04, ZInsO 2006, 429 und BGH, 05.07.2007 – IX ZR 160/06, ZIP 2007, 1507.

6   Vgl. etwa Marotzke in: Heidelberger Kommentar zur Insolvenzordnung, § 103 Rn. 17a; Henckel in: Festschrift für Kirchhof, S. 191, 199 ff.; Häsemeyer, Insolvenzrecht, Rn. 20.07.

7   Vgl. BT-Drucks. 12/2443, S. 156.

8   Vgl. hierzu Henckel in: Kölner Schrift zur InsO, S. 814 Rn. 3.

9   BT-Drucks. 12/2443, S. 156.

10   BT-Drucks. 12/2443, S. 156.

vollkommen erfüllt habe, würden wichtige Änderungen vorgenommen, deren gemeinsames Ziel es sei, das Anfechtungsrecht wirksamer auszugestalten.

Für die Anfechtbarkeit genügt eine mittelbare Gläubigerbenachteiligung, sofern das Gesetz nichts anderes bestimmt (vgl. §§ 132 Abs. 1, 133 Abs. 2 InsO). Diese muss zum Zeitpunkt der letzten mündlichen Verhandlung in der letzten Tatsacheninstanz des Anfechtungsprozesses vorliegen.[11] Eine mittelbare Gläubigerbenachteiligung ist gegeben, wenn zwar die Rechtshandlung selbst noch keinen Rechtsnachteil für die Gläubiger bedeutet, sie aber die Grundlage für eine weitere, die Gläubiger schädigende Handlung schafft. So kann die Veräußerung eines Grundstücks auch dann wegen vorsätzlicher Benachteiligung nach § 133 Abs. 1 InsO anfechtbar sein, wenn sie zwar zu einem angemessenen Preis erfolgt, der Schuldner aber die dem anderen Teil bekannte Absicht hat, das Geld dem Zugriff der Gläubiger zu entziehen.[12]

6

Die §§ 130 bis 132 InsO (sog. „besondere Insolvenzanfechtung") regeln die Anfechtbarkeit von Handlungen, die in der wirtschaftlichen Krise des Schuldners vorgenommen wurden. Sie bestimmen, unter welchen Voraussetzungen und in welchem Umfang die materiellen Wirkungen der Insolvenz schon vor der formellen Eröffnung des Verfahrens eintreten.[13] Der das Insolvenzrecht bestimmende Grundsatz der Gleichbehandlung der Gläubiger („par condicio creditorum") wird auf einen früheren Zeitpunkt vorverlegt. Wer in Kenntnis der Zahlungsunfähigkeit des Schuldners oder des Eröffnungsantrages noch Sicherung oder Befriedigung erlangt, soll das Erlangte nicht behalten dürfen. Dabei stellen die §§ 130 und 131 InsO Spezialtatbestände der Deckungsanfechtung dar, die den § 132 InsO verdrängen.[14] Das die Einzelzwangsvollstreckung beherrschende Prioritätsprinzip wird durch das System der insolvenzrechtlichen Anfechtungsregeln eingeschränkt, wenn für die Gesamtheit der Gläubiger nicht mehr die Aussicht besteht, aus dem Vermögen des Schuldners volle Deckung zu erhalten.[15] Die §§ 130 bis 132 InsO erfassen jedoch nur Rechtshandlungen, die im Zeitraum der letzten drei Monate vor dem Eingang des Insolvenzantrages und im Eröffnungsverfahren vorgenommen werden.

7

---

11 Vgl. BGH, 15.12.1994 – IX ZR 153/93, BGHZ 128, 184, 190 = ZIP 1995, 134.
12 Vgl. BT-Drucks. 12/2443, S. 157.
13 BGH, 10.02.2005 – IX ZR 211/02, BGHZ 162, 143, 148 = ZInsO 2005, 260.
14 Vgl. Henckel in: Kölner Schrift zur InsO, S. 834 Rn. 47.
15 BGH, 07.12.2006 – IX ZR 157/05, ZInsO 2007, 99.

8 In § 130 InsO ist die Anfechtung einer dem Gläubiger gebührenden und damit kongruenten Sicherung oder Befriedigung geregelt (sog. „kongruente Deckung"). Voraussetzung ist, dass der Gläubiger Kenntnis von der Zahlungsunfähigkeit des Schuldners oder der Stellung des Insolvenzantrages hatte oder er sich dieser Erkenntnis verschlossen hat, obwohl Umstände vorlagen, die zwingend auf die Zahlungsunfähigkeit oder den Eröffnungsantrag schließen ließen. Die praktische Bedeutung dieser Bestimmung erreicht jene des § 131 InsO oder des § 133 InsO nicht.

9 § 131 InsO regelt die Anfechtung der sog. „inkongruenten Deckung", also einer Befriedigung oder Sicherung, die der Gläubiger nicht, nicht so wie geschehen oder noch nicht zu beanspruchen hatte.[16] Eine erhebliche Ausdehnung ihres Anwendungsbereiches hat diese Bestimmung dadurch erfahren, dass nach der Rechtsprechung des BGH eine unter dem Druck der drohenden Zwangsvollstreckung erbrachte Zahlung als inkongruent anzusehen ist.[17] Entsprechendes gilt für Zahlungen zur Abwendung eines angedrohten Insolvenzantrages.[18]

10 § 132 InsO erfasst sämtliche Rechtsgeschäfte, die die Insolvenzgläubiger unmittelbar benachteiligen und die nicht unter die spezielleren Bestimmungen der §§ 130, 131 InsO fallen.[19] Er richtet sich v.a. gegen die Eingehung von „Verschleuderungsgeschäften" durch den Schuldner.[20] § 132 Abs. 2 InsO stellt einen Auffangtatbestand für bestimmte Rechtshandlungen dar, die für die Gläubiger nachteilig sind, ohne dass sie von der Deckungsanfechtung oder der Anfechtung unmittelbar benachteiligender Rechtsgeschäfte gem. § 132 Abs. 1 InsO erfasst werden. Es sollen v.a. Regelungslücken geschlossen werden, die nach früherem Konkursrecht bei der Anfechtung von Unterlassungen bestanden.[21]

11 In den §§ 133, 134 InsO ist die allgemeine Insolvenzanfechtung geregelt. Die sog. „Vorsatzanfechtung" nach § 133 Abs. 1 InsO hebt sich insoweit von den übrigen Anfechtungstatbeständen ab, als nach dieser Bestimmung Rechts-

---

16 Vgl. hierzu Uhlenbruck/Hirte, InsO, § 131 Rn. 1.
17 Vgl. BGH, 15.05.2003 – IX ZR 194/02, ZInsO 2003, 611.
18 BGH, 18.12.2003 – IX ZR 199/02, BGHZ 157, 242 = ZInsO 2004, 145.
19 Vgl. BT-Drucks. 12/2443, S. 159.
20 MünchKomm-InsO/Kirchhof, § 132 Rn. 1.
21 BT-Drucks. 12/2443, S. 159.

handlungen des Schuldners angefochten werden können, die in den letzten zehn Jahren vor dem Antrag auf Eröffnung des Insolvenzverfahrens mit dem Vorsatz der Gläubigerbenachteiligung vorgenommen wurden, sofern der andere Teil z.Zt. der Handlung den Vorsatz des Schuldners kannte. Nach der Rechtsprechung des BGH setzt der Gläubigerbenachteiligungsvorsatz nach § 133 Abs. 1 Satz 1 InsO kein unlauteres Zusammenwirken zwischen Schuldner und Gläubiger voraus.[22] Gemäß § 133 Abs. 1 Satz 2 InsO wird die Kenntnis des anderen Teils vermutet, wenn dieser wusste, dass die Zahlungsunfähigkeit des Schuldners drohte und dass die Handlung die Gläubiger benachteiligte. Während der Vorgängerregelung des § 31 KO eher geringeres Gewicht zukam, ist die Bedeutung des § 133 Abs. 1 InsO, für den eine mittelbare Gläubigerbenachteiligung genügt, nicht zu unterschätzen, zumal durch die neuere Rechtsprechung des BGH zur Verteilung der Darlegungs- und Beweislast die Nachweisschwierigkeiten für den Verwalter erheblich entschärft wurden.

§ 133 Abs. 2 InsO verschärft die Anfechtung zulasten der dem Schuldner nahestehenden Personen i.S.d. § 138 InsO. Es genügt, dass zwischen dem Schuldner und einer solchen nahestehenden Person innerhalb der letzten zwei Jahre vor der Stellung des Insolvenzantrages ein entgeltlicher Vertrag geschlossen wurde, durch den die Insolvenzgläubiger benachteiligt wurden, sofern der andere Teil nicht beweist, dass ihm z.Zt. des Vertragsschlusses ein Gläubigerbenachteiligungsvorsatz des Schuldners nicht bekannt war.   12

Durch § 134 InsO wird es dem Insolvenzverwalter ermöglicht, unentgeltliche Zuwendungen aus dem Schuldnervermögen zugunsten der Insolvenzmasse auch dann rückgängig zu machen, wenn die Voraussetzungen der §§ 130 bis 133 InsO nicht vorliegen.[23] Abweichend von der Vorgängerbestimmung des § 32 KO kann der Verwalter nach § 134 InsO unentgeltliche Zuwendungen anfechten, die bis zu vier Jahre vor der Stellung des Insolvenzantrages vorgenommen wurden. Für den Anwendungsbereich des § 134 InsO ist es von Bedeutung, dass nach der Rechtsprechung des BGH die Frage der Unentgeltlichkeit nach objektiven Kriterien zu bestimmen und darauf abzustellen ist, ob der Empfänger der Leistung eine Gegenleistung erbringen musste. Eine solche Gegenleistung ist nach der Rechtsprechung des BGH nicht gegeben, wenn der Zuwendungsempfänger durch den fraglichen Vorgang eine wertlose   13

---

22   BGH, 17.07.2003 – IX ZR 272/02, ZInsO 2003, 850.

23   Vgl. Kreft in: Heidelberger Kommentar zur InsO, § 134 Rn. 2.

Forderung verloren hat.[24] Von praktischer Bedeutung ist diese Rechtsprechung insbes. im Fall des Bestehens sog. „Cash-Pool-Vereinbarungen".[25]

14 Um dem Schuldner auch noch in der Krise die notwendige Teilnahme am Rechtsverkehr zu ermöglichen, nimmt § 142 InsO die sog. „Bargeschäfte" von der Insolvenzanfechtung aus. Voraussetzung hierfür ist, dass in engem zeitlichem Zusammenhang mit der Leistung des Schuldners aufgrund einer Vereinbarung mit dem Anfechtungsgegner eine der Vereinbarung entsprechende gleichwertige Gegenleistung in das Vermögen des Schuldners gelangt ist.[26] Die Annahme eines Bargeschäfts kommt nach der Rechtsprechung des BGH nur bei kongruenten, nicht aber bei inkongruenten Deckungen in Betracht.[27] Sind die Voraussetzungen des § 133 Abs. 1 InsO gegeben, ist nach § 142 InsO auch ein Bargeschäft anfechtbar.

15 Noch nicht vollständig geklärt ist die Rechtsnatur der Insolvenzanfechtung (vgl. § 143 InsO), zu der im Wesentlichen die „Dinglichkeitstheorie", die „haftungsrechtliche" und die „schuldrechtliche" Theorie[28] vertreten werden. Eine gewisse Erhellung hat in dieser Frage eine neuere Entscheidung des BGH gebracht, wonach der Anfechtungsanspruch in der Insolvenz des Anfechtungsgegners im Allgemeinen ein Aussonderungsrecht gewährt.[29]

16 Das Insolvenzanfechtungsrecht ist für den Insolvenzverwalter von enormer praktischer Bedeutung, gilt es doch in vielen Fällen, eine spärliche Masse dadurch anzureichern, dass vom Schuldner in der Krise weggegebene Vermögensgegenstände wieder zurückgeholt werden. Entsprechend groß ist die Bedeutung der Insolvenzanfechtung auch für jene, die potenziell von ihr betroffen sind, insbes. etwa Banken, Sozialversicherungsträger, Steuerbehörden und Lieferanten des Schuldners. Da es sich um eine komplizierte Materie handelt, gelangt eine verhältnismäßig große Zahl von Fällen bis zum BGH, der seine Rechtsprechung zum Anfechtungsrecht stetig fortentwickelt und ausdifferen-

---

24 BGH, 03.03.2005 – IX ZR 441/00, BGHZ 162, 276 = ZInsO 2005, 431.
25 Vgl. hierzu die Beispielsfälle 80 und 81.
26 Vgl. Kreft in: Heidelberger Kommentar zur InsO, § 142 Rn. 3.
27 BGH, 30.09.1993 – IX ZR 227/92, BGHZ 123, 320 = ZIP 1993, 1653; BGH, 07.03.2002 – IX ZR 223/01, BGHZ 150, 122, 130 = ZInsO 2002, 426.
28 Vgl. hierzu Häsemeyer, Insolvenzrecht, Rn. 21.12 ff.
29 BGH, 23.10.2003 – IX ZR 252/01, BGHZ 156, 350 = ZInsO 2003, 1096.

ziert hat. Dadurch werden allerdings zugleich die Übersicht und die alltägliche praktische Umsetzung durch den Rechtsanwender erschwert.[30]

Die Rechtsprechung des BGH zum Insolvenzanfechtungsrecht wird gelegentlich als zu weitgehend kritisiert. Dies hat dazu geführt, dass in einem Gesetzentwurf der Bundesregierung v. 10.08.2005 zum Pfändungsschutz der Altersvorsorge und zur Anpassung des Rechts der Insolvenzanfechtung[31] eine Änderung des § 133 Abs. 1 Satz 2 InsO vorgeschlagen wurde, wonach die Anfechtung einer Rechtshandlung nach § 130 Abs. 1 InsO nur noch im Fall eines unlauteren Verhaltens des Schuldners möglich sein sollte. Der Entwurf wurde im Schrifttum zu Recht heftig kritisiert[32] und ist letztlich nicht Gesetz geworden. In dem am 01.01.2008 in Kraft getretenen § 28e SGB IV hat der Gesetzgeber geregelt, dass die Zahlung des vom Beschäftigten zu tragenden Teils des Gesamtsozialversicherungsbeitrages als aus dem Vermögen des Beschäftigten erbracht gelte. Es entstand sogleich Streit darüber, ob diese Bestimmung Rückwirkung auf sog. „Altfälle" entfalte. Der BGH hat hierzu erfreulich rasch durch Beschl. v. 27.03.2008[33] Stellung bezogen und entschieden, dass § 28e Abs. 1 Satz 2 SGB IV keine Anwendung auf Fälle findet, in denen das Insolvenzverfahren vor dem 01.01.2008 eröffnet wurde.[34]

17

Mag auch die Kritik an der Rechtsprechung des BGH in einzelnen Punkten berechtigt sein, muss man sich doch stets aufs Neue vergegenwärtigen, welcher Gesetzeszweck den insolvenzrechtlichen Anfechtungstatbeständen zugrunde liegt. Sie sollen für eine gewisse Zeit vor der Insolvenzeröffnung im Zustand der materiellen Insolvenz des Schuldners die Gleichbehandlung der Gläubiger durchsetzen.[35] Etliche der in diesem Buch enthaltenen Fälle werden zeigen, dass der Schuldner und dessen Gläubiger – jeweils für sich oder auch gemeinsam – häufig nicht gerade zimperlich vorgehen, wenn es darum geht, noch vor der Insolvenzeröffnung Vermögensverschiebungen zulasten der späteren Insolvenzgläubiger vorzunehmen.

18

---

30   Kritisch dazu Bork, ZIP 2008, 1041.

31   Vgl. BT-Drucks. 16/886; abgedruckt auch in Heidelberger Kommentar zur InsO, Anhang Kap. VII.

32   Vgl. etwa Kreft, DStR 2005, 1192, 1193 f.; Pape, ZInsO 2005, 842; Förster, ZInsO 2005, 785.

33   BGH, 27.03.2008 – IX ZR 210/07, ZInsO 2008, 449.

34   Vgl. dazu noch Beispielsfall 34.

35   Vgl. BGH, 09.09.1997 – IX ZR 14/97, BGHZ 136, 309 = ZIP 1997, 1929 sowie Kreft in: Heidelberger Kommentar zur Insolvenzordnung, § 129 Rn. 1.

19   Zwar ist in jüngster Zeit die Zahl der Unternehmensinsolvenzen erfreulicherweise zurückgegangen, gleichwohl wird das Insolvenzanfechtungsrecht seine Bedeutung für die Insolvenzpraxis behalten. Um dem Rechtsanwender die Übersicht über den Stand der Rechtsprechung zu erleichtern und dieses Rechtsgebiet verständlich zu machen, werden mit den folgenden 105 Beispielsfällen die wesentlichen Rechtsgrundsätze des Insolvenzanfechtungsrechts dargestellt.

I. § 129 InsO – Tatbestandsmerkmal der „Rechtshandlung"

Nach § 129 InsO kann der Insolvenzverwalter Rechtshandlungen (genauer: 20
die Wirkungen von Rechtshandlungen) – und zwar auch Unterlassungen
(Abs. 2) –, die vor der Eröffnung des Insolvenzverfahrens vorgenommen wurden und die Insolvenzgläubiger benachteiligen, nach Maßgabe der §§ 130 bis
146 InsO anfechten.

Unter einer Rechtshandlung i.S.d. § 129 InsO ist jede Willensbetätigung zu 21
verstehen, die eine rechtliche Wirkung auslöst und zu einer Beeinträchtigung
der gleichmäßigen Befriedigung aller Gläubiger führen kann.[36] Bei mehraktigen Rechtshandlungen ist grds. der letzte Akt maßgebend, durch den die
Insolvenzmasse endgültig geschmälert wurde.[37] Die Rechtshandlung ist nach
§ 140 Abs. 1 InsO in dem Zeitpunkt abgeschlossen, in dem die rechtlichen
Wirkungen der Handlung eintreten. Im Fall der Vorausabtretung oder Verpfändung künftiger Forderungen ist dies erst der Zeitpunkt, in dem die zu übertra-
gende Forderung entsteht.[38]

---

36 BGH, 15.10.1975 – VIII ZR 62/74, WM 1975, 1182, 1184.
37 Vgl. BGH, 26.04.2001 – IX ZR 53/00, ZInsO 2001, 508.
38 BGH, 16.03.1995 – IX ZR 72/94, ZIP 1995, 630.

Beispielsfall 1: „Globalzessionssfall (1)"[39]

§§ 129, 130, 131 InsO – Vollendung der Rechtshandlung bei der Vorausabtretung künftiger Forderungen

22   *Die klagende Bank hatte der Gemeinschuldnerin Kredite gewährt und sich als Sicherheit „alle gegenwärtigen und künftigen Forderungen aus vorliegenden und künftigen Aufträgen zur Lieferung von Waren aller Art" abtreten lassen. Mehr als neun Monate später wurde über das Vermögen der Gemeinschuldnerin das Konkursverfahren eröffnet. Nach der Zahlungseinstellung und vor der Konkurseröffnung hatte die Gemeinschuldnerin ihren Betrieb fortgeführt und eine Reihe von Kunden beliefert. Diese beglichen die hieraus entstandenen Forderungen z.T. erst nach der Konkurseröffnung. Der verklagte Konkursverwalter zog diese Zahlungen zur Konkursmasse. Die Klägerin sah die Konkursmasse als rechtlos bereichert an und verlangte vom Beklagten Zahlung i.H.d. vereinnahmten Beträge.*

Das LG wies die Klage ab. Die hiergegen gerichtete Berufung und die anschließende Revision der Klägerin blieben ohne Erfolg.

23   Der BGH sah den Erwerb der vorausabgetretenen Forderungen nach § 30 Nr. 1, 2. Halbs. KO (vgl. jetzt § 130 Abs. 1 Satz 1 InsO) als anfechtbar an. Maßgebend für die Anfechtung sei die Verwirklichung und Vollendung des Tatbestandes, mit dem der Vollzug des Rechtserwerbs des Anfechtungsgegners eingetreten sei. Die Rechtslage sei nicht anders zu beurteilen, wenn bei der Abtretung künftiger Forderungen eine Rechtshandlung hinzutreten müsse, welche die von der Abtretung erfasste Forderung zur Entstehung bringe. In jedem Fall gehöre die Entstehung der Forderung zur Vollendung des Gesamttatbestandes, der aufgrund der Vorausabtretung den Erwerb der Forderung herbeiführe. Insoweit sei die Abtretung daher auch anfechtbar. Dem stehe es nicht entgegen, dass bei der Vorausabtretung nicht auch der Forderungsübergang zum Abschlusstatbestand der Abtretung gehöre, dieser vielmehr nur Folge der Abtretungsvereinbarung sei. Von der Anfechtbarkeit des Forderungserwerbs sei jedenfalls dann auszugehen, wenn die Entstehung der Forderung von einer Rechtshandlung des Abtretenden getragen sei.

---

39   BGH, 30.06.1959 – VIII ZR 11/59, BGHZ 30, 238.

Der BGH ist in dieser Entscheidung von einer kongruenten Deckung ausge- 24
gangen. Dies wurde in jüngerer Zeit infrage gestellt, wie der nachfolgende
Beispielsfall zeigt:

Beispielsfall 2: „Globalzessionsfall (2)"[40]

§§ 131, 140 InsO – Vollendung der Sicherungsabtretung künftiger Forderungen; Inkongruenz bei Entstehung der Forderung in den letzten drei Monaten vor Insolvenzantragstellung?

25 *Die Schuldnerin (GmbH) unterhielt bei der verklagten Bank mehrere Konten mit einem eingeräumten Kreditlimit von 200.000 €. Bereits am 12.02.1996 hatte sie einen Globalabtretungsvertrag mit der Beklagten abgeschlossen und ihr zur Sicherung aller bestehenden und künftigen Forderungen sämtliche gegenwärtigen und künftigen Ansprüche aus dem Geschäftsverkehr abgetreten. Am 02.10.2002 bestand auf dem Kontokorrentkonto ein Soll i.H.v. ca. 260.000 €. Am 22.10.2002 löste die Beklagte einen Lastschrifteinzug der Bauberufsgenossenschaft nicht mehr ein. Mit Schreiben v. 27.12.2002 kündigte die Beklagte alle Konten und stellte die Kredite zur Rückzahlung fällig. Am 30.12.2002 stellte die Schuldnerin Insolvenzantrag, worüber die Beklagte noch am gleichen Tag informiert wurde. Am 13.01. und am 23.01.2003 gingen Zahlungen der Zusatzversorgungskasse des Baugewerbes i.H.v. ca. 1.000 € und ca. 19.000 € auf dem Kontokorrentkonto ein. Es handelte sich dabei zum einen um restliche Urlaubsvergütung für November 2002 und zum anderen um Urlaubsvergütung und Lohnausgleich für Dezember 2002. Die Beklagte verrechnete die Zahlungseingänge mit den ihr zustehenden Ansprüchen gegen die Schuldnerin, über deren Vermögen am 01.02.2003 das Insolvenzverfahren eröffnet wurde.*

Nach Ansicht des klagenden Insolvenzverwalters waren die Verrechnungen nach § 130 Abs. 1 Nr. 2 InsO anfechtbar. Die Beklagte habe auch kein Absonderungsrecht aufgrund der Globalzession erworben, zumindest aber sei die Abtretung anfechtbar. Die Forderung auf Erstattung von Urlaubsvergütung und Lohnausgleich für Dezember 2002 sei erst in diesem Monat und somit im letzten Monat vor der Stellung des Insolvenzantrages entstanden (§ 131 Abs. 1 Nr. 1 InsO). Die Abtretung sei als in diesem Monat erfolgt anzusehen. Entsprechend sei die Abtretung des Erstattungsanspruchs für den Monat November 2002 erst in diesem Monat vollendet gewesen. Sie sei nach § 131 Abs. 1 Nr. 2 InsO anfechtbar, da die Schuldnerin zu dieser Zeit schon zahlungsunfähig gewesen sei.

---

40   OLG Karlsruhe, 08.04.2005 – 14 U 200/03, ZInsO 2005, 552.

Das LG wies die Klage ab. Die Berufung des Klägers führte zur antragsgemäßen Verurteilung der Beklagten.

Das OLG Karlsruhe führt unter Berufung auf die Rechtsprechung des BGH[41]   26
aus, die Vorausabtretung künftiger Forderungen werde erst mit deren Entstehung wirksam. Nach § 140 Abs. 1 InsO gelte eine Rechtshandlung als in dem Zeitpunkt vorgenommen, in dem ihre rechtlichen Wirkungen einträten. Ob die Bank mit der Entstehung der im Voraus abgetretenen Forderung eine kongruente oder eine inkongruente Deckung erlange, hänge davon ab, ob sie einen Anspruch auf den Erwerb dieser Forderung gehabt habe. Ein Sicherungsanspruch, den die Bank erst in kritischer Zeit erlange, mache die gleichzeitig erlangte Deckung nicht zu einer kongruenten.

Die Vereinbarung, welche die Kongruenz begründen solle, müsse hinreichend   27
bestimmt sein. Nach einer im Schrifttum vertretenen Auffassung[42] werde das Bezugssubstrat der Sicherung durch das Pfandrecht nach den AGB-Banken in hinreichend bestimmter Form festgelegt, sodass das Pfandrecht, das die Bank mit der Entstehung der Forderung erlange, eine kongruente Deckung sei. Dem sei der BGH jedoch in BGHZ 150, 122 ff.[43] nicht gefolgt. Ein eventueller schuldrechtlicher Anspruch der Bank konkretisiere sich erst in dem Zeitpunkt auf einen bestimmten Pfandgegenstand, in dem die Sache in den Besitz der Bank gelange oder die verpfändete Forderung entstehe. Dieselben Grundsätze müssten auch bei einer sicherungshalber vorgenommenen Vorausabtretung aller künftigen Forderungen des Kunden gelten, da die Bank vor der Entstehung einer Forderung noch keinen hinreichend bestimmten, zur Kongruenz führenden Anspruch auf die Abtretung gehabt habe. Entstehe die Forderung vor der Eröffnung des Insolvenzverfahrens, erwerbe die Bank zwar den Anspruch auf diese Forderung, diese Konkretisierung führe jedoch nicht zu einer Kongruenz des Forderungserwerbs.

---

41   BGH, 30.01.1997 – IX ZR 89/96, ZIP 1997, 513.

42   Eckardt, ZIP 1999, 1417.

43   BGH, 07.03.2002 – IX ZR 223/01, BGHZ 150, 122 ff. = ZInsO 2002, 426; vgl. hierzu Beispielsfälle 46 und 94.

28   Aufgrund ihrer erheblichen Bedeutung für die Kreditwirtschaft löste diese
      Entscheidung ein starkes Echo im Schrifttum aus.[44] Unter dem Stichwort
      „revolvierende Sicherheiten" wurde eine entsprechende Anwendung der
      Grundsätze über die anfechtungsfeste Verrechnung von Gut- und Last-
      schriften im Rahmen einer offengehaltenen Kreditlinie[45] befürwortet. Das
      „Wiederauffüllen" der Sicherheit sei ebenso wie der Eingang von Gut-
      schriften im Kontokorrent notwendig für die weitere Kreditgewährung an
      den Schuldner. Das Entstehen neuer Forderungen gegen das Verfügenlas-
      sen über bereits eingezogene Forderungen stelle ein unanfechtbares Bar-
      geschäft dar, wenn zwischen dem gleichwertigen Austausch ein zeitlich
      enger Zusammenhang bestehe.[46]

29   Der nachfolgende Beispielsfall zeigt, dass der BGH dieser Auffassung in
      einem jüngst ergangenen Urteil nicht gefolgt ist:

---

44   Vgl. etwa Kuder, ZInsO 2006, 1065; Kirchhof, WuB VI A. § 131 InsO 1.06; Piekenbrock,
      WM 2007, 141; Schmalenbach/Sester, WM 2007, 1164.
45   Vgl. hierzu Beispielsfall 94.
46   Kuder, ZInsO 2006, 1065, 1071.

Beispielsfall 3: „Globalzessionsfall (3)"[47]

§§ 129, 130, 131, 142 InsO – Anfechtung der Vorausabtretung künftiger Forderungen als kongruente Deckung; Werthaltigmachen als selbstständige anfechtbare Rechtshandlung

Im Jahr 2001 hatte die Schuldnerin der verklagten Bank zur Sicherung aller Forderungen aus der bankmäßigen Geschäftsverbindung sämtliche bestehenden und künftigen Forderungen aus Warenlieferungen und Leistungen gegen Dritte abgetreten. Im Herbst 2004 verhandelte sie mit der Beklagten über eine Erweiterung der Kreditlinie i.h.v. ursprünglich 2,5 Mio. €. Nachdem die Beklagte um weitere Informationen gebeten hatte, erhielt sie am 12.11.2004 ein Gutachten, wonach die Schuldnerin per 31.10.2004 nach Buchwerten i.h.v. 1.394.200 € überschuldet gewesen sei und in Kürze zahlungsunfähig werde. Die Beklagte kündigte daraufhin noch am selben Tag den Kredit fristlos und stellte ihn zur sofortigen Rückzahlung fällig. Zu diesem Zeitpunkt wies das Konto der Schuldnerin einen Sollstand i.h.v. ca. 2,56 Mio. € aus. Am 15.12.2004 stellte die Beklagte Insolvenzantrag.   30

In der Zeit vom 12.11.2004 bis zum 07.01.2005 gingen auf Forderungen der Schuldnerin, die zwischen dem 15.09. und dem 12.11.2004 begründet oder werthaltig wurden, Zahlungen i.h.v. ca. 951.000 € auf dem Konto ein. Die Beklagte ließ noch Verfügungen i.h.v. ca. 19.000 € zu.

Der klagende Insolvenzverwalter verlangte von der Beklagten die Auszahlung des Differenzbetrages i.h.v. ca. 932.000 €. Die Beklagte habe an den abgetretenen Forderungen kein anfechtungsfestes Absonderungsrecht erworben, da die Abtretung als inkongruente Deckung nach § 131 Abs. 1 Nr. 3 InsO anfechtbar sei.

Das LG wies die Klage ab. Die hiergegen gerichtete Sprungrevision des Klägers blieb ohne Erfolg.

Nach der Würdigung des BGH kommt es gem. § 140 Abs. 1 InsO darauf an, wann das Gegenseitigkeitsverhältnis der aufgerechneten Forderungen begründet wurde. Der Beklagten habe ab der Kündigung des Kredits eine fällige Forderung zugestanden. Mit der Einzahlung der Drittschuldner auf das streitbefangene Konto habe die Schuldnerin einen Herausgabeanspruch aus § 667   31

---

47   BGH, 29.11.2007 – IX ZR 30/07, BGHZ 174, 297 = ZInsO 2008, 91.

BGB gegen die Beklagte erlangt. Die Verrechnungslage sei somit hinsichtlich aller streitbefangenen Kontoeingänge erst zu einem Zeitpunkt begründet worden, als die Beklagte die Zahlungsunfähigkeit der Schuldnerin bereits gekannt habe.

32 Die Einzahlung der Drittschuldner sei unmittelbar in das Vermögen der Beklagten als Zessionarin gelangt. Zwar sei mit der Zahlung die zur Sicherheit abgetretene Forderung gem. §§ 362, 407 Abs. 1 BGB erloschen; die Beklagte habe jedoch an deren Stelle ein Pfandrecht nach Nr. 14 Abs. 1 AGB-Banken an dem neu entstandenen Anspruch der Schuldnerin aus § 667 BGB erworben. Dieser unmittelbare Sicherheitentausch habe die Gläubiger nicht benachteiligt, sofern die Beklagte aufgrund der Globalabtretung an den ab dem 15.09.2004 entstandenen oder werthaltig gewordenen Forderungen ein anfechtungsfestes Absonderungsrecht gem. § 51 Nr. 1 InsO erworben gehabt habe.[48] Dabei sei für die anfechtungsrechtliche Beurteilung auf den Zeitpunkt abzustellen, zu dem die künftigen Forderungen begründet worden seien.[49]

33 Die Sicherungsabtretung der ab dem 15.09. bis zum 12.11.2004 entstandenen oder werthaltig gewordenen Forderungen sei nicht als inkongruente Deckung nach § 131 Abs. 1 Nr. 3 InsO anfechtbar. Der Senat halte zwar daran fest, dass nach Nr. 13 bis 15 AGB-Banken entstandene Sicherungen inkongruente Deckungen darstellten, da es dort völlig dem Ermessen der Beteiligten oder dem Zufall überlassen bleibe, ob und in welchem Umfang die Gläubigerrechte entstünden.[50] Entgegen der Annahme in den Urteilen vom 07.03.2002[51] und vom 02.06.2005[52] begründe die Entstehung künftiger Rechte jedoch nicht generell eine inkongruente Deckung, wenn sie nach dem Inhalt der getroffenen Vereinbarung nicht von Anfang an identifizierbar gewesen seien. Die Begründung zukünftiger Forderungen sei – anders als bei Sicherheiten nach Nr. 13 bis 15 AGB-Banken – nach Inhalt und Sinn eines Vertrages, wie er im Streitfall gegeben sei, dem freien Belieben des Schuldners entzogen. Vielmehr beruhe die getroffene Sicherungsvereinbarung gerade darauf, dass die Vertragsparteien davon ausgingen, der Kreditnehmer werde den Geschäftsbetrieb fortsetzen und daher ständig neue Ansprüche gegen Kunden erwerben.

---

48   BGH, 02.06.2005 – IX ZR 181/03, ZInsO 2005, 932.

49   BGH, 22.01.2004 – IX ZR 39/03, BGHZ 157, 350, 353 f. = ZInsO 2004, 270.

50   BGH, 07.03.2002 – IX ZR 223/01, BGHZ 150, 122, 126 = ZInsO 2002, 426.

51   BGH, 07.03.2002 – IX ZR 223/01, BGHZ 150, 122 = ZInsO 2002, 426.

52   BGH, 02.06.2005 – IX ZR 181/03, ZInsO 2005, 932.

Die durch die Vorausabtretung erlangte Sicherung ist nach Ansicht des BGH   34
kongruent, wenn bereits beim Abschluss des Globalzessionsvertrages das
dingliche Geschäft vollzogen und zugleich die schuldrechtliche Seite in dem
vertragsrechtlich möglichen Maße derart konkretisiert wird, dass die abgetretenen Forderungen zumindest bestimmbar sind. Der Umfang der in Zukunft
auf die Bank übergehenden Forderungen sei dann – anders als bei Sicherheiten gem. Nr. 13 bis 15 AGB-Banken – in abstrakter Form bereits rechtlich
bindend festgelegt.

Die Abtretung der zukünftigen Forderungen enthalte bereits alle Merkmale,   35
aus denen der Übertragungstatbestand bestehe. Die Entstehung der abgetretenen Forderungen gehöre sogar dann nicht dazu, wenn noch nicht einmal der
Rechtsgrund für sie gelegt sei.[53] Die berechtigten Interessen der Gläubigergesamtheit würden bei Globalverträgen bereits dadurch angemessen berücksichtigt, dass hinsichtlich der Abtretung zukünftiger Rechte gem. § 140 Abs. 1
InsO der Zeitpunkt, zu dem deren rechtliche Wirkungen einträten, maßgebend
sei.

Was für das Entstehen zukünftiger Forderungen aus einer Globalzession gel-   36
te, treffe für das Werthaltigmachen dieser Forderungen in gleicher Weise zu.
Auch dieses sei nach § 130 InsO anfechtbar. Der BGH habe mehrfach entschieden, dass eine durch Wertschöpfung geschaffene Aufrechnungslage anfechtbar sein könne.[54] Anfechtbar seien danach Erfüllungshandlungen wie die
Herstellung eines Werkes, die Übergabe der Kaufsache oder die Erbringung
von Dienstleistungen. Gemäß §§ 130, 131 InsO seien auch Rechtshandlungen
anfechtbar, die einem Insolvenzgläubiger eine Sicherung ermöglichten. Damit habe nach der amtlichen Begründung[55] die Anfechtung erweitert werden
sollen. Anfechtbar seien nicht nur Rechtsgeschäfte, sondern auch rechtsgeschäftsähnliche Handlungen und selbst Realakte, denen das Gesetz Rechtswirkungen beimesse. Werde durch vom Schuldner veranlasste Maßnahmen
die Fälligkeit der Vergütung herbeigeführt oder die Einrede nach § 320 BGB
ausgeräumt, gewinne die Forderung für den Sicherungsnehmer an Wert. Daher seien solche tatsächlichen Leistungen als gegenüber einem vorausge-

---

53   BGH, 20.03.1997 – IX ZR 71/96, BGHZ 135, 140, 144 = ZIP 1997, 737.
54   BGH, 28.09.2000 – VII ZR 372/99, BGHZ 145, 245, 254 f. = DZWIR 2001, 429; BGH,
      22.02.2001 – IX ZR 191/98, BGHZ 147, 28, 35 = ZInsO 2001, 708; BGH, 04.10.2001 –
      IX ZR 207/00, ZIP 2001, 2055.
55   BT-Drucks. 12/2443, S. 157.

gangenen Vertragsschluss des Schuldners mit seinen Kunden selbstständige Rechtshandlungen ebenfalls insolvenzrechtlich anfechtbar.[56]

37 Die Voraussetzungen eines Bargeschäfts i.S.d. § 142 InsO sind nach dem Urteil des BGH bzgl. künftiger, von der Globalzession erfasster Forderungen hingegen in aller Regel nicht gegeben. Das Stehenlassen der Darlehensforderung stelle keine Gegenleistung i.S.d. Bargeschäfts dar, da allein damit dem Schuldner kein neuer Vermögenswert zugeführt werde.[57] Auch die von § 142 InsO vorausgesetzte rechtsgeschäftliche Verknüpfung zwischen Leistung und Gegenleistung sei hinsichtlich der ausscheidenden und der hinzukommenden Forderungen nicht gegeben. Ab dem Moment, in dem der Sicherungsnehmer Kenntnis von Umständen erlange, die zwingend auf die Zahlungsunfähigkeit des Schuldners oder den Eröffnungsantrag schließen ließen (§ 130 Abs. 2 InsO), sei dieser zudem nicht mehr schutzwürdig.

38 Die Frage der Anwendbarkeit des § 91 Abs. 1 InsO im Fall der Vorausabtretung künftiger, nach der Insolvenzeröffnung entstehender Forderungen hat der BGH mit dieser Grundsatzentscheidung wohl negativ beantwortet. In einem Urt. v. 30.05.1958[58] hatte er jedoch noch ausgeführt, die Verfügungsbefugnis müsse z.Zt. des Eintritts des letzten Tatbestandsmerkmals gegeben sein, sofern das Verfügungsgeschäft außer der Willenserklärung noch weitere Wirksamkeitserfordernisse habe, die erst später einträten; bei der Abtretung künftig entstehender Forderungen müsse daher die Verfügungsbefugnis noch z.Zt. der Forderungsentstehung gegeben sein.[59] Davon rückt der BGH nunmehr ohne nähere Problemerörterung ab und will diese Fälle offenbar nur noch über die Anfechtung lösen.

39 In der ersten Auflage dieses Buches wurde es als erörterungsbedürftig bezeichnet, dass sich die Anfechtung im Fall des Werthaltigmachens künftiger Forderungen gegen den Zessionar richten soll, während etwa durch die in der Krise erbrachten Bauleistungen unmittelbar nur der Besteller begünstigt ist, mit dem der Werkunternehmer durch eine schuldrechtliche Leistungsbeziehung verbunden ist. Diese Leistungsbeziehung dürfte ge-

---

56 BGH, 03.12.1998 – IX ZR 313/97, ZInsO 1999, 107.
57 BGH, 03.12.1998 – IX ZR 313/97, ZInsO 1999, 107.
58 BGH, 30.05.1958 – V ZR 295/56, BGHZ 27, 360, 366/367; vgl. dazu noch BGH, 05.01.1955 – IV ZR 154/54, NJW 1955, 544.
59 Vgl. hierzu ausführlich Schäfer, ZInsO 2007, 18.

genüber jener zwischen dem Werkunternehmer und dem Sicherungsnehmer (Kreditgeber) vorrangig sein. Die Anfechtung gegenüber dem Zessionar stehe daher im Widerspruch zu dem in ständiger Rechtsprechung des BGH vertretenen Rechtsgrundsatz, dass sich die Ermittlung des „richtigen Anfechtungsgegners" im Grundsatz nach den Zuordnungskriterien des bereicherungsrechtlichen Leistungsbegriffs richte.[60] Obwohl danach eine Mehrfachkondiktion nur ausnahmsweise zulässig ist, geht der BGH davon aus, dass die Anfechtung sowohl gegenüber dem unmittelbaren Leistungsempfänger als auch gegenüber dem Zessionar begründet sein könne, wie der nachfolgende Beispielsfall zeigt:

---

60   Vgl. BGH, 16.09.1999 – IX ZR 204/98, BGHZ 142, 284 = ZInsO 1999, 640 sowie Beispielsfall 17.

Beispielsfall 4: „Globalzessionsfall (4)"[61]

§§ 129, 130 InsO – Mehrere Anfechtungsgegner bei Anfechtung einer einheitlichen Rechtshandlung; Verhältnis der Anfechtungsansprüche

40 *Die Schuldnerin vertrieb Merchandising-Produkte mit dem Logo des jeweiligen Kunden. Durch Globalzessionsvertrag vom 14.11.2001 hatte sie der klagenden Bank als Sicherheit ihre gegenwärtigen und künftigen Forderungen aus Warenlieferungen und Leistungen an ihre Kunden abgetreten. Nachdem die Klägerin von der drohenden Insolvenz der Schuldnerin Kenntnis erlangt hatte, kündigte sie das Kreditverhältnis am 28.06.2002 mit sofortiger Wirkung.*

Am 03.07.2002 lieferte die Schuldnerin Merchandising-Produkte an Kunden aus und erstellte hierfür am selben Tag Rechnungen über insgesamt ca. 110.000 €. Zwischen dem 03.07. und dem 10.07.2002 lieferte die Schuldnerin weitere Merchandising-Produkte aus, wofür sie jeweils noch am Tag der Auslieferung Rechnungen über insgesamt ca. 100.000 € erstellte. Von den Rechnungen über 110.000 € und über 100.000 € gelangten ca. 106.000 € bzw. ca. 69.000 € in die Masse und waren dort noch unterscheidbar vorhanden.

Auf den Insolvenzantrag der Schuldnerin vom 04.07.2002 hin wurde am 02.08.2002 das Insolvenzverfahren eröffnet und der Beklagte zum Insolvenzverwalter bestellt. Die Klägerin verlangte vom Beklagten die Zahlung der in die Masse gelangten 175.000 € abzüglich Feststellungs- und Verwertungskosten i.H.v. ca. 15.000 €, insgesamt somit ca. 160.000 €. Das LG gab der Klage statt, das Berufungsgericht wies sie ab. Die Revision der Klägerin führte zur Aufhebung und Zurückverweisung.

41 Der BGH bestätigt zunächst erneut, dass das Werthaltigmachen einer abgetretenen Forderung anfechtbar sein könne.[62] Entgegen der Auffassung der Revision sei es nicht erforderlich, dass die Leistung des Schuldners insgesamt, also auch gegenüber dem unmittelbaren Leistungsempfänger, angefochten werde. Die Erfüllungshandlung der Schuldnerin stelle eine Rechtshandlung dar, die jeweils gegenüber mehreren Personen Rechtswirkungen entfaltet habe. Einerseits seien dadurch vertragliche Verpflichtungen der Schuldnerin im Verhältnis zu ihren Kunden erfüllt worden, andererseits habe die Klägerin eine

---

61   BGH, 29.11.2007 – IX ZR 165/05, ZInsO 2008, 209.
62   BGH, 29.11.2007 – IX ZR 30/07, BGHZ 174, 297 = ZInsO 2008, 91.

Wertauffüllung ihrer Sicherheit erhalten. Bei einer derartigen Doppelwirkung einer Leistung habe der Insolvenzverwalter die Wahl, welchen Leistungsempfänger er in Anspruch nehme. Sofern die Anfechtungsvoraussetzungen vorlägen, könnten beide in Anspruch genommen werden; sie hafteten ggf. als Gesamtschuldner.[63]

| In der ersten Auflage dieses Buches[64] wurde gegen die Anfechtbarkeit des Werthaltigmachens einer vorausabgetretenen Werklohnforderung eingewandt, dass es der Besteller als Vertragspartner des Schuldners (Werkunternehmers) sei, der durch die Bauleistungen des Schuldners unmittelbar begünstigt werde, während sich die Anfechtung gegen den (außenstehenden) Zessionar der Werklohnforderung richten solle. Nach der Rechtsprechung des BGH richte sich die Ermittlung des „richtigen Anfechtungsgegners" aber im Grundsatz nach den Zuordnungskriterien des bereicherungsrechtlichen Leistungsbegriffs.[65] Dieses Argument greift auf der Grundlage der Auffassung des BGH nicht mehr, da er die Anfechtung sowohl gegenüber dem Besteller als auch gegenüber dem Zessionar zulässt. Dies führt jedoch zu erheblichen Folgeproblemen.[66] | 42 |

Die Abtretung bestimmbar beschriebener Forderungen – so der BGH weiter – bewirke, dass der Schuldner über diese nicht mehr anderweitig verfügen könne. Wenn dies insolvenzrechtlich zur Folge habe, dass mit Begründung dieser Forderungen kongruente Deckungen entstünden, so müsse dies auch für die Werthaltigmachung durch die vertraglichen Leistungen des Schuldners zutreffen. Denn diese seien ebenfalls seiner Verfügungsbefugnis entzogen. Die Belange der Gläubigergesamtheit seien durch die Möglichkeit der Anfechtung nach § 130 InsO angemessen gewahrt. — 43

Die Schuldnerin habe die angefochtenen Leistungen nach der Kreditkündigung erbracht. Diese Kündigung sei nach der Kenntniserlangung der Klägerin von der Überschuldung der Schuldnerin und deren Absicht, Insolvenzantrag zu stellen, erklärt worden. Es erscheine naheliegend, dass jedenfalls infolge der Kündigung und der Fälligstellung eines Betrages i.H.v. ca. 510.000 € Zahlungsunfähigkeit eingetreten sei und dass die Klägerin dies erkannt habe. — 44

---

63   Vgl. BGH, 29.04.1999 – IX ZR 163/98, ZIP 1999, 973, 974.

64   A.a.O., Beispielsfall 1 Rn. 23.

65   Vgl. dazu BGH, 16.09.1999 – IX ZR 204/98, BGHZ 142, 284 = ZInsO 1999, 640.

66   S. dazu Beispielsfall 81.

45 Eine objektive Gläubigerbenachteiligung i.S.d. § 129 InsO sei ebenfalls gegeben. Mit der Eröffnung des Insolvenzverfahrens hätten die Ansprüche der Insolvenzschuldnerin und die entsprechenden Gegenleistungsansprüche zunächst lediglich ihre Durchsetzbarkeit verloren.[67] Wären die Artikel vor der Eröffnung des Insolvenzverfahrens nicht geliefert worden – so der BGH weiter –, hätten die Ansprüche der Schuldnerin auf die Gegenleistung für die noch zu liefernden Merchandising – Artikel die Rechtsqualität von originären Masseforderungen erhalten, wenn der Beklagte als Insolvenzverwalter nach § 103 InsO die Vertragserfüllung verlangt hätte. An diesen Forderungen hätte die Klägerin aufgrund der vor der Eröffnung des Insolvenzverfahrens erfolgten Globalzession Rechte gegenüber der vom Kläger verwalteten Masse nicht mehr erwerben können.[68] Damit liege eine mittelbare Gläubigerbenachteiligung vor, die für § 130 InsO ausreiche.

---

67 Vgl. BGH, 25.04.2002 – IX ZR 313/99, BGHZ 150, 353, 359 = ZInsO 2002, 577.
68 BGH, 25.04.2002 – IX ZR 313/99, BGHZ 150, 353, 359 f. = ZInsO 2002, 577; vgl. hierzu noch BGH, 27.02.1997 – IX ZR 5/96, BGHZ 135, 25, 26 = DZWIR 1998, 64.

Beispielsfall 5: „Zwangsvollstreckungsfall (1)"[69]

§§ 129, 130 Abs. 1 InsO – Zahlung zur Abwendung einer drohenden Zwangsvollstreckung außerhalb des Dreimonatszeitraums als anfechtbare kongruente Rechtshandlung

Das verklagte Land hatte spätestens ab dem 06.04.2000 bei der Schuldnerin immer wieder rückständige Umsatzsteuer- und Lohnsteuerbeträge angemahnt und Vollstreckungsmaßnahmen angekündigt und eingeleitet. Auf einen Antrag der Schuldnerin vom 19.10.2000 stundete das Finanzamt die USt für zwei vorangegangene Monate, lehnte aber die Stundung der Lohnsteuer ab. Am 21.10.2000 befand sich von den fälligen Forderungen ein Betrag i.H.v. ca. 230.000 DM in der Vollstreckung. Mit Schecks vom 22.12.2000 und vom 24.01.2001 zahlte die Schuldnerin ca. 320.000 DM und 165.000 DM an das Finanzamt. Auf einen Insolvenzantrag vom 04.07.2001 hin wurde am 01.09.2001 das Insolvenzverfahren über ihr Vermögen eröffnet. Mit der Anfechtungsklage verlangte der Insolvenzverwalter die Rückzahlung der an das verklagte Land gezahlten 485.000 DM.
    46

Der BGH folgt der Auffassung des Berufungsgerichts, dass es sich bei den angefochtenen Zahlungen um Rechtshandlungen der Schuldnerin i.S.d. §§ 129 Abs. 1, 133 Abs. 1 Satz 1 InsO gehandelt habe. Der Umstand, dass die Schuldnerin einen Teil des Betrages auch unter dem Druck der drohenden Vollstreckung gezahlt haben möge, rechtfertige nicht die Gleichsetzung dieser (Teil-) Leistungen der Schuldnerin mit Vermögenszugriffen, die durch die Vornahme von Zwangsvollstreckungsmaßnahmen erfolgten.[70] Es liege vielmehr eine Rechtshandlung des Schuldners i.S.d. § 133 Abs. 1 Satz 1 InsO vor.[71]
    47

Das Berufungsgericht sei zu Recht von einer kongruenten Deckung ausgegangen. Eine früher als drei Monate vor der Stellung des Insolvenzantrages erbrachte Leistung stelle nicht bereits deshalb eine inkongruente Deckung dar, weil sie zur Vermeidung einer unmittelbar bevorstehenden Zwangsvollstreckung vorgenommen worden sei. Der im Urt. v. 11.04.2002[72] ausgesprochene Grundsatz, dass die Befugnis des Gläubigers, sich mithilfe hoheitlicher
    48

---

69   BGH, 13.05.2004 – IX ZR 190/03, ZInsO 2004, 859.

70   Vgl. hierzu Beispielsfall 6.

71   Vgl. zur Abgrenzung Kayser, Höchstrichterliche Rechtsprechung zur Insolvenzanfechtung und Unternehmensinsolvenz, Rn. 852.

72   BGH, 11.04.2002 – IX ZR 211/01, ZInsO 2002, 581.

Zwangsmittel eine rechtsbeständige Sicherung oder Befriedigung der eigenen fälligen Forderungen zu verschaffen, hinter dem Schutz der Gläubigergesamtheit zurücktrete, gelte für Zwangsvollstreckungsmaßnahmen des Gläubigers nach dem System der Anfechtungsregeln der Insolvenzordnung lediglich für den von § 131 InsO erfassten Zeitraum. Die Wertung des § 133 Abs. 1 InsO, dass die vorsätzliche Benachteiligung der Gläubigergesamtheit durch den Schuldner innerhalb einer längeren Frist zur Anfechtung berechtige, treffe jedoch auch für solche Rechtshandlungen zu, die der Schuldner aus Anlass oder i.R.d. Zwangsvollstreckung vornehme.

Beispielsfall 6: „Zwangsvollstreckungsfall (2)"[73]

§§ 129, 133 Abs. 1 InsO – Keine Rechtshandlung des Vollstreckungsschuldners bei fehlender Handlungsalternative

Am 27.01.1999 erließ das Finanzamt wegen Umsatzsteuerforderungen aus   49
den Monaten Oktober und November 1998 i.H.v. ca. 287.000 DM eine Pfän-
dungs- und Einziehungsverfügung, die die Ansprüche der Schuldnerin aus der
Geschäftsbeziehung mit der Bank betraf. Diese Verfügung wurde der Bank als
Drittschuldnerin am 03.02.1999 zugestellt. Das Finanzamt setzte den Vollzug
dieser Verfügung unter dem Vorbehalt des Widerrufs und gegen Zahlung von
100.000 DM aus. Daraufhin veranlasste die Schuldnerin am 04.02.1999 eine
Überweisung der Bank an die Finanzkasse in dieser Höhe. Der klagende In-
solvenzverwalter focht (u.a.) das Pfandrecht und diese Zahlung an.

Das LG gab der Klage statt. Auf die Berufung des verklagten Landes wies das
Berufungsgericht die Klage ab. Die hiergegen gerichtete Revision des Klägers
hatte keinen Erfolg.

Der BGH betont, dass die Pfändung als einseitige Zwangsvollstreckungsmaß-   50
nahme des Gläubigers ohne eine damit im Zusammenhang stehende Rechtshandlung oder eine ihr gleichwertige Unterlassung des Schuldners nicht nach
§ 133 Abs. 1 InsO anfechtbar sei. Diese Bestimmung setze ein verantwor-
tungsgesteuertes Handeln gerade des Schuldners voraus. Nur wer darüber
entscheiden könne, ob er die geforderte Leistung erbringe oder verweigere,
nehme eine Rechtshandlung i.S.d. § 129 InsO vor. Diese Voraussetzung sei
gegeben, wenn der Schuldner zur Abwendung einer ihm angedrohten, demnächst zu erwartenden Vollstreckung leiste.[74] In diesem Fall sei er noch in
der Lage, über den geforderten Betrag nach eigenem Belieben zu verfügen.
Er könne, statt ihn an den Gläubiger zu zahlen, ihn auch selbst verbrauchen,
ihn Dritten zuwenden oder Insolvenzantrag stellen und den Gläubiger davon
in Kenntnis setzen. Habe der Schuldner dagegen nur noch die Wahl, die geforderte Zahlung sofort zu leisten oder die Vollstreckung durch die bereits anwesende Vollziehungsperson zu dulden, sei jede Möglichkeit zu einem selbst-

---

73   BGH, 10.02.2005 – IX ZR 211/02, BGHZ 162, 143 = ZInsO 2005, 260.

74   Vgl. hierzu noch BGH, 27.05.2003 – IX ZR 169/02, BGHZ 155, 75, 83 f. = ZInsO 2003, 764.

bestimmten Handeln ausgeschaltet. Dann fehle es an einer willensgeleiteten Rechtshandlung des Schuldners, wie sie § 133 Abs. 1 InsO voraussetze.

51   In dem zu entscheidenden Fall war letztlich ausschlaggebend, dass die Schuldnerin keine Möglichkeit hatte, der vom verklagten Land ausgebrachten Pfändung zu entgehen. Anders ist es hingegen, wenn etwa der Gerichtsvollzieher zunächst keine pfändbaren Gegenstände vorfindet und der Schuldner anschließend eine Leistung an den Gerichtsvollzieher erbringt. In diesem Fall hätte der Schuldner über die aufgewendeten Mittel auch anderweitig verfügen können.

52   Mehrere Rechtshandlungen des Schuldners sind grds. getrennt auf ihre Anfechtbarkeit hin zu untersuchen. Forderungspfändung bzw. Forderungsverpfändung und die Befriedigung sind verschiedene Rechtshandlungen. Die Anfechtung einer Zahlung nützt daher nichts, wenn die Pfändung bzw. Verpfändung anfechtungsfest ist.[75]

---

75   BGH, 21.03.2000 – IX ZR 138/99, ZInsO 2000, 333.

Beispielsfall 7: „Pfändungsfall"[76]

§§ 129, 140 Abs. 1, 3 InsO – Anfechtungsrechtlicher Zeitpunkt der Vollendung der Pfändung einer künftigen Forderung

Das verklagte FA erließ am 22.08.2000 eine Verfügung, mit der wegen voll-   **53**
streckbarer Steueransprüche gegen die Schuldnerin i.H.v. ca. 68.000 DM das gegenwärtige und künftige Guthaben der Schuldnerin bei der C. AG gepfändet und eingezogen wurde. Am 20.10.2000 setzte das FA die Pfändungsverfügung unter doppelter Bedingung und mit dem Vorbehalt des jederzeitigen Widerrufs aus. Die Aussetzung sollte nur in Kraft treten, wenn ein Betrag i.H.v. 45.000 DM überwiesen wurde. Sie sollte außer Kraft treten, sobald ein Dritter Anspruch auf die gepfändete Forderung erhob. Der genannte Betrag wurde am 20.10.2000 zulasten des gepfändeten Kontos von der Schuldnerin an die Finanzkasse überwiesen.

Am 08.11.2000 widerrief das FA die Aussetzung der Pfändungsverfügung. Am 15.11.2000 setzte es die Pfändungsverfügung abermals auf einen Monat mit den bisherigen Nebenbestimmungen aus, wobei als aufschiebende Bedingung diesmal die sofortige Überweisung von 35.000 DM bezeichnet wurde. Die Schuldnerin überwies diesen Betrag noch am selben Tag von dem gepfändeten Konto.

Auf Antrag eines Dritten vom 30.11.2000 wurde am 15.01.2001 das Insolvenzverfahren über das Vermögen der Schuldnerin eröffnet. Der klagende Insolvenzverwalter verlangte vom Beklagten die Rückgewähr der an ihn überwiesenen 80.000 DM. Das LG gab der Klage i.H.v. 35.000 DM statt. Die gegen die Teilabweisung der Klage gerichtete Berufung des Klägers hatte Erfolg; die Anschlussberufung des Beklagten wurde zurückgewiesen. Die hiergegen gerichtete Revision des Beklagten wies der BGH als unbegründet zurück.

Der BGH folgt der Auffassung des Berufungsgerichts, wonach die Überwei-   **54**
sung der Schuldnerin vom 15.11.2000 grds. nach § 131 Abs. 1 Nr. 1 InsO und die vorausgegangene Überweisung vom 20.10.2000 nach § 131 Abs. 1 Nr. 2 InsO anfechtbar seien. Nach der ständigen Rechtsprechung des BGH sei eine während der „kritischen" Zeit im Wege der Zwangsvollstreckung erlangte Sicherung oder Befriedigung als inkongruent anzusehen.[77] Das die

---

76   BGH, 20.03.2003 – IX ZR 166/02, ZInsO 2003, 372.

77   Vgl. hierzu Beispielsfall 56.

Einzelzwangsvollstreckung beherrschende Prioritätsprinzip werde durch das System der insolvenzrechtlichen Anfechtungsregeln eingeschränkt, wenn für die Gesamtheit der Gläubiger nicht mehr die Aussicht bestehe, aus dem Vermögen des Schuldners volle Deckung zu erhalten. Dann trete die Befugnis des Gläubigers, sich mithilfe hoheitlicher Zwangsmittel eine rechtsbeständige Sicherung oder Befriedigung zu verschaffen, hinter den Schutz der Gläubigergesamtheit zurück.[78]

55   Die angefochtenen Überweisungen der Schuldnerin an die Finanzkasse seien zulasten ihres gepfändeten Bankguthabens gegangen; sie hätten deshalb im Grundsatz die Insolvenzgläubiger benachteiligt. Eine Ausnahme hätte nur dann vorgelegen, wenn der Beklagte aufgrund seines Pfändungspfandrechts zur abgesonderten Befriedigung (§ 50 Abs. 1 InsO) aus dem überwiesenen Guthaben bei der Drittschuldnerin berechtigt gewesen wäre. Die auch gegen die anfechtungsrechtlich selbstständige Pfändungs- und Einziehungsverfügung des Beklagten vom 22.08.2000 gerichtete Anfechtung des Klägers greife jedoch nach § 131 Abs. 1 Nr. 1 und Nr. 2 InsO durch. Die hierdurch erlangte Sicherung sei inkongruent.

56   Die insolvenzrechtliche Anfechtbarkeit der Pfändung eines künftigen Bankguthabens hänge davon ab, ob diese bereits mit ihrer Bewirkung (§ 309 Abs. 2 Satz 1 AO; § 829 Abs. 3 ZPO) als vorgenommen gelte oder ob § 140 Abs. 1 InsO auf die Entstehung des Guthabens abstelle. Der BGH habe die anfechtungsrechtlich entscheidende Wirkung bei der Vorausabtretung, der Vorausverpfändung und der Pfändung einer künftigen Forderung nicht schon in der Verfügung, sondern erst in der Entstehung der Forderung gesehen.[79] Denn die anfechtungsrechtlich entscheidende Gläubigerbenachteiligung könne sich nur und erst dann äußern, wenn die Forderung entstanden sei, über die der Schuldner rechtsgeschäftlich oder im Wege der Zwangsvollstreckung vorausverfügt habe.

57   Entstehe die im Voraus abgetretene, verpfändete oder gepfändete Forderung erst nach der Eröffnung des Insolvenzverfahrens, so erwerbe der Gläubiger bzw. Pfandgläubiger nach § 91 Abs. 1 InsO kein Forderungs- und kein Absonderungsrecht mehr zulasten der Masse. Entstehe eine Forderung in anfechtbarer Zeit vor der Eröffnung des Insolvenzverfahrens, so sei die gläubigerbenach-

---

78   BGH, 09.09.1997 – IX ZR 14/97, BGHZ 136, 309, 311 = ZIP 1997, 1929.
79   BGH, 24.10.1996 – IX ZR 284/95, ZIP 1996, 2080, 2082.

teiligende Wirkung einer Vorausverfügung nicht anfechtungsfest. Das Berufungsgericht sei schließlich zu Recht davon ausgegangen, dass § 140 Abs. 3 InsO auf die vorliegende Fallgestaltung nicht anwendbar sei. § 140 Abs. 3 InsO betreffe nur Fälle rechtsgeschäftlicher Bedingungen. Die Entstehung der im Voraus gepfändeten Forderung sei keine Bedingung i.S.d. §§ 158 ff. BGB und insolvenzrechtlich nicht in gleicher Weise wie die in § 140 Abs. 3 InsO geregelten Fälle schutzwürdig.

Nach der Gesetzesbegründung zu § 140 Abs. 1 InsO ist die Abtretung einer künftigen Forderung erst mit der Entstehung der Forderung vorgenommen.[80]

58

---

80   BT-Drucks. 12/2443, S. 166.

Beispielsfall 8: „Honoraraufrechnungsfall"[81]

§§ 96 Abs. 1 Nr. 3, 129, 140 Abs. 3 InsO – Zeitpunkt der Entstehung der Aufrechnungslage zwischen dem Honoraranspruch des Rechtsanwalts und dem Herausgabeanspruch des Mandanten

59   *Die Schuldnerin hatte die verklagte Rechtsanwältin in unkritischer Zeit in einer Reihe von Rechtsangelegenheiten mandatiert. Innerhalb der letzten drei Monate vor der Insolvenzantragstellung (12.03.2002) vereinnahmte die Beklagte Gelder von Dritten, die der Schuldnerin zustanden. Mit Begleitschreiben vom 06.03.2002 übersandte die Beklagte der Schuldnerin Gebührenrechnungen vom 18. und 19.02.2002 in einer die eingezogenen Beträge übersteigenden Höhe und erklärte die Aufrechnung gegenüber den Ansprüchen der Schuldnerin auf Herausgabe der vereinnahmten Fremdgelder. Der klagende Insolvenzverwalter hielt die Aufrechnung für unzulässig und nahm die Beklagte auf Zahlung von ca. 154.000 € in Anspruch.*

Das LG gab der Klage statt. Die hiergegen eingelegte Berufung der Beklagten hatte im Wesentlichen Erfolg. Die Revision des Klägers führte zur Wiederherstellung des landgerichtlichen Urteils.

60   Das Berufungsgericht hatte die Aufrechnung als zulässig angesehen. Die Aufrechnungslage habe schon lange vor der kritischen Zeit bestanden. Der Honoraranspruch des Anwalts sei i.S.d. § 140 Abs. 3 InsO bereits mit der Erteilung des zugrunde liegenden Mandats entstanden. Auch der Anspruch des Mandanten auf Auskehrung des aus der Geschäftsbesorgung Erlangten (§ 667 BGB) entstehe schon mit der Begründung des Mandats und nicht erst mit dem Eingang des erstrittenen Betrages.

61   Der BGH ist dieser Auffassung nicht gefolgt. Der Anspruch des Schuldners auf Auskehrung der von der Beklagten vereinnahmten Beträge sei nicht schon mit der Begründung des Mandats, sondern erst mit dem Eingang der Fremdgelder auf dem Bankkonto der Beklagten entstanden. Nach § 140 Abs. 3 InsO bleibe zwar bei einer bedingten Rechtshandlung der Eintritt der Bedingung außer Betracht. Zu den in diesem Sinne bedingten Ansprüchen gehöre jedoch nicht der Herausgabeanspruch des Geschäftsherrn nach § 667 BGB. Die Vertragspflicht aus § 667 BGB, dem Auftraggeber alles, was er aus der Geschäfts-

---

81   BGH, 14.06.2007 – IX ZR 56/06, DZWIR 2007, 473.

besorgung erlange, herauszugeben, treffe den Beauftragten bis zur Einziehung nicht bedingt oder betagt, weil die Einziehung weder als eine Bedingung noch als eine Zeitbestimmung anzusehen, sondern Inhalt des Rechtsgeschäfts selbst sei.[82] § 140 Abs. 3 InsO setze voraus, dass die Rechtshandlung des Schuldners, an die angeknüpft werden solle, dem Gläubiger bereits eine gesicherte Rechtsstellung verschafft habe.[83] Eine solche gesicherte Rechtsposition habe die Beklagte vor dem Eingang der Zahlungen noch nicht innegehabt.

---

82   Vgl. hierzu noch BGH, 01.07.1985 – II ZR 155/84, BGHZ 95, 149, 155 = ZIP 1985, 1126.

83   BGH, 23.10.2003 – IX ZR 252/01, BGHZ 156, 350, 356 = ZInsO 2003, 1096.

Beispielsfall 9: „Rückdeckungsversicherungsfall"[84]

§§ 91, 129, 140 Abs. 3 InsO – Vollendung der Rechtshandlung bei Verpfändung einer künftigen Forderung; Voraussetzungen eines aufschiebend bedingten Anspruchs

62 *Die Schuldnerin schloss für ihre beiden jeweils hälftig beteiligten Gesellschafter-Geschäftsführer im Jahre 1993 Lebensversicherungen bei der Beklagten ab. Die Geschäftsführer wurden als widerruflich Berechtigte im Erlebensfall benannt. Am 15.02.1993 verpfändete die Gesellschaft die Lebensversicherungen an ihre Geschäftsführer und zeigte dies der Beklagten an. Bei den Lebensversicherungen handelte es sich um Rückdeckungsversicherungen. Sie dienten der Pensionssicherung der Geschäftsführer, denen die Schuldnerin unverfallbare Pensionszusagen erteilt hatte.*

Nach der Eröffnung des Insolvenzverfahrens über das Vermögen der Schuldnerin kündigte der klagende Insolvenzverwalter die Lebensversicherungen und verlangte von der Beklagten die Zahlung der jeweiligen Rückkaufswerte i.H.v. insgesamt ca. 16.500 €. Die Beklagte lehnte die Zahlung ab, da die Versicherungen verpfändet seien und die Zustimmungen der versorgungsberechtigten Personen nicht vorlägen. Das LG wies die Zahlungsklage des Klägers ab. Das Berufungsgericht gab ihr statt. Die Revision der Beklagten hatte keinen Erfolg.

63 Der BGH führt zunächst aus, durch die Erteilung einer lediglich widerruflichen Bezugsberechtigung habe der Bezugsberechtigte weder einen Anspruch aus dem Versicherungsvertrag (vgl. § 166 Abs. 2 VVG a.F.) noch eine sonstige gesicherte Rechtsposition – etwa ein Anwartschaftsrecht – erworben. Vielmehr besitze er nur eine mehr oder weniger starke tatsächliche Aussicht auf den Erwerb eines zukünftigen Anspruchs. Da der Versicherungsnehmer sich allein durch die widerrufliche Benennung des Dritten keiner Rechte aus dem Vertrag begeben habe, also jederzeit die Bezugsberechtigung durch einseitige Erklärung auf sich selbst oder eine andere Person umleiten könne, verblieben vor dem Eintritt des Versicherungsfalls alle vertraglichen Rechte bei ihm.[85]

---

84 BGH, 07.04.2005 – IX ZR 138/04, ZInsO 2005, 535.
85 Vgl. hierzu noch BGH, 23.10.2003 – IX ZR 252/01, BGHZ 156, 350, 356 = ZInsO 2003, 1096.

Der BGH habe zur KO bereits entschieden, dass es sich bei Ansprüchen auf   64
Altersruhegeld, Berufsunfähigkeitsrente und Hinterbliebenenrente nicht um
betagte Ansprüche, sondern um aufschiebend bedingte Ansprüche i.S.d. § 67
KO handle, wenn die Voraussetzungen noch nicht eingetreten seien. Unter
der Geltung der InsO bleibe die insolvenzrechtliche Ausgangslage gleich.
Dementsprechend bestimmten nunmehr die §§ 191 Abs. 1, 198 InsO, dass der
auf aufschiebend bedingte Forderungen entfallende Anteil nicht ausgezahlt,
sondern hinterlegt werde. Der Insolvenzverwalter müsse den Erlös i.H.d. zu
sichernden Forderung (vgl. § 45 Satz 1 InsO) zurückbehalten und vorrangig
hinterlegen, bis die zu sichernde Forderung aus der Versorgungsanwartschaft
fällig werde oder die Bedingung ausfalle.

Die Entscheidung des BGH begegnet erheblichen Bedenken. Die Er-   65
öffnung des Insolvenzverfahrens lässt den Bestand des Versicherungs-
vertrages im Grundsatz unberührt. Setzt der Insolvenzverwalter den
Versicherungsvertrag mit Mitteln der Insolvenzmasse fort, woran er ein
schutzwürdiges Interesse – etwa im Hinblick auf anfallende Überschuss-
anteile – haben kann, muss nach der ständigen Rechtsprechung des BGH
der Insolvenzmasse auch der dem Wert ihrer Leistungen entsprechende
Wert der Gegenleistung zufließen.[86] Über die Rechtskonstruktion eines
verpfändeten, aufschiebend bedingten Anspruchs wäre jedoch der Wert
der Versicherungsleistung für die Insolvenzmasse letztlich auch insoweit
verloren, als er auf Prämienzahlungen aus der Insolvenzmasse nach der
Insolvenzeröffnung beruht. Allenfalls zu erwägen wäre – entsprechend
der Rechtsprechung des BGH[87] zur Teilbarkeit der vor der Insolvenzeröffnung erbrachten Leistungen auf einen Werkvertrag – eine Teilbarkeit der
Versicherungsleistung[88] in dem Sinne, dass das Pfandrecht des widerruflich begünstigten Geschäftsführers den Teil der Versicherungsleistung erfasst, der bis zur Insolvenzeröffnung durch Prämienzahlungen der GmbH
„erkauft" war. Dies wäre der Rückkaufswert der Lebensversicherung zum
Zeitpunkt der Insolvenzeröffnung. Als „Pensionskasse" müsste der Insolvenzverwalter bei dieser Lösung nicht fungieren.

---

86   Vgl. BGH, 04.10.2001 – IX ZR 207/00, ZIP 2001, 2055, 2056.
87   BGH, 25.04.2002 – IX ZR 313/99, BGHZ 150, 353 = ZInsO 2002, 577.
88   Vgl. hierzu OLG Düsseldorf, 05.07.2005 – 4 U 133/04, VersRecht 2006, 250.

Beispielsfall 10: „Vermieterpfandrechtsfall"[89]

§§ 129, 140 InsO – Vollendung der Rechtshandlung des Schuldners beim Vermieterpfandrecht

66 *Die Klägerin hatte der Schuldnerin mit Vertrag vom 04.07.2000 Büroräume vermietet. Am 30.07.2001 stellte die Schuldnerin Insolvenzantrag, woraufder Beklagte zum vorläufigen Insolvenzverwalter bestellt wurde. Die Klägerin widersprach am 01.08.2001 der Entfernung der eingebrachten Sachen. Die Miete für August bis Oktober 2001 i.H.v. ca. 26.500 € bezahlte die Schuldnerin nicht. Nach der Eröffnung des Insolvenzverfahrens verwertete der Beklagte die von der Schuldnerin eingebrachten Sachen. Den Erlös verwendete er nicht zur Befriedigung der Forderungen der Klägerin, da nach seiner Auffassung das Vermieterpfandrecht nur für Forderungen wirksam sei, die vor dem Insolvenzantrag entstanden seien.*

Das LG hatte der auf Feststellung eines Vermieterpfandrechts für die Mietzinsforderungen aus dem Zeitraum des Eröffnungsverfahrens gerichteten Klage stattgegeben. Mit der vom BGH zugelassenen Sprungrevision verfolgte der Beklagte seinen Klageabweisungsantrag weiter. Das Rechtsmittel blieb in der Hauptsache ohne Erfolg.

67 Der BGH führt aus, eine Rechtshandlung gelte nach § 140 Abs. 1 InsO grds. in dem Zeitpunkt als vorgenommen, in dem ihre rechtlichen Wirkungen einträten, oder anders ausgedrückt, sobald die Rechtshandlung die Gläubigerbenachteiligung bewirkt habe.[90] Bei einer mehraktigen Rechtshandlung komme es auf deren Vollendung, also auf den letzten zur Erfüllung des Tatbestandes erforderlichen Teilakt an.[91] Im Fall der Vorausabtretung künftiger Forderungen sei insoweit auf den Zeitpunkt abzustellen, in dem die Forderung entstehe. Bei rechtsgeschäftlichen Pfandrechten an beweglichen Sachen und an bereits bestehenden Rechten sei dagegen nach der bisherigen Rechtsprechung anfechtungsrechtlich der Zeitpunkt ihrer Bestellung maßgebend, auch soweit sie der Sicherung künftiger Forderungen dienten. Ob an dieser Rechtsprechung noch festzuhalten sei, könne im vorliegenden Fall offenbleiben. Für das Vermieterpfandrecht ergebe sich aus dem Rechtsgedanken des § 140 Abs. 3 InsO, dass

---

89 BGH, 14.12.2006 – IX ZR 102/03, BGHZ 170, 196 = ZInsO 2007, 91.

90 BGH, 23.10.2003 – IX ZR 252/01, BGHZ 156, 350, 357 = ZInsO 2003, 1096.

91 Vgl. dazu BT-Drucks. 12/2443, S. 166 sowie BGH, 18.12.1986 – IX ZR 11/86, BGHZ 99, 274, 286.

anfechtungsrechtlich auf den Zeitpunkt der Pfandrechtsentstehung abzustellen sei.

Die Auffassungen im Schrifttum seien in dieser Frage geteilt. Einige seien   68
der Ansicht, dass bei den rechtsgeschäftlichen und den gesetzlichen Pfandrechten die Rechtshandlung mit der Entstehung des Pfandrechts auch insoweit vorgenommen sei, als damit künftige Forderungen aus dem Mietverhältnis gesichert seien. Beim Mobiliarpfandrecht und bei der Hypothek für eine künftige Forderung gehöre das Entstehen der gesicherten Forderung nicht zum Verfügungstatbestand.[92] Nach anderer Auffassung habe der spätere Insolvenzschuldner gegenüber dem nicht valutierten Pfandrecht eine Einrede, die mit Verfahrenseröffnung zur Masse gehöre. Entstehe die Forderung in der kritischen Zeit, werde dem Schuldner zum Nachteil seiner Gläubiger die Einrede entzogen, weshalb jedenfalls anfechtungsrechtlich auf diesen Zeitpunkt abzustellen sei.[93] In ähnlicher Weise werde erörtert, ob die vorinsolvenzliche Begründung von Pfandrechten für künftige Forderungen nach § 91 InsO (§ 15 KO) insolvenzfest sei, wenn diese erst nach der Verfahrenseröffnung entstünden oder auf den Sicherungsnehmer übergingen.

Für die Anwendbarkeit des § 91 InsO sei entscheidend, ob ein Vermögens-   69
gegenstand bereits im Zeitpunkt der Verfahrenseröffnung endgültig aus dem Schuldnervermögen ausgeschieden sei. Dieser Grundsatz sei auch bei der Bestimmung des Zeitpunkts der Vornahme einer Rechtshandlung nach § 140 Abs. 1 InsO von Bedeutung. Bei einer wirtschaftlichen Betrachtungsweise, auf die der Senat in jüngerer Zeit verstärkt abgestellt habe, bewirke die Begründung eines Pfandrechts an Vermögensgegenständen des Schuldners zur Sicherung künftiger Forderungen erst im Entstehenszeitpunkt der gesicherten Forderung die Schmälerung des Schuldnervermögens und somit die Gläubigerbenachteiligung. Ebenso wie eine noch nicht fällige Werklohnforderung des Schuldners einen Vermögenswert erst nach der Ausführung der geschuldeten Werkleistung darstelle,[94] werde auch ein Pfandrecht zur Sicherung einer künftigen Forderung erst mit deren Entstehung für den Gläubiger werthaltig.

Ob daher bei rechtsgeschäftlichen und gesetzlichen Pfandrechten allgemein   70
auf den Zeitpunkt der Entstehung der gesicherten Forderung abzustellen sei,

---

92   MünchKomm-InsO/Ganter, vor §§ 49 – 52 Rn. 35; Uhlenbruck/Hirte, InsO, § 140 Rn. 7.
93   Jaeger/Henckel, KO, § 30 Rn. 79.
94   Vgl. hierzu Beispielsfall 3.

könne offenbleiben, denn beim gesetzlichen Vermieterpfandrecht sei vorrangig § 140 Abs. 3 InsO zu beachten. Nach dieser Bestimmung bleibe bei einer bedingten oder befristeten Rechtshandlung der Eintritt der Bedingung oder der Befristung außer Betracht. Maßgebend sei dann der Abschluss der rechtsbegründenden Tatumstände. Bei Mietzinsforderungen, die als aufschiebend befristete Ansprüche unter diese Bestimmung fielen, sei dies der Abschluss des Mietvertrages.

71   Auf das Vermieterpfandrecht sei § 140 Abs. 3 InsO zwar nicht unmittelbar anwendbar. Die Vorschrift betreffe nur Rechtsgeschäfte, weil andere Rechtshandlungen – so auch das zur Entstehung des Vermieterpfandrechts führende Einbringen von Gegenständen – nicht bedingt oder befristet sein könnten. Dennoch könne die Tatsache, dass die Zahlung des Mietzinses unter den vorstehend genannten Voraussetzungen insolvenzfest sei, für die Frage der Anfechtbarkeit des Vermieterpfandrechts nicht unberücksichtigt bleiben. Das der Sicherung des Mietzinsanspruchs dienende Vermieterpfandrecht könne nicht in weiterem Umfang der Insolvenzanfechtung unterliegen als die Erfüllung der Mietzinsforderungen durch den Mieter.

72   Maßgebliche Rechtshandlung für die Möglichkeit der Aufrechnung von Mietzinsansprüchen gegen Ansprüche auf Auszahlung eines Guthabens aus Nebenkostenvorauszahlungen (vgl. § 96 Abs. 1 Nr. 3 InsO) ist nach der Rechtsprechung des BGH der Abschluss des Mietvertrages.[95] Denn die Forderung auf Zahlung des Mietzinses sei gem. § 163 BGB befristet mit Beginn des Zeitabschnitts entstanden, für den Mietzins zu zahlen sei. Nach § 140 Abs. 3 InsO sei daher auf den Abschluss des Mietvertrages abzustellen.

---

95   BGH, 11.11.2004 – IX ZR 237/03, ZInsO 2005, 94.

Beispielsfall 11: „Kautionsversicherungsfall"[96]

§§ 129, 147 InsO – Anfechtungsfester Erwerb eines Absonderungsrechts trotz Erwerbs der gesicherten Forderung nach Insolvenzeröffnung

Aufgrund eines Kautionsversicherungsvertrages v. 17.06.1999 stellte die Klägerin der Schuldnerin gegen Prämienzahlung und Sicherheitsleistung einen Bürgschaftskredit zur Verfügung und übernahm Bürgschaften innerhalb des vereinbarten Höchstbetrages. Am 16.09.1999 trat die Schuldnerin ihre Ansprüche an einem Festgeldkonto über 90.000 DM zur Sicherung aller bestehenden und künftigen – auch bedingten und befristeten – Ansprüche aus dem Kautionsversicherungsvertrag an die Klägerin ab. Gleiches erfolgte später hinsichtlich eines weiteren Festgeldkontos über 100.000 DM. Die Klägerin übernahm gegenüber der B-GmbH, einer Vertragspartnerin der Schuldnerin, am 14.10.1999 eine Bürgschaft. Am 13.03.2001 wurde über das Vermögen der Schuldnerin das Insolvenzverfahren eröffnet und der Beklagte zum Insolvenzverwalter bestellt.

Der Beklagte zog die der Klägerin zur Sicherung abgetretenen Forderungen auf Auszahlung der Festgeldguthaben ein. Am 29.01.2002 erbrachte die Klägerin nach Aufforderung Zahlungen auf die der B-GmbH gewährte Bürgschaft und machte anschließend Absonderungsrechte an den vom Beklagten eingezogenen Guthaben geltend. Der Beklagte sah die Sicherungsabtretung als anfechtbar an, da der Klägerin zum Zeitpunkt der Insolvenzeröffnung kein gesicherter Anspruch zugestanden habe.

Nach Ansicht des BGH stand der Klägerin ein insolvenzfestes Absonderungsrecht zu. Dem könne nicht entgegengehalten werden, dass der gesicherte Regressanspruch aus § 774 BGB erst nach der Insolvenzeröffnung auf die Klägerin übergegangen sei. Insolvenzfest sei nicht nur die uneingeschränkte Übertragung eines bedingten Rechts, sondern auch die unter einer Bedingung erfolgte Übertragung eines unbedingten Rechts.[97] Entscheidend sei, ob das Recht bereits zum Zeitpunkt der Insolvenzeröffnung aus dem Vermögen des Schuldners ausgeschieden gewesen sei, sodass für ihn keine Möglichkeit

73

74

---

96   BGH, 13.03.2008 – IX ZR 14/07, ZInsO 2008, 452; abgewandelt, da kein Anfechtungsfall.

97   BGH, 27.05.2003 – IX ZR 51/02, BGHZ 155, 87 = ZInsO 2003, 607.

mehr bestanden habe, es aufgrund alleiniger Entscheidung wieder zurückzuerlangen.[98]

75   Hinsichtlich des Regressanspruchs aus § 774 BGB sei anerkannt, dass dessen Rechtsgrund bereits mit der Übernahme der Bürgschaft entstehe und insoweit aufschiebend bedingt begründet werde.[99] Mit der Hergabe der Sicherheit durch die Schuldnerin und der Erteilung der Bürgschaft durch die Klägerin sei der Rechtsboden für die gesicherte Forderung begründet gewesen. Eine nach § 91 InsO beachtliche Rechtsposition, wie etwa die Einrede der fehlenden Valutierung des zur Verfügung gestellten Sicherheitsgegenstandes, sei dem Schuldner unter diesen Umständen nicht verblieben.

76   Dieses Ergebnis stehe nicht im Widerspruch zur Entscheidung des Senats zur Insolvenzfestigkeit des Vermieterpfandrechts.[100] Die dort angestellten Erwägungen bezögen sich auf die Sicherung künftiger Forderungen und könnten schon deshalb nicht auf die Beurteilung bedingt begründeter Rechte übertragen werden.

---

98   BGH, 20.03.1997 – IX ZR 71/96, BGHZ 135, 140, 145 = ZIP 1997, 737.

99   Vgl. BGH, 06.11.1989 – II ZR 62/89, ZIP 1990, 53, 55.

100   BGH, 14.12.2006 – IX ZR 102/03, BGHZ 170, 196 = ZInsO 2007, 91; vgl. dazu Beispielsfall 10.

Beispielsfall 12: „Konzernverbundfall"[101]

§§ 129, 140 InsO – Nachträgliche „Unterlegung" eines unanfechtbar entstandenen Pfandrechts durch spätere Entstehung der verpfändeten Forderung

Die Schuldnerin hatte der verklagten Bank zur Sicherung der gegen den Konzernverbund bestehenden Forderungen durch Globalzession künftige Forderungen abgetreten. Am 17.12.1993 kündigte die Bank die Kontoverbindung mit dem Konzernverbund, untersagte Verfügungen zulasten der Konten, berief sich auf ihr Pfandrecht und verbot den Einzug der abgetretenen Forderungen. Zwischen dem 17.12. und dem 28.12.1993 wurden auf die von der Globalzession erfassten Forderungen ca. 580.000 DM auf das im Haben geführte Konto der Schuldnerin überwiesen. Auf Anweisung der Schuldnerin überwies die Beklagte am 28.12.1993 insgesamt 800.000 DM an ein verbundenes Unternehmen. Einen Teil des am 28.12.1993 überwiesenen Guthabens hatte die Schuldnerin nach der Zahlungseinstellung angesammelt.

77

Das Berufungsgericht war davon ausgegangen, dass der Beklagten wegen unberechtigten Forderungseinzugs zwischen dem 17.12. und dem 28.12.1993 ein Anspruch nach § 816 Abs. 2 BGB i.H.v. 580.000 DM gegen die Schuldnerin zugestanden habe. In dieser Höhe habe ein unanfechtbares Pfandrecht der Beklagten nach Nr. 14 Abs. 1 AGB-Banken bestanden, das nicht auf einer in der kritischen Phase nach der Zahlungseinstellung vorgenommenen Rechtshandlung der Schuldnerin beruhe.

Der BGH hat diese Begründung beanstandet. Die Erwägung des Berufungsgerichts, die Voraussetzungen des § 10 Abs. 1 Nr. 4 GesO lägen „ersichtlich nicht vor, da die Handlung des Schuldners nicht in der kritischen Phase nach der Zahlungseinstellung oder dem Antrag auf Eröffnung des Gesamtvollstreckungsverfahrens vorgenommen" worden sei, greife zu kurz. Einen Teil des Guthabens, aus dem die Überweisung vom 28.12.1993 erfolgt sei, habe die Schuldnerin nämlich nach der Zahlungseinstellung angesammelt. Der für die Anfechtungsvoraussetzungen maßgebende Zeitpunkt bestimme sich danach, wann die rechtlichen Wirkungen der angefochtenen Rechtshandlung eingetreten seien. Im Fall der Vorausverpfändung einer künftigen Forderung sei die Verfügung zwar schon mit dem Abschluss des Verpfändungsvertrages

78

---

101   BGH, 19.03.1998 – IX ZR 22/97, BGHZ 138, 291 = ZInsO 1998, 89 – stark vereinfacht.

beendet. Das Pfandrecht werde aber erst begründet, wenn die verpfändete Forderung entstehe. Die Beklagte habe an der gegen sie selbst gerichteten Forderung auf Auszahlung des Guthabens der Schuldnerin ein Pfandrecht begründen können. Unerheblich sei hingegen der Zeitpunkt, in dem die zu sichernden Forderungen entstünden.

79   Soweit das verpfändete Guthaben vor der Zahlungseinstellung am 17.12.1983 angesammelt worden sei (i.H.v. ca. 829.000 DM) habe die Beklagte ein – zunächst noch nicht durch eine Forderung unterlegtes und daher nicht verwertbares – AGB-Pfandrecht erworben, das nicht der Anfechtung unterlegen habe. Die persönliche Forderung (i.H.v. ca. 580.000 DM), die – in entsprechender Höhe – erst zur Verwertbarkeit des Pfandrechts geführt habe, habe die Beklagte zwar nach dem 17.12.1993 erworben. Da das vor diesem Datum unanfechtbar entstandene Pfandrecht die Forderungen der Beklagten aus der gesamten Geschäftsverbindung gesichert habe, habe es aber auch noch durch Forderungen aus dem späteren Zeitraum unterlegt werden können.

Beispielsfall 13: „Scheckinkassofall"[102]

§§ 129, 131, 140 InsO – Vollendung der Rechtshandlung beim Verrechnungsscheckinkasso

Die Beklagte hatte dem Schuldner als Hausbank einen Kontokorrentkredit   80
über 350.000 DM eingeräumt. Seit dem Jahre 1987 belief sich das Kreditvolumen durchweg auf erheblich höhere Beträge. Nachdem der Schuldner ihr am 11.04.1989 vereinbarungsgemäß den Jahresabschluss 1988 zur Prüfung überlassen hatte, teilte die Beklagte dem Sohn des Schuldners am 12.04.1989 fernmündlich das Ergebnis dieser Überprüfung mit. Ob sie hierbei den Gesamtkredit kündigte oder lediglich erklärte, dass sie dem Schuldner „das Geschäft zusperren" werde, war streitig. Mit Schreiben vom selben Tag, das dem Schuldner am 13.04.1989 zuging, kündigte sie das Gesamtkreditengagement mit sofortiger Wirkung.

Am Vormittag des 11.04.1989 hatte der Schuldner – zugleich mit der Bilanz für 1988 – zwei Kundenschecks über insgesamt ca. 152.000 DM und nach Geschäftsschluss einen weiteren Scheck über ca. 77.000 DM bei der Beklagten eingereicht. Die beiden ersten Schecks wurden am 11.04., der letztgenannte am 12.04.1989 – jeweils Eingang vorbehalten – gebucht. Die vom Schuldner ausgestellten, auf die Beklagte bezogenen Schecks löste diese ab 11.04.1989 nicht mehr ein. Noch im April 1989 stellte der Schuldner Insolvenzantrag.

Der klagende Insolvenzverwalter verlangte mit seiner Klage Rückgewähr der am 11. und 12.04.1989 mit dem debitorischen Saldo verrechneten Scheckgutschriften zur Masse. Er hatte damit in den Tatsacheninstanzen Erfolg. Die Revision der Beklagten führte zur Aufhebung und Zurückverweisung.

Der BGH beanstandet das Berufungsurteil insoweit als rechtsfehlerhaft, als   81
es die angefochtenen Rechtsgeschäfte nicht genau bezeichne und ohne Weiteres von einer kongruenten Deckung ausgehe. Bei der Hingabe von Kundenschecks zum Einzug müsse zwischen zwei zeitlich auseinanderfallenden Rechtsgeschäften unterschieden werden. Die Hereinnahme durch die Bank könne nach § 30 Nr. 2 KO (vgl. jetzt § 131 Abs. 1 InsO) anfechtbar sein; soweit sich die Bank durch Verrechnung befriedige, komme eine Anfechtung nach § 30 Nr. 1, 2. Halbs. KO (vgl. jetzt § 130 Abs. 1 InsO) in Betracht.

---

102   BGH, 30.04.1992 – IX ZR 176/91, BGHZ 118, 171 = ZIP 1992, 778.

82 Der Auffassung, der Schuldner habe schon am 11.04.1989 die Zahlungen eingestellt und der Beklagten sei dies auch bekannt gewesen, sei nicht zu folgen. Die nicht nach außen verlautbarte Willensentschließung der Hausbank, dem Schuldner keinen Kredit mehr zu gewähren, reiche für eine Zahlungseinstellung nicht aus. Die Zahlungseinstellung könne nicht vorverlegt werden, nur weil sie die sichere Folge einer Kündigung sei. Die Kündigung der Beklagten habe vielmehr den frühestmöglichen Zeitpunkt der Zahlungseinstellung markiert.

83 Verfehlt sei es außerdem, dass das Berufungsgericht für die Anfechtung auf den Zeitpunkt der Hereinnahme oder der Gutschrift der Schecks abgestellt habe. Beim Scheckinkasso komme es für die Anfechtbarkeit auf den Zeitpunkt an, in dem die Verrechnungslage entstehe. Der verrechnungsfähige Anspruch des Schuldners nach den §§ 675, 667 BGB auf Herausgabe des aus der Geschäftsbesorgung Erlangten entstehe erst dann, wenn die Inkassobank buchmäßige Deckung erlange. Vorher schulde sie den einzuziehenden Betrag weder bedingt noch betagt.[103] Zwar pflegten die Banken dem Scheckeinreicher unabhängig von der Einlösung durch die bezogene Bank unter dem Vorbehalt des Eingangs eine Gutschrift zu erteilen. Diese sei aber nur eine vorläufige; dass der Scheckeinreicher über den Scheckbetrag meist sofort verfügen könne, ändere daran nichts. Erst wenn die bezogene Bank den Scheck durch Belastung des Ausstellerkontos eingelöst habe, seien die in der Girokette erfolgten Gutschriften und Belastungen wirksam geworden.[104] Erst jetzt sei die Buchung endgültig und die Verrechnungslage eingetreten. Bedingung sei die buchmäßige Deckung; es handle sich deshalb nicht um eine auflösende, sondern um eine aufschiebende Bedingung. Wann die Schecks von der bezogenen Bank eingelöst worden seien, habe das Berufungsgericht nicht festgestellt.

84 Das Berufungsgericht habe schließlich verkannt, dass als anfechtbare Rechtshandlung nicht nur die Befriedigung der Beklagten in Betracht komme, sondern auch eine bereits zuvor erlangte Sicherung. Mit der Hereinnahme eines Inkassoschecks erwerbe eine Bank das Sicherungseigentum, zumindest ein Pfandrecht, wenn ein Schuldsaldo des Kunden wenigstens i.H.d. Schecksumme bestehe. Die Einreichung verschaffe der Bank somit an dem Scheck und an der zugrunde liegenden, nach den AGB – Banken abgetretenen Forderung

---

103 Vgl. hierzu noch BGH, 01.07.1985 – II ZR 155/84, BGHZ 95, 149, 155 = ZIP 1985, 1126.

104 BGH, 29.09.1986 – II ZR 283/85, ZIP 1986, 1537.

ein Absonderungsrecht. Von diesem Recht könne die Bank Gebrauch machen, indem sie die Forderung einziehe. Gehe der Erlös ein, erlösche insoweit ihre gesicherte Forderung gegen den Schuldner (§ 1288 Abs. 2 BGB); dazu bedürfe es keiner kontokorrentmäßigen Verrechnung. Bei der späteren Verrechnung handle es sich lediglich um die buchungstechnische Erledigung dieses Vorgangs, der keine selbstständige Bedeutung zukomme.[105]

Das Sicherungs- und Absonderungsrecht der Bank stelle jedoch eine inkongruente Deckung dar, da die Bank zwar einen Anspruch gegen den Schuldner auf Zahlung habe, nicht aber einen Anspruch gegen den Kunden, der den Scheck ausgestellt habe. 85

Das Berufungsgericht müsse daher zunächst prüfen, ob die Beklagte ein konkursfestes Sicherungsrecht erworben habe. Gelinge der Beklagten dieser Beweis, komme es nicht mehr auf ihren Kenntnisstand zum Zeitpunkt des Eintritts der Verrechnungslage an. Misslinge der Beweis, entfalle also die Sicherung infolge Anfechtung, werde das Berufungsgericht feststellen müssen, ob die Beklagte zum Zeitpunkt der Scheckeinlösung, mithin bei Belastung der Konten der Scheckaussteller, die Zahlungseinstellung gekannt habe. Insoweit treffe den klagenden Konkursverwalter die Beweislast. 86

Auf einer Rechtshandlung des Schuldners beruht auch die Abbuchung von Beträgen auf dem Schuldnerkonto im Wege des Lastschriftverfahrens. Es ist streitig, wann die Rechtshandlung des Schuldners in diesem Fall vorgenommen ist,[106] wie der nachfolgende Beispielsfall zeigt. 87

---

105   BGH, 01.07.1985 – II ZR 155/84, BGHZ 95, 149, 153 = ZIP 1985, 1126.
106   Vgl. hierzu Nobbe/Ellenberger, WM 2006, 1885.

Beispielsfall 14: „Lastschriftwiderrufsfall"[107]

§§ 129, 140 InsO – Vollendung der Rechtshandlung des Schuldners beim Lastschriftverfahren

88   *Die Schuldnerin stellte am 07.08.2000 Insolvenzantrag. Noch am selben Tage wurde der Beklagte zum (sog. „schwachen") vorläufigen Insolvenzverwalter bestellt und angeordnet, dass Verfügungen der Schuldnerin nur mit Zustimmung des Beklagten wirksam sind (vgl. § 21 Abs. 2 Nr. 2 InsO). Tags darauf versagte die Schuldnerin mit Zustimmung des Beklagten die Genehmigung aller Lastschriften. Am 19., 21. und 25.07.2000 war das Konto der Schuldnerin zugunsten der Klägerin mit insgesamt ca. 23.000 € belastet worden. Aufgrund der versagten Genehmigung gab die Bank die Lastschriften zurück. Nach der Eröffnung des Insolvenzverfahrens nahm die Klägerin den Beklagten i.H.d. Rücklastschriften (letztlich ohne Erfolg) auf Zahlung von Schadensersatz in Anspruch.*

89   Mit der Erteilung der Einziehungsermächtigung verschafft der Schuldner seinem Gläubiger noch nicht das Recht, über sein Konto zu verfügen. Daher bedarf die Belastungsbuchung der Genehmigung des Schuldners, um rechtlich wirksam zu sein. Bevor der Schuldner die Genehmigung nicht erteilt hat, ist die durch Einziehung zu tilgende Forderung nicht erfüllt. Dies wäre nur dann anders, wenn die dem Gläubiger durch die Zahlstelle erteilte Gutschrift als durch die Widerspruchsmöglichkeit des Schuldners auflösend bedingt anzusehen wäre. Diese Frage ist zwar im Schrifttum umstritten.[108] Nach der vom BGH vertretenen „Genehmigungstheorie" wird die Belastung indes erst durch die Genehmigung des Schuldners wirksam.[109] Mit der Eröffnung des Insolvenzverfahrens verliert der Schuldner jedoch die Verfügungsbefugnis über sein Vermögen, welches nunmehr der gleichmäßigen Befriedigung seiner Gläubiger dient.

---

107   BGH, 04.11.2004 – IX ZR 22/03, BGHZ 161, 49 = ZInsO 2004, 1353; bestätigt durch BGH, 21.09.2006 – IX ZR 173/02, ZIP 2006, 2046 und durch BGH, 25.10.2007 – IX ZR 217/06, BGHZ 174, 84 = ZInsO 2007, 1216.

108   Dafür etwa Canaris, Bankvertragsrecht, Rn. 636 sowie Obermüller, Insolvenzrecht in der Bankpraxis, Rn. 3.441 f. – dagegen etwa van Gelder in: Schimansky/Bunte/Lwowski, Bankrechtshandbuch, § 58 Rn. 164, 172, 175.

109   BGH, 04.11.2004 – IX ZR 22/03, BGHZ 161, 49 = ZInsO 2004, 1353.

Unabhängig davon, ob der Schuldner schuldrechtlich zum Widerspruch be-   90
rechtigt war, ist eine Belastung des Schuldnervermögens zulasten der Insolvenzmasse nicht mehr möglich. Da auch schon der vorläufige Insolvenzverwalter die Aufgabe hat, die künftige Masse zu sichern und zu erhalten, kann
es nicht seine Sache sein, einer Erfüllungshandlung des Schuldners durch
seine Zustimmung Wirksamkeit zu verleihen, falls dies nicht im Interesse aller Gläubiger liegt. Die Genehmigung der Belastungsbuchung ist eine – ggf.
ohnehin anfechtbare – Rechtshandlung des Schuldners, der damit einen mehraktigen Zahlungsvorgang abschließt.[110]

Trotz weiterer Kritik im Schrifttum bekräftigte der BGH diese Rechtspre-   91
chung durch Urt. v. 25.10.2007.[111] Alle Versuche, die Erfüllungswirkung im
Rechtsverhältnis zwischen Schuldner und Gläubiger auf einen früheren Zeitpunkt zu verlegen,[112] scheiterten daran, dass vor der Genehmigung durch den
Schuldner nichts aus dessen Vermögen abgeflossen sei und die Gutschrift auf
dem Gläubigerkonto dem Schuldner auch nicht aus anderen Gründen als Leistung zugerechnet werden könne; denn die Einzugsermächtigung begründe
keine Befugnis, über das Konto des Schuldners zugunsten des Gläubigers zu
verfügen. Es entspreche nicht dem berechtigten Interesse des Gläubigers, eine
Leistung als Erfüllung gelten zu lassen, von der er nicht sicher sein könne,
dass er sie behalten dürfe.

Der Rechtsprechung des BGH werde zwar entgegengehalten, der Insolvenz-   92
verwalter habe nicht mehr Rechte als der Schuldner; sei dieser daher nicht zum
Widerruf berechtigt, stehe auch dem Insolvenzverwalter kein Widerrufsrecht
zu. Diese Auffassung verkenne jedoch die rechtlichen Auswirkungen des im
Insolvenzrecht schon vor der Eröffnung des Insolvenzverfahrens geltenden
Grundsatzes der Gläubigergleichbehandlung auf die Rechtsstellung des Verwalters. Der Insolvenzverwalter dürfe einer nicht insolvenzgesicherten Forderung keine Vorzugsstellung gegenüber ranggleichen Forderungen einräumen.

Eine Genehmigung der Belastungsbuchung durch den vorläufigen Insolvenz-   93
verwalter mit Zustimmungsvorbehalt nach Nr. 7 Abs. 3 AGB-Banken sei nicht
möglich. Dessen Befugnis beschränke sich darauf, die Gläubigergesamtheit
vor einer Vermögensminderung der Masse durch den Schuldner oder Dritte zu

---

110 BGH, 04.11.2004 – IX ZR 22/03, BGHZ 161, 49 = ZInsO 2004, 1353.
111 BGH, 25.10.2007 – IX ZR 217/06, BGHZ 174, 84 = ZInsO 2007, 1216.
112 So etwa Bork, Festschrift für Gerhardt, S. 69, 76.

schützen. Aus diesen Gründen könne er – anders als der vorläufige Insolvenzverwalter, auf den die Verwaltungs- und Verfügungsbefugnis übergegangen sei (§ 22 Abs. 1 InsO) – grds. keine Masseverbindlichkeiten begründen.[113]

94   Sofern der endgültige Insolvenzverwalter jedoch das Schuldnerkonto für eingehende Gutschriften längere Zeit weiterbenutze, ohne die auf diesem Konto im Einzugsermächtigungsverfahren ergangenen Lastschriften zu widerrufen, genehmige er diese konkludent.

95   Rechtshandlung des Schuldners i.S.d. § 129 Abs. 1 InsO ist auch dessen Mitwirkung an der Herbeiführung einer Aufrechnungslage, wobei es freilich nach dem Inkrafttreten der InsO unter den Voraussetzungen des § 96 InsO keiner Anfechtung mehr bedarf.

---

113   Vgl. BGH, 18.07.2002 – IX ZR 195/01, BGHZ 151, 353 = ZInsO 2002, 819.

Beispielsfall 15: „LKW – Handel"[114]

§ 129 InsO – Mitwirkung an der Herbeiführung einer Aufrechnungslage als anfechtbare Rechtshandlung

Die Schuldnerin betrieb einen LKW-Handel nebst Reparaturwerkstatt. Die   96
Lastkraftwagen bezog sie überwiegend von der Beklagten. Zur Jahreswen-
de 1998/1999 schuldete sie dieser mehr als 240.000 DM. Zur Erfüllung war
sie nicht in der Lage. Am 28.06.1999 verkaufte die Schuldnerin der Beklagten
Gegenstände ihres Anlage- und Umlaufvermögens zu einem Kaufpreis von
243.500 DM. Der Kaufpreis war am 30.06.1999 fällig und sollte mit den of-
fenen Forderungen der Beklagten gegen die Schuldnerin verrechnet werden.

Am 20.07.1999 stellte die Schuldnerin Insolvenzantrag. Mit Schreiben vom
23.07.1999 erklärte die Beklagte die Aufrechnung. Das LG und das OLG ga-
ben der Zahlungsklage des Insolvenzverwalters statt. Die hiergegen gerichtete
Revision der Beklagten hatte keinen Erfolg.

Ohne die Möglichkeit der Aufrechnung hätte die Beklagte auf ihre ungesi-   97
cherten Forderungen gegen die Schuldnerin nach der Insolvenzeröffnung allenfalls eine Quote des Nennwertes erhalten. Wird die vollwertige Kaufpreisforderung des Schuldners durch Aufrechnung mit Gegenforderungen eines
Insolvenzgläubigers erfüllt, entgeht der Insolvenzmasse der Unterschied zwischen dem Nennwert ihres Kaufpreisanspruchs und der bloßen Quote auf die
Gegenforderungen. Da auf die übrigen Insolvenzgläubiger dann rechnerisch
eine entsprechend verringerte Insolvenzquote entfällt, sind sie insgesamt ge-
schädigt.

Nach der neueren Rechtsprechung des BGH zur KO und zur Gesamtvoll-   98
streckungsordnung könne der Verwalter die Wirkungen der Anfechtung auf
die Herstellung der Aufrechnungslage beschränken.[115] Die Rückgewähr der
Aufrechnungslage bestehe, wenn diese – wie auch im Streitfall – durch einen
Kaufvertrag geschaffen worden sei, gerade nicht in der Rückabwicklung des
Kaufvertrages selbst, sondern im Gegenteil in der Durchsetzung der Kaufpreisforderung unabhängig von einer etwaigen Gegenforderung.

---

114   BGH, 02.06.2005 – IX ZR 263/03, ZInsO 2005, 884.
115   Vgl. BGH, 05.04.2001 – IX ZR 216/98, BGHZ 147, 233, 236 = ZInsO 2001, 464.

99 Es entspreche der gefestigten Rechtsprechung des BGH, dass mehrere Rechtshandlungen selbst dann anfechtungsrechtlich selbstständig zu beurteilen seien, wenn sie gleichzeitig vorgenommen worden seien oder sich wirtschaftlich ergänzten.[116] Der Eintritt einer Gläubigerbenachteiligung sei deshalb isoliert mit Bezug auf die konkret angefochtene Minderung des Aktivvermögens oder die Vermehrung der Passiva des Schuldners zu beurteilen. Dabei seien lediglich solche Folgen zu berücksichtigen, die an die anzufechtende Rechtshandlung selbst anknüpften. Eine Vorteilsausgleichung finde grds. nicht statt.[117]

---

116 S. hierzu noch BGH, 07.02.2002 – IX ZR 115/99, ZIP 2002, 489, 490.

117 Vgl. hierzu MünchKomm-InsO/Kirchhof, § 129 Rn. 175.

Beispielsfall 16: „Pachtablösungsfall"[118]

§§ 129, 131 InsO – weiter Begriff der „Rechtshandlung"; Anfechtungsgegner im Fall der Befriedigung einer fremden Schuld durch den Schuldner

Der Beklagte war Eigentümer des Betriebsgrundstücks der Gemeinschuldnerin. Er verpachtete das Grundstück am 13.10.1994 an die Fa. H. Diese vermietete das Betriebsgrundstück an die Gemeinschuldnerin. Die Fa. H. geriet mit ihren Pachtzahlungen gegenüber dem Beklagten mit mehr als 150.000 DM in Verzug. Der Beklagte erwirkte gegen sie einen entsprechenden Zahlungstitel. Nachdem die Gemeinschuldnerin im Jahr 1997 in wirtschaftliche Schwierigkeiten geraten war, veräußerte sie das Geschäftsinventar. Der Käufer erwarb vom Beklagten auch das Betriebsgrundstück. Nachdem der Käufer den Kaufpreis für das Inventar geleistet hatte, überwies die Gemeinschuldnerin am 11.06. und am 01.07.1997 jeweils 75.000 DM zur Ablösung von Pachtforderungen an den Beklagten.   100

Am 16.09.1997 wurde das Konkursverfahren über das Vermögen der Gemeinschuldnerin eröffnet und der Kläger zum Konkursverwalter bestellt. Dieser focht deren Zahlungen an den Beklagten nach den §§ 32 Nr. 1, 31 Nr. 1 und 30 Nr. 2 KO an. Das LG gab der Klage statt; das Berufungsgericht wies sie als unbegründet zurück. Die hiergegen gerichtete Revision des Klägers blieb ohne Erfolg.

Der BGH folgt dem Berufungsgericht zunächst darin, dass keine unentgeltliche Verfügung gegeben sei und daher eine Anfechtung nach § 32 Nr. 1 KO (vgl. jetzt § 134 InsO) ausscheide. Der Beklagte habe durch die Zahlungen gem. § 267 BGB seine Forderungen gegen die Fa. H. als Hauptpächterin verloren. Da das Berufungsgericht unangefochten festgestellt habe, dass diese Forderung werthaltig gewesen sei, liege hierin die Gegenleistung des Beklagten.[119]   101

Soweit die Revisionserwiderung meine, es fehle bereits an einer Rechtshandlung der späteren Gemeinschuldnerin gegenüber dem Beklagten, weil Leistungen der Gemeinschuldnerin nur gegenüber der Fa. H. erbracht worden   102

118 BGH, 05.02.2004 – IX ZR 473/00, ZInsO 2004, 499 mit Besprechung von Henckel, ZIP 2004, 1671.

119 Vgl. hierzu Beispielsfall 80.

seien, treffe dies nur bereicherungsrechtlich zu. Der Begriff der Rechtshandlung i.S.d. Anfechtungsrechts sei aber nicht identisch mit dem bereicherungsrechtlichen Begriff der Leistung.[120] Der anfechtungsrechtliche Begriff der Rechtshandlung sei im weitesten Sinne zu verstehen. Er meine jedes Handeln, das eine rechtliche Wirkung auslöse[121] und das Vermögen des Schuldners zum Nachteil der Insolvenzgläubiger verändern könne. Dazu zählten neben Willenserklärungen auch rechtsgeschäftsähnliche Handlungen.[122]

103   Die im Urt. v. 21.05.1980[123] offengelassene Frage, ob die Tilgung fremder Verbindlichkeiten durch die Gemeinschuldnerin nach § 30 Nr. 2 KO (vgl. jetzt § 131 Abs. 1 InsO) anfechtbar sein könne, sei zu verneinen, soweit sich die Anfechtung gegen einen Gläubiger richte, der nicht Konkursgläubiger sei. Der Begriff „Konkursgläubiger" sei in § 3 KO gesetzlich umschrieben als persönlicher Gläubiger, der einen z.Zt. der Eröffnung des Verfahrens begründeten Vermögensanspruch gegen den Gemeinschuldner habe. Für eine ausdehnende Auslegung oder entsprechende Anwendung bestehe keine Veranlassung.

104   Werde auf eine fremde Schuld an einen Dritten geleistet, der nicht Gläubiger des Gemeinschuldners sei, trete gem. § 267 BGB Erfüllung ein, wenn der Gläubiger die Leistung nicht ablehne; dies dürfe er nur, wenn der Schuldner widerspreche (§ 267 Abs. 2 BGB). Mit der Erfüllung erlösche die Forderung des Gläubigers gegen den Schuldner. In der Leistung liege eine Zuwendung gegenüber dem Dritten, die unter den erleichterten Voraussetzungen des § 32 KO anfechtbar sei, wenn dessen Forderung gegen den Schuldner nicht werthaltig gewesen sei.

105   Sei der Gemeinschuldner dem Schuldner nicht zu dieser Leistung verpflichtet, könne er gem. § 32 KO (vgl. jetzt § 134 InsO) gegenüber dem Schuldner anfechten[124] oder gegen diesen Ansprüche aus ungerechtfertigter Bereicherung geltend machen. Leiste der Gemeinschuldner aufgrund eines Anspruchs oder einer Weisung des Schuldners, stelle sich dies im Verhältnis der Beteiligten als eine Leistung des Gemeinschuldners an den Schuldner dar, der hierdurch von einer Verbindlichkeit gegenüber dem Gläubiger befreit werde.

---

120   Vgl. hierzu jedoch Beispielsfall 17.
121   BGH, 26.01.1983 – VIII ZR 257/81, BGHZ 86, 340 = ZIP 1983, 334, 335.
122   BGH, 15.10.1975 – VIII ZR 62/74, WM 1975, 1182, 1184.
123   BGH, 21.05.1980 – VIII ZR 40/79, ZIP 1980, 518.
124   Vgl. BGH, 15.04.1964 – VIII ZR 232/62, BGHZ 41, 298, 302.

Es lägen in diesen Fällen zwei Leistungsverhältnisse vor, nämlich zwischen   106
dem Gemeinschuldner und dem Schuldner einerseits und dem Schuldner und
dem Gläubiger andererseits. Wie im Bereicherungsrecht komme auch im
Konkursrecht bei derartigen Fallkonstellationen eine Anfechtung grds. nur im
jeweiligen Leistungsverhältnis in Betracht. Dies sei angemessen, weil hierdurch die Risiken den Leistungsverhältnissen zugeordnet würden, auf die die
Parteien Einfluss hätten. Bestehe zwischen Gemeinschuldner und Gläubiger
keine Rechtsbeziehung, sei es i.R.d. § 30 Nr. 2 KO nicht gerechtfertigt, dass
der Gläubiger das Insolvenzrisiko des Gemeinschuldners tragen und den geleisteten Betrag zurückerstatten müsse. Der Gemeinschuldner könne vielmehr
seine Leistung an den Schuldner anfechten, wenn die Voraussetzungen hierfür
vorlägen. Nur in diesem Verhältnis lasse sich auch beurteilen, ob etwa eine
kongruente oder eine inkongruente Deckung vorliege. Würde man im Konkurs des Gemeinschuldners eine Anfechtung gegenüber dem Zahlungsemp-
fänger zulassen, träfe diesen ein doppeltes Insolvenzrisiko, nämlich das von
Gemeinschuldner und Schuldner. Dies wäre nach Ansicht des BGH in aller
Regel nicht sachgerecht.

Der Gemeinschuldner habe durch seine Zahlung an den Beklagten eine mit-   107
telbare Zuwendung an dessen Schuldner erbracht. Anfechtungsrechtlich seien
solche Zuwendungen im Allgemeinen so zu behandeln, als habe der Berechtigte die mittelbare Zuwendung vom Gemeinschuldner erworben.[125] Mit der
Erfüllung der Schuld der Fa. H. durch die Zahlung an den Beklagten habe
allein die Fa. H. einen wirtschaftlichen Wert aus dem Vermögen der Gemeinschuldnerin erlangt.

---

125 Vgl. hierzu noch BGH, 16.09.1999 – IX ZR 204/98, BGHZ 142, 284 = ZInsO 1999, 640
     und den nachfolgenden Beispielsfall 17.

Beispielsfall 17: „Computeranlagenfall (1)"[126]

§§ 129, 130 InsO – Problembereich der mittelbaren Zuwendungen im Dreiecksverhältnis; Bestimmung des Anfechtungsgegners nach bereicherungsrechtlichen Grundsätzen

108 *Die Schuldnerin sollte im Laufe des Jahres 1994 still liquidiert werden. Sie verkaufte daher der Beklagten eine Computeranlage, näher bezeichnetes Inventar sowie halbfertige Arbeiten zum Gesamtpreis von ca. 120.000.00 DM zuzüglich USt. In einer späteren Absprache vereinbarten die Vertragsparteien, dass die Beklagte bestimmte Verbindlichkeiten der Schuldnerin gegenüber Dritten begleiche und der Kaufpreis in entsprechender Höhe verrechnet werde.*

Der klagende Konkursverwalter focht die Verrechnungsvereinbarung an und verlangte von der Beklagten die Zahlung des Kaufpreises mit der Begründung, diese habe schon vor dem Abschluss der Verrechnungsvereinbarung ihre Zahlungen eingestellt, was der Beklagten auch bekannt gewesen sei.

Das Berufungsgericht gab der Klage in vollem Umfang statt. Die Revision der Beklagten führte zur Aufhebung und Zurückverweisung.

109 Das Berufungsgericht hatte die anfechtbare Rechtshandlung der Schuldnerin in der Mitwirkung am Abschluss der Verrechnungsabrede gesehen. Diese sei nach § 30 Nr. 1, 1. Alt. KO (vgl. jetzt 130 Abs. 1 InsO) anfechtbar. Die Verrechnungsabrede habe die Konkursgläubiger unmittelbar benachteiligt. Der Rückgewähranspruch bewirke, dass die Beklagte die restliche Kaufpreisforderung tilgen müsse und dem Kläger nicht den Erfüllungseinwand entgegensetzen könne.

110 Nach Ansicht des BGH waren diese Erwägungen nicht geeignet, einen Rückgewähranspruch des Klägers nach § 37 KO (vgl. jetzt § 143 InsO) zu rechtfertigen. Die Revision greife die Feststellung des Berufungsgerichts an, die Verrechnungsabrede sei in Kenntnis der Beklagten von der Zahlungseinstellung der Verkäuferin vereinbart worden. Hierauf müsse der Senat jedoch nicht eingehen, denn die Anfechtung nach § 30 Nr. 1 KO (vgl. jetzt § 130 Abs. 1 InsO) scheitere schon aus anderen Gründen. Die Beklagte habe den Kaufvertrag durch Befriedigung von Gläubigern der Gemeinschuldnerin erfüllt.

---

126   BGH, 16.09.1999 – IX ZR 204/98, BGHZ 142, 284 = ZInsO 1999, 640.

Habe der Vertragspartner des Gemeinschuldners vereinbarungsgemäß dessen Gläubiger befriedigen sollen und sei dies auch geschehen, schließe nach einer im Schrifttum vertretenen Meinung[127] die Deckungsanfechtung nach § 30 Nr. 1, 2. Alt. KO die in der ersten Alternative des § 30 Nr. 1 KO vorgesehene Anfechtungsmöglichkeit aus. Dieser Auffassung zum Konkurrenzverhältnis der beiden in § 30 Nr. 1 KO enthaltenen Tatbestände schließe sich der Senat an, denn sie werde den schutzwürdigen Belangen aller Beteiligten gerecht.

Habe der Gemeinschuldner eine Zwischenperson eingeschaltet, die für ihn im Wege einer einheitlichen Handlung eine Zuwendung an einen Dritten bewirkt und damit zugleich unmittelbar das den Insolvenzgläubigern haftende Vermögen vermindert habe, richte sich die Anfechtung allein gegen den Dritten als Empfänger, wenn es sich für diesen erkennbar um eine Leistung des Gemeinschuldners handle. Die Zuordnungskriterien entsprächen denen des Leistungsbegriffs im bereicherungsrechtlichen Sinne.[128] Schon die Verrechnungsabrede selbst habe zu einer unmittelbaren Benachteiligung der Konkursgläubiger geführt. Mit der Erfüllung der Verrechnungsabrede hätten allein die befriedigten Gläubiger der Gemeinschuldnerin einen wirtschaftlichen Wert aus deren Vermögen erhalten. Anfechtungsrechtlich gesehen habe die Beklagte lediglich als Mittelsperson Vermögen der Gemeinschuldnerin auf die Gläubiger übertragen. Demzufolge entspreche es Sinn und Inhalt der Vorschrift des § 37 KO (vgl. jetzt § 143 InsO), dass Anfechtungsgegner nur diejenigen seien, die auf diese Weise im Ergebnis gegenüber der Gläubigergesamtheit bevorzugt worden seien.

Die der Beklagten durch die Verrechnungsabrede zugewachsene Befugnis habe in einer im Wesentlichen formellen Rechtsposition bestanden, die ihr keinen unmittelbaren wirtschaftlichen Vorteil gebracht habe. Wäre die Beklagte trotz vertragsgemäßer Erfüllung ihrer Kaufpreisverpflichtung dem Anspruch aus § 37 KO (vgl. jetzt § 143 InsO) ausgesetzt, müsste sie im Ergebnis zwei Mal zahlen. Die Masse dagegen hätte außer der Leistung der Beklagten auch die anteilige Befreiung von den Gläubigeransprüchen erhalten, welche die Beklagte getilgt habe. Dies stünde nach Ansicht des BGH nicht in Einklang mit Inhalt und Zweck des § 38 KO (vgl. jetzt § 144 Abs. 2 InsO), der

111

112

---

127 Jaeger/Henckel, KO, § 30 Rn. 10.

128 BGH, 31.10.1963 – VII ZR 285/61, BGHZ 40, 272, 277 = WM 1964, 85; BGH, 18.10.1973 – VII ZR 8/73, BGHZ 61, 289, 292 = WM 1973, 1374; BGH, 19.01.1984 – VII ZR 110/83, BGHZ 89, 376, 378 = ZIP 1984, 427.

eine Massebereicherung verhindern solle. Hätte die Klage gegen die Beklagte Erfolg, stünde dieser kein Ausgleichsanspruch nach § 426 BGB gegen die befriedigten Gläubiger zu. Jene schuldeten der Masse nichts, da sie nicht innerhalb der Frist des § 41 Abs. 1 KO (vgl. jetzt § 146 Abs. 1 InsO) in Anspruch genommen worden seien. Daher bestehe zwischen ihnen und der Beklagten kein Ausgleichsverhältnis i.S.d. § 426 BGB.

113 | Die Erwägungen des BGH begegnen rechtlichen Bedenken.[129] Grundlegend anders ist die Fallgestaltung nach Ansicht des BGH jedenfalls zu beurteilen, wenn gegenüber der Mittelsperson – dem Angewiesenen – die Voraussetzungen der Vorsatzanfechtung nach § 133 InsO gegeben sind, wie Beispielsfall 18 zeigt.

---

129 Vgl. dazu Henckel, ZIP 2004, 1671 und Häsemeyer, Insolvenzrecht, Rn. 21.92 sowie Beispielsfall 81.

Beispielsfall 18: „Subunternehmerfall"[130]

§§ 129, 131, 133 InsO – Mehrere Anfechtungsgegner bei mittelbarer Zuwendung; Vorsatzanfechtung im Dreiecksverhältnis; Verhältnis der Anfechtungsansprüche

Das Insolvenzgericht ordnete am 17.08.2004 die vorläufige Insolvenzverwaltung mit Zustimmungsvorbehalt gem. § 21 Abs. 2 Nr. 2 InsO über das Vermögen des Schuldners – eines Bewachungsunternehmers – an und verbot dessen Schuldnern, an ihn zu zahlen. Dies wurde am 20.08.2004 öffentlich bekanntgemacht. Die Beklagte schuldete dem Schuldner aufgrund einer Rechnung vom 31.07.2004 10.144,75 € für Bewachungsleistungen. Der Schuldner bevollmächtigte seinen Subunternehmer – dem er seinerseits einen bestimmten Betrag für Bewachungsleistungen schuldete – zur Entgegennahme des von der Beklagten zu zahlenden Betrages, da er aufgrund der Verfügungsbeschränkung nicht mehr über sein Bankkonto verfügen und das Honorar des Subunternehmers nicht bezahlen konnte, was Letzterem bekannt war. Die Beklagte – die Rechnungen normalerweise über eine Muttergesellschaft beglich – zahlte daraufhin den dem Schuldner geschuldeten Betrag i.H.v. 10.144,75 € am 20.08.2004 in bar an den Subunternehmer aus. Der Insolvenzverwalter focht die Zahlung gegenüber der Beklagten an.

114

Die Vorinstanzen wiesen die Klage ab. Auf die Revision des Klägers hob der BGH das angefochtene Urteil auf und wies die Rechtssache an das Berufungsgericht zurück.

Es stellt sich die Frage, ob die Insolvenzanfechtung nur gegenüber dem Subunternehmer oder auch gegenüber der Beklagten begründet ist.

115

Der BGH verneint zunächst einen Anspruch des Klägers gegen die Beklagte nach § 131 Abs. 1 Nr. 1 InsO, da die Beklagte nicht Insolvenzgläubiger sei. Der Senat habe in seinem Urt. v. 16.09.1999[131] ausgeführt, dass sich die Anfechtung im Fall einer Drittzahlung allein gegen den Empfänger der Zahlung (hier: den Subunternehmer) richte. Solche mittelbaren Zuwendungen seien im Allgemeinen so zu behandeln, als habe der befriedigte Gläubiger unmittelbar vom Schuldner erworben.[132]

116

---

130   BGH, 29.11.2007 – IX ZR 121/06, BGHZ 174, 314 = DZWIR 2008, 161.

131   BGH, 16.09.1999 – IX ZR 204/98, BGHZ 142, 284 = ZInsO 1999, 640.

132   BGH, 19.03.1998 – IX ZR 22/97, BGHZ 138, 291 = ZInsO 1998, 89.

117   In Betracht komme jedoch ein Anspruch aus § 133 Abs. 1 InsO. Die Beklagte sei als „anderer Teil" passivlegitimiert. Allerdings habe der Senat die Frage, ob der Angewiesene Anfechtungsgegner i.r.d. Vorsatzanfechtung sein könne, bislang noch nicht entschieden. Er bejaht diese Frage nunmehr unter Berufung auf die unter der Geltung der KO bestehende Rechtslage. Die in BGHZ 142, 284 ff. veröffentlichte Entscheidung stehe dieser Annahme nicht entgegen. Zwar sei danach allein der Zuwendungsempfänger als Anfechtungsgegner anzusehen, wenn der Schuldner eine Zwischenperson eingeschaltet und diese die masseschmälernde Zuwendung für ihn bewirkt habe. Diese Entscheidung befasse sich aber nur mit der Deckungsanfechtung und nicht mit der Vorsatzanfechtung.

118   Anders als in BGHZ 142, 284 ff. meint der BGH nunmehr, es sei vom Gesetz gewollt und billig, wenn der Angewiesene im Fall der Insolvenz des Zuwendungsempfängers Gefahr laufe, zwei Mal zahlen zu müssen. Wer in kritischer Zeit und in inkongruenter Weise Vermögensgegenstände des späteren Insolvenzschuldners erwerbe, müsse sie, obwohl der Kaufpreis bezahlt worden sei, zur Masse zurückgewähren. In der hier gegebenen Fallkonstellation komme noch hinzu, dass der Drittschuldner in Kenntnis des Gläubigerbenachteiligungsvorsatzes des Schuldners geleistet habe.

119   Hierzu ist indes anzumerken, dass nach der Rechtsprechung des BGH jener Gläubiger, der in Kenntnis der Zahlungsunfähigkeit des Schuldners durch diesen Befriedigung erlangt, auch dessen Gläubigerbenachteiligungsvorsatz kennt,[133] sodass in diesem Punkt letztlich kein Unterschied zu BGHZ 142, 284 ff. besteht.

120   Wesentlich ist der weitere Hinweis des BGH, es stehe der Anfechtung gegenüber der Beklagten nicht entgegen, dass dem Kläger auch gegen den Subunternehmer des Schuldners ein Anspruch aus § 133 InsO zustehen könne. Sei dies der Fall, liege eine Gesamtschuld vor.

121   Anders als noch in BGHZ 142, 284 ff. bejaht der BGH auch eine objektive Gläubigerbenachteiligung i.S.d. § 129 Abs. 1 InsO, da die Beklagte aufgrund der mit dem Schuldner getroffenen Verrechnungsabrede von ihrer Verbindlichkeit gegenüber dem Schuldner befreit worden sei.

---

133   BGH, 10.02.2005 – IX ZR 211/02, BGHZ 162, 143, 153 = ZInsO 2005, 260.

Der Benachteiligungsvorsatz des Schuldners sei im Deckungsverhältnis (zwischen dem Schuldner und der Beklagten) und im Valutaverhältnis (zwischen Schuldner und Subunternehmer) einheitlich zu bestimmen. Dabei begründe die zwischen dem Schuldner und seinem Subunternehmer vereinbarte Mittelbarkeit der Zahlung eine inkongruente Deckung,[134] die als erhebliches Beweisanzeichen für den Benachteiligungsvorsatz anzusehen sei.

122

Der Kenntnis der Beklagten als Anfechtungsgegnerin von der Inkongruenz der Deckung im Valutaverhältnis komme jedoch nicht die ihr sonst innewohnende Indizwirkung zu. Schon der Wortlaut des § 131 InsO lege nahe, dass sich die Rechtsfolgen einer inkongruenten Deckung nur gegen denjenigen richteten, der eine Leistung des Schuldners erhalte. Dies treffe auf den erfüllenden Drittschuldner nicht zu, denn er sei kein Insolvenzgläubiger. Der Angewiesene kenne den Grund der Anweisung, das Valutaverhältnis, regelmäßig nicht. Die Bitte um Zahlung an einen Dritten stelle aus seiner Sicht einen üblichen Geschäftsvorgang dar.

123

Allerdings habe der Schuldner bei seiner Vernehmung ausgesagt, er habe den Geschäftsführer der Beklagten gebeten, den Dienstlohn in bar an seinen Subunternehmer auszuzahlen, da ihm sein Konto nicht mehr zur Verfügung stehe. Dieses wesentliche Indiz für eine Kenntnis der Beklagten vom Gläubigerbenachteiligungsvorsatz des Schuldners werde das Berufungsgericht zu würdigen haben.

124

---

134 BGH, 08.12.2005 – IX ZR 182/01, ZInsO 2006, 94.

Beispielsfall 19: „Gehaltsabtretung zugunsten Ehefrau"[135]

§§ 129, 140 InsO – Abtretung von Forderungen aus Dienstvertrag; Zeitpunkt der Vollendung der Rechtshandlung

125 *Der Schuldner trat am 03.11.1979 als Sicherheit für die gegen ihn gerichteten Ansprüche seiner Ehefrau (Beklagte) den pfändbaren Teil seiner gegenwärtigen und zukünftigen Gehaltsforderungen gegen den jeweiligen Arbeitgeber an diese ab. Im September 1982 schloss der Schuldner einen Arbeitsvertrag mit der W-eG. Am 04.05.1984 ließ die Klägerin die gegenwärtigen und künftigen Gehaltsansprüche des Schuldners pfänden und focht die Abtretung vom 03.11.1979 mit der Begründung an, der Schuldner habe bei deren Vornahme in Gläubigerbenachteiligungsabsicht gehandelt.*

126 Der BGH führt in dieser Entscheidung aus, dass den übrigen Gläubigern kein Anfechtungsrecht zustehe, wenn der Schuldner die „künftige und bedingte" Forderung auf den pfändbaren Teil seines Arbeitseinkommens in nicht anfechtbarer Weise an einen Gläubiger abgetreten habe, da der Abschluss des Arbeitsvertrages sie nicht benachteilige. Die übrigen Gläubiger seien durch den Abschluss des Arbeitsvertrages nicht benachteiligt worden, da sie ohne dessen Abschluss jedenfalls nicht besser gestellt gewesen wären.

127 Diese Entscheidung ist zu Recht kritisiert worden.[136] Zunächst einmal kann von einer bedingten Gehaltsforderung nicht gesprochen werden, wenn das Arbeitsverhältnis noch nicht besteht, aus dem sie hervorgehen soll. Zum anderen richtet sich die Anfechtung bei verständiger Würdigung gegen den Eintritt der Rechtswirkung der Abtretung, die erst mit der Entstehung der vorausabgetretenen Forderung eintritt.[137] Und schließlich dürfte es eine anfechtungsrechtlich unbeachtliche hypothetische Erwägung darstellen,[138] wenn der BGH darauf abstellt, dass die übrigen Gläubiger ohne den Abschluss des Arbeitsvertrages nicht besser gestellt gewesen wären. Die Wirkung der Vorausabtretung hängt zwar vom tatsächlichen Einsatz des Schuldners in der Folgezeit ab; erbringt er ihn aber, darf die Gläubigerbenachteiligung nicht mit der rein hypothetischen

---

135   BGH, 11.12.1986 – IX ZR 78/86, ZIP 1987, 305.

136   Vgl. hierzu Jaeger/Henckel, KO, § 29 Rn. 31; MünchKomm-InsO/Kirchhof, § 129, Rn. 92; Gottwald/Huber, Insolvenzrechtshandbuch, § 46 Rn. 59.

137   Vgl. hierzu den nachfolgenden Beispielsfall 20.

138   Vgl. hierzu Beispielsfall 41.

Erwägung verneint werden, dass der Schuldner sich unanfechtbar anders hätte verhalten können.[139]

Zu Recht anders entschieden hat der BGH hingegen in Beispielsfall 20.   128

---

139   Vgl. MünchKomm-InsO/Kirchhof, § 129 Rn. 92.

Beispielsfall 20: „Kassenzahnärztliche Vereinigung"[140]

§§ 129, 140 InsO – Abtretung von Forderungen aus Dienstvertrag – Zeitpunkt der Vollendung der Rechtshandlung

129   *Ein Zahnarzt hatte der verklagten Bank am 29.09.1975 und am 14.09.1994 alle gegenwärtigen und zukünftigen Ansprüche gegen die kassenzahnärztliche Vereinigung (KZV) sicherheitshalber abgetreten. Am 23.01.2002 wurde das Insolvenzverfahren über sein Vermögen eröffnet. In der Zeit vom 24.01. bis zum 20.03.2002 überwies die KZV insgesamt ca. 30.000.00 € auf das Konto des Schuldners bei der Beklagten. Die Beklagte vertrat gegenüber dem klagenden Insolvenzverwalter die Auffassung, aufgrund der Abtretung i.V.m. § 114 InsO stehe ihr dieser Betrag zu.*

130   Der BGH bekräftigt in dieser Entscheidung seine Rechtsprechung, wonach im Fall der Abtretung einer künftigen Forderung die Verfügung selbst bereits mit Abschluss des Abtretungsvertrages beendet sei; der Rechtsübergang erfolge jedoch erst mit dem Entstehen der Forderung.[141] Würden Ansprüche aus Dauerschuldverhältnissen abgetreten, komme es deshalb darauf an, ob sie bereits mit Abschluss des zugrunde liegenden Vertrages „betagt", also nur in ihrer Durchsetzbarkeit vom Beginn oder vom Ablauf einer bestimmten Frist abhängig seien, oder ob sie gem. §§ 163, 158 Abs. 1 BGB erst mit der Inanspruchnahme der jeweiligen Gegenleistung entstünden. Im letztgenannten Fall habe der Abtretungsempfänger keine gesicherte Rechtsposition. Der allgemeine Grundsatz, dass der Anspruch auf Vergütung für geleistete Dienste nicht vor der Dienstleistung entstehe, gelte auch für den Vergütungsanspruch des Kassenarztes gegen die kassenärztliche Vereinigung.

131   § 114 Abs. 1 InsO, wonach eine Verfügung über künftige Bezüge aus einem Dienstverhältnis nur wirksam ist, soweit sie sich auf die Bezüge für die Zeit vor Ablauf von zwei Jahren nach dem Ende des z.Zt. der Eröffnung des Verfahrens laufenden Kalendermonats bezieht, gilt nach dem Urteil des BGH nicht für die Vergütungsansprüche eines Kassenarztes gegen die kassenärztliche Vereinigung, selbst wenn die Einkünfte – den Einkünften eines Arbeitnehmers vergleichbar – die Existenzgrundlage des Arztes bilden.

---

140   BGH, 11.05.2006 – IX ZR 247/03, BGHZ 167, 363 = ZInsO 2006, 708.

141   BGH, 30.01.1997 – IX ZR 89/96, ZIP 1997, 513, 514.

§ 114 Abs. 1 InsO verdränge zwar im Rahmen seines Anwendungsbereiches   132
die Bestimmung des § 91 Abs. 1 InsO, wonach Rechte an den Gegenständen
der Insolvenzmasse nach der Eröffnung des Insolvenzverfahrens nicht (mehr)
wirksam erworben werden könnten. Der Gesetzgeber des Insolvenzrechtsän-
derungsgesetzes[142] habe jedoch klargestellt, dass nach seiner Auffassung Vorausabtretungen der Bezüge aus einem Dienstverhältnis für die Zeit nach der
Eröffnung des Insolvenzverfahrens gem. § 91 Abs. 1 InsO generell unwirksam wären, wenn es die Bestimmung des § 114 Abs. 1 InsO nicht gäbe. Der
in eigener Praxis tätige Kassenarzt erziele sein Einkommen nicht allein aus
der Verwertung seiner Arbeitskraft, sondern aus dem Betrieb der Praxis. Ansprüche, welche die Begründung von Masseverbindlichkeiten voraussetzten,
würden von § 114 Abs. 1 InsO jedoch nicht erfasst.

Soweit jedoch § 114 InsO eingreift, kommt auch eine Insolvenzanfech-   133   tung nicht in Betracht.

---

142   Vgl. hierzu BT-Drucks. 14/5680, S. 17.

Beispielsfall 21: „Zwangsverwaltungsfall"[143]

§ 129 InsO – Eigenkapitalersetzende Gebrauchsüberlassung als anfechtbare Rechtshandlung?

134   *Der Kläger wurde am 29.12.2004 zum Zwangsverwalter über ein Grundstück einer Gesellschaft bürgerlichen Rechts bestellt, auf dem eine Klinik betrieben wurde. Dieses Grundstück hatte die GbR zu einem monatlichen Mietzins i.H.v. 35.000 € an die Schuldnerin vermietet. Über deren Vermögen war am 01.11.2004 – auf Antrag vom 24.08.2004 – das Insolvenzverfahren eröffnet und der Beklagte zum Insolvenzverwalter bestellt worden. Der Kläger verlangte vom Beklagten die Zahlung des Mietzinses für die Monate November und Dezember 2004. Der Beklagte berief sich auf den nach seiner Ansicht eigenkapitalersetzenden Charakter der Gebrauchsüberlassung bzw. des Stehenlassens der Mietzinsforderungen.*

135   Das OLG Schleswig-Holstein hat die Klage als unbegründet angesehen. Nach seiner Auffassung war die Umqualifizierung der Gebrauchsüberlassung in eine eigenkapitalersetzende Gesellschafterleistung bereits vor der Stellung des Insolvenzantrages eingetreten, da die Gesellschaft bürgerlichen Rechts bereits seit Februar 2004 die kritische Situation der Insolvenzschuldnerin gekannt und dennoch nicht die Voraussetzungen für eine Kündigung des Mietvertrages geschaffen habe.

136   Die Eigenkapitalersatzregeln betreffen jedoch nur das Verhältnis zwischen dem Gesellschafter und der Gesellschaft. In dem vom OLG Schleswig-Holstein entschiedenen Fall kommen jedoch die Interessen des die Zwangsverwaltung betreibenden Gläubigers hinzu. Dessen Interessen werden durch das Anfechtungsgesetz geschützt. Auch unter diesem Gesichtspunkt hätte daher das OLG das ihm unterbreitete Sachverhältnis prüfen müssen.

137   Nach der Rechtsprechung des BGH[144] endet die Wirkung einer eigenkapitalersetzenden Gebrauchsüberlassung in entsprechender Anwendung der §§ 146 ff. ZVG, 1124 Abs. 2 BGB mit dem Wirksamwerden des Beschlagnahmebeschlusses. Die Undurchsetzbarkeit des Anspruchs auf Zahlung

---

143   OLG Schleswig- Holstein, 02.06.2006 – 4 U 120/05.

144   Vgl. BGH, 07.12.1998 – II ZR 382/96, BGHZ 140, 147 = ZInsO 1999, 173.

des vereinbarten Nutzungsentgelts aufgrund der Eigenkapitalersatzregeln hat danach dieselben Auswirkungen wie eine rechtsgeschäftliche Stundungsabrede. Auch die Stundung der Miet- und Pachtforderung ist eine Vorausverfügung i.S.d. § 1124 BGB. Der BGH hat den Befriedigungsinteressen der Gläubiger des Gesellschafters den Vorrang vor dem Interesse der Gesellschaft an der weiteren eigenkapitalersetzenden Nutzungsüberlassung eingeräumt. Es stellt sich daher die Frage, ob in konsequenter Fortführung dieser Rechtsprechung ein Recht des Zwangsverwalters auf Anfechtung von eigenkapitalersetzenden Gebrauchsüberlassungen des Schuldners im Vorfeld der Beschlagnahme anzuerkennen ist, sofern die Voraussetzungen eines Anfechtungstatbestandes gegeben sind.

Beispielsfall 22: „Grundschuldfall"[145]

§§ 129, 140 Abs. 2 InsO – Vorverlegung der Vollendung der Rechtshandlung bei Erfordernis der Grundbucheintragung

138 *Die Schuldnerin hatte im Juli 1992 Verbindlichkeiten gegenüber der Beklagten i.H.v. mehr als 3,3 Mio. DM. Mit notarieller Urkunde v. 17.09.1993 bestellte sie eine Eigentümer-Briefgrundschuld i.H.v. 1 Mio. DM auf einem ihr gehörenden Grundstück und beauftragte den Notar, beim Grundbuchamt eine Ausfertigung dieser Urkunde zusammen mit dem Antrag auf Eintragung ins Grundbuch einzureichen. Am 17.09.1993 trat die Schuldnerin die Grundschuld an die Beklagte ab und ermächtigte den Notar, von der Abtretungserklärung zugunsten der Beklagten Gebrauch zu machen. Der Notar übersandte der Beklagten eine Kopie der Grundschuldbestellungsurkunde und der Abtretungserklärung. Am 13.10.1993 ging der Antrag des Notars auf Eintragung der Grundschuld beim Grundbuchamt ein. Am 26.04.1994 beantragte die Schuldnerin die Eröffnung der Gesamtvollstreckung. Am 01.06.1994 wurde die Grundschuld im Grundbuch eingetragen. Durch Beschluss vom 01.07.1994 wurde das Gesamtvollstreckungsverfahren eröffnet. Der klagende Verwalter verlangte von der Beklagten im Wege der Insolvenzanfechtung Rückabtretung der Grundschuld, hilfsweise Wertersatz.*

139 Da anfechtbare Rechtshandlungen erst mit dem letzten Tatbestandsmerkmal der Vermögensübertragung erfüllt sind, ist bei Rechtsänderungen, die der Grundbucheintragung bedürfen, diese grds. maßgeblich. Nach § 10 Abs. 3 GesO (vgl. jetzt § 140 Abs. 2 InsO) gilt die Handlung jedoch bereits als in dem Zeitpunkt vorgenommen, in dem die übrigen für das Wirksamwerden der Rechtshandlung erforderlichen Voraussetzungen erfüllt sind, die vom Schuldner abgegebene Willenserklärung für ihn bindend geworden ist und der andere Teil die Eintragung beantragt hat. Darlegungs- und beweisbelastet ist insoweit jeweils die Partei, die sich auf diesen Ausnahmetatbestand beruft.

140 Die Beklagte hatte nicht behauptet, selbst einen Eintragungsantrag beim Grundbuchamt gestellt zu haben. Den am 13.10.1993 eingegangenen Antrag hatte der Notar unstreitig im Namen der Schuldnerin gestellt; dass er dabei zugleich für die Beklagte aufgetreten war, konnte nicht schon aus der in der Abtretungserklärung enthaltenen Ermächtigung, von der Abtretung zugunsten

---

145   BGH, 26.04.2001 – IX ZR 53/00, ZInsO 2001, 508.

der Beklagten Gebrauch zu machen, entnommen werden. Diese Erklärung war nicht an das Grundbuchamt gerichtet.

Rechtlich maßgebend ist allein, ob aus der Sicht des Grundbuchamtes bei   141
verständiger Würdigung das Schreiben des Notars, mit dem der Eintragungsantrag eingereicht wurde, so zu verstehen war, dass damit der Antrag sowohl
für die Eigentümerin als auch für die Abtretungsempfängerin gestellt wurde.
Durch einen vom Notar eventuell auf der Grundlage des § 15 GBO gestellten
Antrag wäre für die Empfängerin ebenfalls keine gesicherte Rechtsposition
i.S.d. § 10 Abs. 3 GesO begründet worden, wenn der Notar einen solchen
Antrag ohne Zustimmung des Berechtigten hätte zurücknehmen können (vgl.
§ 24 Abs. 3 Satz 1 BNotO).

Beispielsfall 23: „ARGE – Fall (1)"[146]

§§ 84, 129 InsO – Leistungen aufgrund eines Arbeitsgemeinschaftsvertrages als anfechtbare Rechtshandlungen?

142 *Auf Eigenantrag der Schuldnerin vom 21.03.2002 wurde am 01.06.2002 das Insolvenzverfahren über ihr Vermögen eröffnet. Zwischen ihr und der Beklagten bestand ein ARGE – Vertrag zur Durchführung eines Stadtbahnbauwerks, wonach die Gesellschafter im Verhältnis ihrer Beteiligung Beiträge und Leistungen an die Arbeitsgemeinschaft zu erbringen hatten. Die Bezahlung von Gesellschafterrechnungen erfolgte nur im Wege der Kontenangleichung. Nach dem ARGE-Vertrag schied ein Gesellschafter aus, wenn über sein Vermögen das Insolvenzverfahren eröffnet wurde. Die Schuldnerin erbrachte nach der Insolvenzantragstellung noch Gesellschafterleistungen und rechnete diese für die Zeit zwischen dem 21.03.2002 und dem 01.06.2002 mit insgesamt ca. 14.000 € ab. Die Beklagte stellte die Beträge in die Kontenangleichung ein und verrechnete sie mit anderen Forderungen. Der klagende Insolvenzverwalter hielt die Verrechnung für unwirksam und focht sie hilfsweise mit der Begründung an, dass der Beklagten die Stellung des Insolvenzantrages bekannt gewesen sei. Er blieb in allen Instanzen ohne Erfolg.*

143 Nach Ansicht des BGH wird die Verrechnung nicht von § 95 InsO erfasst. § 387 BGB setze zwei selbstständige Forderungen voraus und finde auf unselbstständige Rechnungsposten, die von Anfang an gebunden und „gelähmt" seien, keine Anwendung. § 94 InsO sei auf die vereinbarte Abrechnung im Wege der Kontenangleichung ebenfalls nicht anwendbar.

144 Der BGH habe zur KO bereits entschieden, dass die Verrechnungslage hinsichtlich der gesellschaftlichen Ansprüche bei Bau-ARGEN bereits mit Abschluss des Gesellschaftsvertrages und damit regelmäßig vor der Krise begründet werde.[147] Als anfechtbare Rechtshandlung komme in diesen Fällen grds. nur die Vereinbarung der Lösungsklausel in Betracht, wenn diese anfechtungsrechtlich erheblich sei, weil sie zu einer Gläubigerbenachteiligung führe. Hieran sei auch unter der Geltung der InsO festzuhalten. Der Vorrang der innergesellschaftlichen Abrechnung finde seine Bestätigung in § 84 Abs. 1 InsO, der allerdings nur klarstellende Funktion habe.

---

146   BGH, 14.12.2006 – IX ZR 194/05, BGHZ 170, 206 = ZInsO 2007, 213.
147   BGH, 09.03.2000 – IX ZR 355/98, ZIP 2000, 757, 759.

Ob dies auch für die besondere Fallgestaltung gelte, dass der Schuldner sich   145
im Gesellschaftsvertrag verpflichtet habe, der Gesellschaft nach seinem Aus-
scheiden weiterhin Geräte und Personal gegen Vergütung zu überlassen, könne offenbleiben. Der zu entscheidende Fall gebe auch keine Veranlassung, auf
die anfechtungsrechlichen Folgen einer einseitigen Abforderung von Gesellschafterleistungen des in der Krise befindlichen Mitgesellschafters zulasten
der späteren Masse einzugehen. Es sei vielmehr davon auszugehen, dass auch
die anderen Gesellschafter ihren gesellschaftsvertraglichen Pflichten zeitge-
recht nachgekommen seien. Die Schuldnerin habe zwar die mit Abschluss
des Gesellschaftsvertrages begründete Verrechnungsbefugnis mit ihren in der
kritischen Zeit erbrachten Leistungen zugunsten der Mitgesellschafter und der
späteren Masse wirtschaftlich aufgewertet. Dies rechtfertige indes nicht die
Abweichung von dem Grundsatz, dass der Anspruch des Gesellschafters auf
Zahlung des Auseinandersetzungsguthabens zu den bereits mit Abschluss des
Gesellschaftsvertrages geschützten Ansprüchen gehöre.

Ungeklärt ist insoweit jedoch die Abgrenzung zu dem nachfolgenden Bei-   146
spielsfall.

Beispielsfall 24: „ARGE – Fall (2)"[148]

§§ 96 Abs. 1 Nr. 3, 129 InsO – Herbeiführung der Aufrechungslage durch Weiterbenutzung von Gegenständen des Schuldners

147   *Der Beklagte hatte die Gemeinschuldnerin nach VOB/B mit Rohbauarbeiten beauftragt. Er kündigte den Vertrag am 18.11.1997 gem. § 8 Nr. 3 Abs. 1 VOB/B wegen der Arbeitseinstellung der Gemeinschuldnerin. Er kündigte an, die zur Weiterführung der Arbeiten erforderlichen Geräte, Gerüste, auf der Baustelle vorhandenen anderen Einrichtungen sowie angelieferte Stoffe und Bauteile in Anspruch zu nehmen und gegen den dafür entstehenden Vergütungsanspruch mit den ihm zustehenden Ansprüchen aufrechnen zu wollen. Am 30.12.1997 wurde über das Vermögen der Gemeinschuldnerin das Anschlusskonkursverfahren eröffnet und der Kläger zum Konkursverwalter bestellt. Der Beklagte nutzte 13 Container der Gemeinschuldnerin vom 18.11.1997 bis zum 05.10.1998 bei der Fortführung der Arbeiten. Eine Schlussrechnung über die bis zur Kündigung erbrachten Leistungen der Gemeinschuldnerin hatte er bis zur Entscheidung des BGH noch nicht vorgelegt.*

Der Kläger hat vom Beklagten die Zahlung von ca. 66.000 DM verlangt. Er hat die Auffassung vertreten, die vom Beklagten angekündigte Aufrechnung mit kündigungsbedingten Mehrkostenerstattungsansprüchen sei gem. § 55 Nr. 1 KO ausgeschlossen. Für den Zeitraum bis zur Konkurseröffnung komme die Aufrechnung auch deshalb nicht in Betracht, weil der Beklagte sich in Kenntnis der bereits am 18.11.1997 erfolgten Zahlungseinstellung durch die Nutzung der Container und der beabsichtigten Aufrechnung eine Befriedigungsmöglichkeit verschafft habe und insoweit gem. § 30 Nr. 1, 2. Alt. KO (vgl. jetzt § 130 Abs. 1 Satz 1 Nr. 1 und 2 InsO) die Konkursanfechtung erklärt werde.

148   Der BGH führt aus, für die Zeit vor der Konkurseröffnung sei die vom Beklagten beabsichtigte Aufrechnung zwar zulässig. Sie unterliege jedoch der Konkursanfechtung nach § 30 Nr. 1, 2. Alt. KO (vgl. jetzt § 130 Abs. 1 Satz 1 InsO). Die vorgesehene Aufrechnung benachteilige die Gläubiger der Gemeinschuldnerin, denn sie führe dazu, dass der Konkursverwalter die Vergütung nicht zur Masse ziehen könne. Sie verschaffe dem Beklagten eine

---

148   BGH, 28.09.2000 – VII ZR 372/99, BGHZ 145, 245 = ZIP 2000, 2207 vgl. hierzu noch Schäfer, ZInsO 2006, 635.

Befriedigung seiner einfachen Konkursforderung, die er sonst nicht erlangt hätte. Soweit der IX. Zivilsenat des BGH in einem ähnlich gelagerten Fall eine Gläubigerbenachteiligung verneint habe,[149] stehe dies der Entscheidung nicht entgegen. In diesem Fall hätten die Gesellschafter der zur Durchführung eines Bauvorhabens begründeten ARGE vereinbart, dass ein Gesellschafter ausscheide, sobald beantragt werde, das Konkursverfahren über sein Vermögen zu eröffnen, dass er jedoch verpflichtet sei, der Gesellschaft weiterhin Geräte und Personal gegen Vergütung zu überlassen. Der IX. Zivilsenat habe auf Anfrage erklärt, dass er an seiner Entscheidung nicht festhalte, soweit aus ihr für den vorliegenden Sachverhalt abgeleitet werden könnte, dass eine Gläubigerbenachteiligung nicht vorliege.

Nach der Rechtsprechung des BGH stehe die konkursrechtliche Zulässigkeit der Aufrechnung deren Anfechtung nicht entgegen, wenn die Aufrechnungslage in anfechtbarer Weise hergestellt worden sei (vgl. jetzt § 96 Abs. 1 Nr. 3 InsO). Anfechtbar sei die Herstellung der Aufrechnungslage in kritischer Zeit und die dadurch i.V.m. der Aufrechnungserklärung bewirkte Befriedigung. Dies führe dazu, dass die in der Aufrechnung liegende Befriedigung „zurückzugewähren" sei. Das geschehe dadurch, dass der Aufrechnung keine Bedeutung beigemessen werde, der Beklagte sich also nicht mit Erfolg auf sie berufen könne.

149

149　BGH, 09.03.2000 – IX ZR 355/98, ZInsO 2000, 284.

Beispielsfall 25: „Scheingeschäftsfall"[150]

§ 129 InsO – Anfechtung einer nichtigen Rechtshandlung

150 *Der Kläger ließ in den Jahren 1976 bis 1982 durch den Schuldner – einen Architekten – mehrere Häuser errichten. Im Jahre 1984 erhob der Kläger gegen diesen Klage wegen mangelhafter Planung und Bauaufsicht, die zur Verurteilung des Schuldners führte. Dieser schloss am 27.02.1992 mit dem Beklagten – dem Sohn eines Vetters der Ehefrau des Schuldners – einen notariell beurkundeten Kaufvertrag, mit dem er Letzterem mehrere Grundstücke verkaufte und Auflassungsvormerkungen bewilligte. Nach deren Eintragung wurden für den Kläger Zwangshypotheken eingetragen. Dieser hielt den Kaufvertrag für nichtig, da es sich um ein Scheingeschäft gehandelt habe. Mit seiner Klage begehrte er (u.a.) die Verurteilung des Beklagten zur Duldung der Zwangsvollstreckung in den Grundbesitz.*

151 Den Antrag des Klägers, den Beklagten zur Duldung der Zwangsvollstreckung zu verurteilen, legte der BGH dahingehend aus, dass der Beklagte verurteilt werden solle, gegenüber dem Kläger von den Vormerkungen keinen Gebrauch zu machen. Die Nichtigkeit des Kaufvertrages nach § 117 Abs. 1 BGB stehe dessen Anfechtbarkeit nicht entgegen. Die Anfechtbarkeit einer nichtigen Rechtshandlung werde zwar v.a. deshalb in Zweifel gezogen, weil es an einer Gläubigerbenachteiligung fehle; das treffe in dieser Allgemeinheit jedoch nicht zu. Nichtige Rechtsgeschäfte, namentlich Scheingeschäfte, führten nicht selten zu einer Änderung der formalen Rechtslage und damit zu Erschwerungen oder Gefährdungen des Gläubigerzugriffs. In diesem Fall könne anstelle oder neben der Nichtigkeit auch die Anfechtung geltend gemacht werden.

---

150   BGH, 11.07.1996 – IX ZR 226/94, ZIP 1996, 1516.

Beispielsfall 26: „Altverbindlichkeitenfall (1)"[151]

§ 129 InsO – Anfechtung der vom vorläufigen Insolvenzverwalter vorgenommenen Erfüllung von Altverbindlichkeiten

Zwischen der Schuldnerin und der Beklagten bestand eine mehrjährige Geschäftsbeziehung. Am 29.12.2000 stellte die Schuldnerin Insolvenzantrag. Das Insolvenzgericht bestellte den Kläger zum vorläufigen Verwalter mit Zustimmungsvorbehalt, wovon die Beklagte spätestens Mitte Januar 2001 Kenntnis erhielt. Die Schuldnerin und die Beklagte einigten sich über eine Fortsetzung der Geschäftsbeziehung. Mit Zustimmung des Klägers beglich die Schuldnerin Ende Januar/Anfang Februar 2001 Altforderungen der Beklagten i.H.v. ca. 58.000 DM. Nach der Eröffnung des Insolvenzverfahrens verlangte der Kläger (letztlich ohne Erfolg) diese Zahlung im Wege der Anfechtung zurück und behauptete, die Beklagte habe die weitere Zusammenarbeit mit der Schuldnerin davon abhängig gemacht, dass nicht nur die nach Anordnung der vorläufigen Insolvenzverwaltung, sondern auch die vor dem Insolvenzantrag fälligen Forderungen beglichen würden.

152

Der BGH bekräftigt seine frühere Entscheidung,[152] wonach § 55 Abs. 2 InsO auf den vorläufigen Insolvenzverwalter ohne allgemeine Verwaltungs- und Verfügungsbefugnis keine Anwendung finde. Dieser habe keine den Befugnissen des endgültigen Insolvenzverwalters derart angenäherte Rechtsstellung, dass eine Anfechtung der Rechtshandlungen des Schuldners, denen er lediglich zugestimmt habe, von vornherein ausscheide.

153

Die Anfechtung sei vielmehr nur dann ausgeschlossen, wenn der vorläufige Insolvenzverwalter mit Zustimmungsvorbehalt durch sein Handeln einen schutzwürdigen Vertrauenstatbestand gesetzt habe und der Empfänger der Leistung demzufolge nach Treu und Glauben habe damit rechnen dürfen, ein nicht mehr entziehbares Recht erlangt zu haben. Der Insolvenzverwalter handle jedoch nicht treuwidrig, sofern der Gläubiger die Zustimmung des vorläufigen Insolvenzverwalters nur aufgrund seiner wirtschaftlichen Machtstellung gegen dessen zunächst erklärten Widerstand habe durchsetzen können. Da der vorläufige Insolvenzverwalter durch seine Zustimmung zum Vertrag regelmäßig einen Vertrauenstatbestand begründe, liege es an ihm, die Umstän-

154

---

151 BGH, 15.12.2005 – IX ZR 156/04, BGHZ 165, 283 = ZInsO 2006, 208.
152 BGH, 09.12.2004 – IX ZR 108/04, BGHZ 161, 315 = ZInsO 2005, 88.

de vorzutragen, die dem Vertragspartner im Einzelfall eine Berufung auf Treu und Glauben verwehrten.

Beispielsfall 27: „Sanierungsberatungsfall"[153]

§§ 129, 142 InsO – Teilbarkeit der Rechtshandlung bei unangemessen hohem Sanierungshonorar?

Die Schuldnerin befand sich in Zahlungsschwierigkeiten und beauftragte daher am 17.01.1977 den verklagten Rechtsanwalt mit der Stellung eines Vergleichsantrages. In einer Honorarvereinbarung verpflichtete sie sich, neben den gesetzlichen Gebühren – ohne Rücksicht auf den Umfang des Verfahrens – ein Honorar von 20.000 DM zu zahlen. Der Beklagte hatte Kenntnis von der Zahlungseinstellung. Mangels entsprechender Barmittel trat die Gemeinschuldnerin am gleichen Tag ihre Rechte und Ansprüche aus zwei Lebensversicherungen i.H.v. ca. 16.000 DM an den Beklagten ab.

155

Am 18.01.1977 stellte der Beklagte Vergleichsantrag. Durch Beschl. v. 19.01.1977 bestellte das Gericht den Kläger zum vorläufigen Vergleichsverwalter. Durch weiteren Beschl. v. 18.02.1977 lehnte es die Eröffnung des Vergleichsverfahrens ab und eröffnete das Anschlusskonkursverfahren. Mit Schreiben v. 03.05.1977 erklärte der Kläger gegenüber dem Beklagten die Anfechtung der Abtretung. Der Antrag auf Eröffnung des Vergleichsverfahrens sei, dem Beklagten erkennbar, von vornherein aussichtslos und daher wertlos für die Gemeinschuldnerin gewesen. Das LG und das OLG gaben der Klage statt. Die Revision des Beklagten führte zur Aufhebung und Zurückverweisung.

Der BGH betont zunächst, das vereinbarte Honorar könne nicht schon – unabhängig vom Umfang der Tätigkeit des Beklagten – deshalb im Hinblick auf die Interessen der späteren Konkursgläubiger als unangemessen angesehen werden, weil es fast das 10-fache des gesetzlichen Gebührensatzes erreicht habe. Die Begrenzung des Honorars auf die gesetzliche Gebühr hätte nach Ansicht des BGH u.U. zur Folge, dass von dem in wirtschaftlichen Schwierigkeiten befindlichen Schuldner verlangt würde, einen Rechtsanwalt zu suchen, der zur Übernahme des Mandats nur gegen die gesetzliche Gebühr bereit wäre, obwohl auch er Anspruch darauf habe, den Anwalt seines Vertrauens hinzuziehen zu dürfen.

156

---

153   BGH, 11.06.1980 – VIII ZR 62/79, BGHZ 77, 250 = ZIP 1980, 618.

157   Gleichwohl sei im Anfechtungsprozess zu prüfen, ob sich die Zahlung des vereinbarten Honorars zum Nachteil der Gläubiger ausgewirkt habe. Dies sei dann der Fall, wenn zwischen der Leistung des Anwalts und dem vereinbarten Honorar keine Gleichwertigkeit bestehe. Der Einholung eines Gutachtens der Rechtsanwaltskammer bedürfe es insoweit nicht. § 3 BRAGO (vgl. jetzt § 4 Abs. 4 Satz 2 RVG) betreffe ausschließlich den Honorarstreit zwischen dem Mandanten und seinem Rechtsanwalt, während es in dem zu entscheidenden Fall um speziell konkursrechtliche Fragen gehe. Müsse der Anwalt die empfangene Leistung an die Konkursmasse zurückgewähren, bleibe sein Anspruch gegen den Gemeinschuldner bestehen. Der Anfechtungsprozess habe nicht die „Herabsetzung" der vereinbarten Gebühr i.S.d. § 3 Abs. 3 Satz 2 BRAGO zum Gegenstand.

158   Nur soweit die Gläubiger benachteiligt worden seien, sei eine Korrektur durch die Konkursanfechtung geboten. Deshalb sei dem Anfechtungsgegner – soweit rechtlich möglich – zu belassen, was dem Wert seiner Leistung entspreche. Im konkreten Fall sei die erforderliche Teilbarkeit gegeben, denn sowohl bei dem dem Beklagten von der Versicherung gezahlten Vorschuss als auch bei den noch verbleibenden Ansprüchen aus den beiden Versicherungsverträgen handle es sich um teilbare Leistungen. In der Sache selbst könne das Revisionsgericht indes nicht entscheiden, da noch Feststellungen zur Erfolgsaussicht der Bemühungen des Beklagten und zur Angemessenheit des geleisteten Honorars zu treffen seien.

159   > Dieses Urteil wird im Schrifttum kritisiert.[154] Es stellt sich in der Tat die Frage, anhand welcher Kriterien der Tatrichter die Vergütung bemessen soll, nachdem die ursprüngliche Honorarvereinbarung im Hinblick auf die Gläubigerinteressen unbeachtlich sein dürfte. Der BGH hat wohl zudem nicht hinreichend berücksichtigt, dass sich die Schuldnerin verpflichtet hatte, ohne Rücksicht auf den Umfang des Verfahrens zusätzlich zu den gesetzlichen Gebühren 20.000 DM zu zahlen.

160   > Nach § 129 Abs. 2 InsO steht eine Unterlassung des Schuldners einer Rechtshandlung gleich. Da die Anfechtungstatbestände jedoch voraussetzen, dass eine andere Person durch die Rechtshandlung eine Vermögenszuwendung erhalten hat, liegt eine Unterlassung i.S.d. § 129 Abs. 2 InsO nur vor, wenn sie ursächlich dafür geworden ist, dass der Empfänger die

---

154   Zeuner, Die Anfechtung in der Insolvenz, Rn. 23.

masseschmälernde Vermögenszuwendung behalten konnte. Ein Erwerb im Wege der Zwangsvollstreckung beruht folglich nur dann auf einem Unterlassen im anfechtungsrechtlichen Sinne, wenn der Gläubiger bei der Vornahme der dem Schuldner möglichen und von ihm bewusst vermiedenen Rechtshandlung den zwangsweise erworbenen Gegenstand nicht erlangt hätte oder ihn vor der Insolvenzeröffnung hätte zurückgewähren müssen.[155] Unterlassungen des Schuldners stellen nur dann anfechtbare Rechtshandlungen dar, wenn sie wissentlich und willentlich geschehen und zu einer Vermögensmehrung des Anfechtungsgegners führen. Deshalb kann die Anfechtung nicht darauf gestützt werden, dass der Schuldner die rechtzeitige Stellung eines Insolvenzantrages mit dem Vorsatz unterlassen habe, einen bestimmten Gläubiger zu begünstigen.[156]

---

155 Vgl. hierzu Kreft in: Heidelberger Kommentar zur InsO, § 129 Rn. 23.
156 BGH, 10.02.2005 – IX ZR 211/02, BGHZ 162, 143, 154 = ZInsO 2005, 260.

Beispielsfall 28: „Bestattungsfall"[157]

§§ 129 Abs. 2, 133 InsO – Unterlassen der Geltendmachung eines Anspruchs nach den Eigenkapitalersatzregeln als anfechtbare Rechtshandlung

161   *Der Kläger war Titelgläubiger der Schuldnerin (GmbH), die Beklagte zu 1) deren Gesellschafterin. Die Beklagte zu 2) war die Witwe und Erbin des persönlich haftenden Gesellschafters der Beklagten zu 1) (B.), der zugleich alleinvertretungsberechtigter Geschäftsführer und Gesellschafter der Schuldnerin gewesen war. Im September 1999 führte die Schuldnerin einen Kontokorrentkredit bei der Nationalbank mit eingehenden Zahlungen aus einem Auslandskreditgeschäft zurück. Die Beklagte zu 1) hatte als Sicherheit für diesen Kredit Grundschulden bestellt und B. hatte die persönliche Mithaftung übernommen. Nach der Kredittilgung wurden die Grundschulden mit Bewilligung der Nationalbank gelöscht.*

Ende Oktober 1999 veräußerten sämtliche Gesellschafter der Schuldnerin ihre Geschäftsanteile an einen gewissen „G.", damit dieser die Schuldnerin in Spanien „verschwinden" lasse. Nachdem der Erwerber zum neuen Geschäftsführer bestellt worden war, verlegte dieser den Sitz der Schuldnerin nach Spanien und stellte ihren Geschäftsbetrieb ein. Vollstreckungsversuche des Klägers waren vergeblich.

Der Kläger nahm die Beklagten unter dem Gesichtspunkt der Gläubigeranfechtung auf Zahlung von (ca.) 86.000 DM in Anspruch. Das LG wies die Klage ab. Die Berufung des Klägers blieb ohne Erfolg. Seine Revision führte zur Aufhebung und Zurückverweisung.

162   Nach der Würdigung des BGH konnte das Vorgehen der Schuldnerin den Tatbestand der vorsätzlichen Gläubigerbenachteiligung erfüllen. Entgegen der Auffassung des Berufungsgerichts könne insbes. eine anfechtbare Rechtshandlung der Schuldnerin vorliegen, indem sie es unterlassen habe, einen Freistellungs- bzw. Erstattungsanspruch entsprechend den §§ 30, 31 GmbHG gegen die Beklagte zu 1) und den früheren Mitgesellschafter B. geltend zu machen. Ein solcher Anspruch könne sich aus der Darlehenstilgung und dem dadurch ausgelösten Freiwerden der von den Gesellschaftern gestellten

---

157   BGH, 22.12.2005 – IX ZR 190/02, BGHZ 165, 343 = ZInsO 2006, 140.

Sicherheiten ergeben, falls diese eigenkapitalersetzenden Charakter gehabt hätten. In diesem Fall habe es den Gesellschaftern im Innenverhältnis zur Gesellschaft oblegen, den Grundschuldgläubiger zu befriedigen.

Das Eigenkapitalersatzrecht greife auch und gerade dann ein, wenn es – etwa   163
mangels Masse oder weil das Unternehmen still liquidiert werde – nicht zu einem Insolvenzverfahren komme.[158] Sofern die Besicherungen durch die Beklagte zu 1) und den früheren Mitgesellschafter B. eigenkapitalersetzend gewesen seien, hätten diese die Nationalbank schon vorher befriedigen müssen, damit die Vergütung aus dem letzten Auslandsgeschäft in das Gesellschaftsvermögen gelangt wäre.

Für die Anwendung der §§ 129 Abs. 2, 133 Abs. 1 InsO genüge das Bewusst-   164
sein, dass ein Unterlassen irgendwelche Rechtsfolgen haben werde. Nach dem eigenen Vorbringen der Beklagten habe die Schuldnerin mit der Befolgung des Rates ihres Streithelfers, in Spanien still zu „verschwinden", eine faktische Liquidation durchgeführt, ohne etwa noch offene Forderungen zu realisieren. Ein derartiges Verhalten der für die Schuldnerin handlungsberechtigten Personen begründe ein erhebliches Beweisanzeichen dafür, dass die Durchsetzung von Ansprüchen nach den §§ 30 ff. GmbHG gegen die Gesellschafter bewusst unterlassen worden sei.

Die erforderliche Gläubigerbenachteiligung liege vor. Sie könne schon dann   165
gegeben sein, wenn durch die Rechtshandlung der Zugriff auf das Schuldnervermögen vereitelt, erschwert oder verzögert werde.[159] Zwar könne die gegen die §§ 30, 31 GmbHG verstoßende Rückzahlung eines gesellschafterbesicherten Drittdarlehens durch die Gesellschaft wegen der dadurch ausgelösten Erstattungspflicht des Gesellschafters rechtlich ausgeglichen sein. Jedoch liege ungeachtet einer theoretisch noch gegebenen Möglichkeit des Zugriffs der Gläubiger auf den Erstattungsanspruch eine objektive Gläubigerbenachteiligung vor, wenn dieser Zugriff durch die Rechtshandlung des Schuldners tatsächlich unmöglich gemacht oder wesentlich erschwert werde. Die Durchführung einer Nachtragsliquidation (im Fall der Löschung der Schuldnerin) begegne zumindest erheblichen Schwierigkeiten.

---

158 Vgl. hierzu MünchKomm-InsO/Stodolkowitz, § 135 Rn. 106.
159 Vgl. BGH, 05.11.1980 – VIII ZR 230/79, BGHZ 78, 318, 328 = ZIP 1981, 31.

II. § 129 InsO – Erfordernis der objektiven Gläubigerbenachteiligung

Voraussetzung eines jeden Anfechtungsanspruchs ist nach § 129 Abs. 1 InsO das Vorliegen einer objektiven Gläubigerbenachteiligung. Eine solche Gläubigerbenachteiligung ist gegeben, wenn sich die Befriedigungsmöglichkeiten der Insolvenzgläubiger bei wirtschaftlicher Betrachtungsweise ohne die angefochtene Rechtshandlung günstiger gestaltet hätten.[160] Das ist nicht der Fall, wenn der Schuldner einen wertlosen Gegenstand weggibt.[161] Ein Schenkungsvertrag über ein Grundstück, in dem zugleich ein durch Vormerkung gesicherter Rückübertragungsanspruch für den Fall des Vermögensverfalls des Begünstigten vereinbart wird, ist im Insolvenzverfahren über das Vermögen des Begünstigten mangels objektiver Gläubigerbenachteiligung nicht anfechtbar.[162] Die Gläubiger des Schuldners werden durch die Rechtshandlung benachteiligt, wenn entweder dessen Schuldenmasse vermehrt oder die Aktivmasse verkürzt wird. Zu unterscheiden ist zwischen einer nach dem Gesetz erforderlichen unmittelbaren (vgl. § 132 Abs. 1 und § 133 Abs. 2 InsO) und einer ansonsten genügenden mittelbaren Gläubigerbenachteiligung. Für die Erstere ist der Zeitpunkt der Vornahme der Rechtshandlung maßgebend, während bei der Letzteren der Zeitpunkt der letzten mündlichen Verhandlung in der Tatsacheninstanz maßgebend ist. Eine Gläubigerbenachteiligung kann auch bei bestehender Masseunzulänglichkeit gegeben sein.[163]

166

---

160 Vgl. BGH, 11.11.1993 – IX ZR 257/92, BGHZ 124, 76 = ZIP 1994, 40.
161 Vgl. dazu Beispielsfall 42.
162 BGH, 13.03.2008 – IX ZB 39/05, ZInsO 2008, 558.
163 BGH, 19.07.2001 – IX ZR 36/99, ZInsO 2001, 904.

Beispielsfall 29: „Fleischlieferungsfall"[164]

§§ 96 Abs. 1 Nr. 3, 129, 131 InsO – Gläubigerbenachteiligung durch Herbeiführung einer Aufrechnungslage

167   *Die Schuldnerin schuldete der Beklagten für Fleischlieferungen mehr als 200.000 DM. Zwischen dem 14.10. und dem 18.10.1996 lieferte die Schuldnerin ihrerseits der Beklagten Fleisch im Wert von ca. 141.000 DM. Die Schuldnerin hatte sämtliche Forderungen aus ihren Lieferungen einer Bank (anfechtungsfest) zur Sicherheit abgetreten. Die Beklagte veräußerte das bezogene Fleisch weiter und rechnete mit ihren älteren Forderungen gegenüber dem Kaufpreisanspruch der Schuldnerin auf. Am 22.10.1996 stellte die Schuldnerin Insolvenzantrag. Der Kläger wurde zum Insolvenzverwalter bestellt und klagte den Kaufpreis mit Erfolg ein.*

168   Der BGH betont, dass der Insolvenzverwalter nicht etwa darauf verwiesen sei, die Vertragsabschlüsse der Gemeinschuldnerin anzufechten. Er habe vielmehr die anfechtungsrechtlich gesondert zu betrachtende Herstellung der Aufrechnungslage durch die Beklagte angefochten. Der angefochtene Vorgang habe insoweit ein zusätzliches Element enthalten, das über den bloßen Vertragsabschluss hinausgegangen sei. Die Beklagte sei zuvor schon Gläubigerin der Gemeinschuldnerin gewesen und habe sich durch die fraglichen Käufe ihr gegenüber in die Schuldnerstellung versetzt, wodurch ihr die Aufrechnung gegenüber den Ansprüchen der Gemeinschuldnerin erst möglich geworden sei.

169   Die gläubigerbenachteiligende Wirkung der Aufrechnung habe der Kläger abgefochten. Die Aufrechnungslage sei in inkongruenter Weise hergestellt worden, da die Beklagte keinen Anspruch auf Befriedigung ihrer Gegenforderungen in der geschehenen Weise gehabt habe.

170   Die von der Beklagten geschuldete Rückgewähr der Aufrechnungslage bestehe nicht in der Rückabwicklung des Kaufvertrages selbst, sondern im Gegenteil in der Durchsetzung der Kaufpreisforderung unabhängig von der Gegenforderung.[165] Ohne die Herbeiführung der Aufrechnungslage hätte die Beklagte nur eine Konkursforderung gegen die Gemeinschuldnerin gehabt und nur mit deren quotaler Befriedigung rechnen können. Zugleich hätte sie den Kaufpreis für die von der Gemeinschuldnerin bezogene Ware in voller

---

164   BGH, 05.04.2001 – IX ZR 216/98, BGHZ 147, 233 = ZInsO 2001, 464.
165   Vgl. BGH, 28.09.2000 – VII ZR 372/99, BGHZ 145, 245 = DZWIR 2001, 429.

Höhe zur Konkursmasse zahlen müssen. Durch die Aufrechnung sei der Konkursmasse der Unterschied zwischen dem Nennwert der Kaufpreisschuld der Beklagten einerseits und der bloßen Quote auf deren Gegenforderungen andererseits entgangen, sodass auf die übrigen Konkursgläubiger rechnerisch eine entsprechend geringere Konkursquote entfalle.

Hieran ändere die Abtretung der gegen die Beklagte gerichteten Kaufpreisforderung der Gemeinschuldnerin an die Bank – als Dritte – nichts Entscheidendes, da diese nur ein Absonderungsrecht begründet habe. Das der Konkursmasse insoweit verbliebene Recht habe einen selbstständigen, im Kern geschützten Vermögenswert verkörpert, wie die §§ 166 Abs. 2, 170, 171 InsO verdeutlichten. Auch das Senatsurt. v. 05.12.1985[166] stehe dem gefundenen Ergebnis nicht entgegen. In dem seinerzeit entschiedenen Fall habe die Gemeinschuldnerin schon die von ihr verkaufte Ware selbst an dasselbe Kreditinstitut übereignet, dem dann auch die Kaufpreisforderung abgetreten worden sei. Damit sei dessen Absonderungsrecht an der Ware nur vereinbarungsgemäß durch dasjenige an der Kaufpreisforderung ersetzt worden. In einem solchen bloßen Austausch einer konkursbeständigen Sicherung durch eine andere, jedenfalls nicht höherwertige Sicherung, sei keine objektive Gläubigerbenachteiligung gesehen worden.

171

---

166   BGH, 05.12.1985 – IX ZR 165/84, ZIP 1986, 452, 454 f.

Beispielsfall 30: „Provisionsfall"[167]

§§ 129, 133 InsO – Gläubigerbenachteiligung beim Verzicht auf mögliche Aufrechnung gegen Abtretung einer später fälligen Forderung des Schuldners

172 *Der Beklagte war als Makler für die Schuldnerin – eine Bauträgergesellschaft – tätig. Er beauftragte sie außerdem mit der Errichtung eines Rohbaus auf seinem Grundstück, der bis Juni 1999 hergestellt wurde. Im Dezember 1999 beliefen sich seine Provisionsforderungen gegen die Schuldnerin auf insgesamt 94.788,36 DM, die mit Rechnungen vom 18.05. bis zum 22.11.1999 abgerechnet wurden. Zumindest ab Mai 1999 befand sich die Schuldnerin in erheblichen Finanznöten; Rechnungen liefen auf und Schecks wurden teilweise nicht mehr eingelöst. Die Schuldnerin trat daher von der in einem notariellen Kaufvertrag mit Dritten vom 29.12.1999 vereinbarten, Anfang des Jahres 2000 fälligen ersten Rate der Kaufpreisforderung einen Teilbetrag i.H.v. 95.000 DM an den Beklagten ab. Dieser erhielt im Februar 2000 die Zahlung der Erwerber. Gegen den verbleibenden Überschuss i.H.v. 211,64 DM und gegen den Vergütungsanspruch der Schuldnerin für die Errichtung des Rohbaus i.H.v. 176.000 DM rechnete er weitere Provisionsansprüche i.H.v. 92.275,68 DM auf und zahlte an die Schuldnerin noch 83.935,96 DM.*

Auf Antrag vom 17.07.2000 wurde am 01.09.2000 das Insolvenzverfahren über das Vermögen der Schuldnerin eröffnet. Der klagende Insolvenzverwalter focht die Abtretung der Forderung und die durch die Zahlung der Erwerber herbeigeführte Befriedigung des Beklagten an und verlangte von ihm Zahlung von 95.000 DM, umgerechnet 48.572,73 €. Das LG gab der Klage statt. Auf die Berufung des Beklagten änderte das OLG das erstinstanzliche Urteil ab und verurteilte den Beklagten zur Zahlung von 5.656,95 €. Die hiergegen gerichtete Revision des Klägers hatte Erfolg.

173 Nach Ansicht des Berufungsgerichts lag eine Gläubigerbenachteiligung i.S.d. § 133 Abs. 1 InsO nur insoweit vor, als der Beklagte für die Befriedigung seiner Provisionsansprüche i.H.v. 187.064,04 DM über die Aufrechnung gegenüber der Werklohnforderung der Schuldnerin (176.000 DM) hinaus

---

167   BGH, 12.07.2007 – IX ZR 235/03, ZInsO 2007, 1107.

i.H.v. 11.064,04 DM auf die ihm abgetretene Forderung zurückgegriffen hatte.

Der BGH ist dieser rechtlichen Beurteilung nicht gefolgt. Die Abtretung der   174
Forderung gegen die Erwerber unterliege vielmehr in vollem Umfang der Insolvenzanfechtung. Eine objektive Benachteiligung der Insolvenzgläubiger
i.S.d. § 129 Abs. 1 InsO als Voraussetzung eines jeden anfechtungsrechtlichen
Rückgewähranspruchs liege vor, wenn die Insolvenzmasse durch die anfechtbare Handlung verkürzt worden sei, sich also die Befriedigungsmöglichkeit
der Insolvenzgläubiger ohne die fragliche Handlung bei wirtschaftlicher Betrachtungsweise günstiger gestaltet hätte.[168] Eine solche Gläubigerbenachteiligung sei gegeben, da sich die Schuldnerin durch die Abtretung eines Teils
des Zahlungsanspruchs gegen die Erwerber entäußert habe, ohne für diese
Rechtshandlung unmittelbar eine Gegenleistung zu erhalten. Eine Saldierung
der gegenseitigen Ansprüche widerspreche der zum Schutz der Insolvenzmasse gebotenen strengen Einzelsicht.[169]

Erhalte der Schuldner etwas, das zwar keine Gegenleistung darstelle, sich aber   175
in anderer Weise als – zumindest gleichwertiger – Vorteil erweise, komme es
darauf an, ob der Vorteil unmittelbar mit dem Vermögensopfer zusammenhänge. Dies sei nicht schon dann der Fall, wenn das Vermögensopfer gezielt
eingesetzt werde, um den Vorteil zu erreichen. Vielmehr müsse sich der Vorteil unmittelbar in einer – den anderweitigen Nachteil zumindest ausgleichenden – Mehrung des Schuldnervermögens niederschlagen.[170] Hingegen
blieben entferntere Ereignisse regelmäßig sogar dann außer Betracht, wenn
sie adäquat kausal verursacht seien.

Die Gläubigerbenachteiligung sei auch nicht deshalb zu verneinen, weil die   176
Aufrechnungsmöglichkeit des Beklagten mit einem Absonderungsrecht vergleichbar sei. Obwohl die Aufrechnungsbefugnis in der Insolvenz im wirtschaftlichen Ergebnis einem Pfandrecht oder einer Sicherungsabtretung ähnele, könnten diese Rechtsinstitute in der Insolvenz nicht vollständig gleich
behandelt werden. Da für hypothetische, nur gedachte Kausalverläufe kein

---

168   Vgl. hierzu noch BGH, 19.09.1988 – II ZR 255/87, BGHZ 105, 168, 187 = ZIP 1988,
      1248.
169   BGH, 02.06.2005 – IX ZR 263/03, ZInsO 2005, 884; vgl. hierzu Beispielsfall 15.
170   BGH, 13.03.2003 – IX ZR 64/02, BGHZ 154, 190, 195 f. = ZInsO 2003, 417.

Raum sei,[171] könne eine Gläubigerbenachteiligung auch nicht mit der Erwägung verneint werden, dass der Gläubiger im Fall des Unterbleibens der angefochtenen Handlung auf den Gegenstand ebenfalls hätte zugreifen können, weil dann über ihn in nicht anfechtbarer Weise verfügt worden wäre.

---

171   BGH, 29.06.2004 – IX ZR 258/02, BGHZ 159, 397, 401 = ZIP 2004, 1619.

Beispielsfall 31: „Vordatierter Scheck"[172]

§ 129 InsO – Anfechtbarkeit der Zahlung im Wege der geduldeten Überziehung einer Kreditlinie

Der Vollziehungsbeamte der verklagten Sozialversicherungsträgerin suchte   177
am 10.06.2002 die Geschäftsräume der Schuldnerin auf, nachdem diese
trotz mehrerer Mahnschreiben rückständige Beiträge nicht beglichen hatte.
Da die Schuldnerin nicht zahlen konnte, händigte ihr Geschäftsführer dem
Vollziehungsbeamten zur Abwendung von Vollstreckungsmaßnahmen einen
auf den 24.06.2002 vordatierten Scheck über ca. 13.000 € aus. Das Konto
der Schuldnerin wurde am 25.06.2002 mit dem Scheckbetrag belastet, obwohl
sich das Konto mit ca. 155.000 € im Soll befand und die Bank der Schuldnerin
lediglich einen Kontokorrentkredit bis 102.000 € eingeräumt hatte. Die Bank
duldete die weitere Überziehung der Kreditlinie. Am 22.07.2002 stellte die
Schuldnerin Insolvenzantrag.

Nach Ansicht des OLG Stuttgart stand dem Insolvenzverwalter ein Anfech-   178
tungsanspruch nach § 131 Abs. 1 Nr. 1 InsO zu. Die Rechtshandlung der
Schuldnerin – Scheckzahlung – sei erst mit der Belastung ihres Kontos vorgenommen gewesen. Anfechtungsrechtlich sei es unerheblich, ob schon vor dem
Abruf entsprechender Mittel eine Pfändung durch Gläubiger der Schuldnerin
möglich gewesen wäre. Entscheidend sei vielmehr allein, dass die Schuldnerin weitere Kreditmittel tatsächlich abgerufen habe. Verfügbare Kreditmittel
eines Schuldners bestimmten seine wirtschaftliche Bewegungsfreiheit nicht
anders als bare Mittel. Eine nicht zur Anfechtung berechtigende bloße Gläubigerauswechslung liege nicht vor; dass die Schuldnerin zusätzlichen Kredit nur
aufgenommen habe, um eine bestimmte Schuld zu tilgen, stehe der Annahme
einer Gläubigerbenachteiligung nicht entgegen.

Der BGH ist dieser Würdigung nicht gefolgt. Nach dem Leitsatz seines Urteils   179
ist keine Gläubigerbenachteiligung gegeben, wenn ein Gläubiger mit Mitteln
befriedigt wird, die der Schuldner aus einer lediglich geduldeten Kontoüberziehung schöpft. Für eine mittelbare Gläubigerbenachteiligung sei in diesem
Fall nur Raum, wenn der Anspruch der Bank auf Rückzahlung des Kredits,
auf dessen Gewährung der Schuldner keinen Anspruch gehabt habe, für die

---

172   BGH, 11.01.2007 – IX ZR 31/05, BGHZ 170, 276 = ZInsO 2007, 269 im Anschluss an
        OLG Stuttgart, 13.01.2005 – 2 U 164/04, ZInsO 2005, 942.

Insolvenzmasse ungünstiger sei als der Anspruch des befriedigten Gläubigers, insbes. weil die Bank für ihren Darlehensrückzahlungsanspruch über (bessere) Sicherheiten verfüge.

180   Eine Verfügung des Schuldners über Gegenstände, die aus Rechtsgründen nicht der Zwangsvollstreckung unterlägen, weil sie nicht gepfändet werden könnten, bewirke keine Gläubigerbenachteiligung, weil sie zur Gläubigerbefriedigung von vornherein ungeeignet seien und nicht zur Insolvenzmasse i.S.d. §§ 35, 36 InsO gehörten.[173] So liege der Fall auch bei der Tilgung von Gläubigerforderungen mit Mitteln aus einer ungenehmigten Kontoüberziehung. Der Senat habe zwar in BGH, ZIP 2001, 1248 ff. auch einen zweckgebundenen Darlehensanspruch, der möglicherweise unpfändbar gewesen sei, dem Insolvenzbeschlag unterworfen, weil die Zweckbindung nicht den Interessen des Schuldners, sondern denen der Bank und des mit dem Darlehen befriedigten Gläubigers gedient habe. Der vorliegende Sachverhalt liege jedoch rechtlich anders, weil hier kein Anspruch auf das Darlehen begründet worden sei. Bei der ungenehmigten Kontoüberziehung bestehe vor der im Belieben der Bank stehenden Durchführung der Zahlungsanweisung – die zugleich die konkludente Annahme des Kundenangebots auf Abschluss des Darlehensvertrages darstelle – kein pfändbarer Anspruch auf den Kredit, sondern nur eine Chance, dass die Bank die Überziehung dulde.

181   Die Entscheidung des BGH begegnet erheblichen Bedenken.[174] Die Scheckeinlösung setzt sich aus zwei rechtlich zu trennenden Vorgängen zusammen, nämlich zum einen aus einer zumindest konkludenten Kreditgewährung an den Schuldner nach entsprechendem Abruf durch den Schecknehmer als Boten und zum anderen aus der (endgültigen) Gutschrift zur in Anspruch genommenen Kreditmittel zugunsten des Gläubigers. Erst wenn die bezogene Bank den Scheck durch Belastung des Ausstellerkontos eingelöst hat, sind die in der Girokette vorgenommenen Gutschriften und Belastungen wirksam geworden; erst dann ist die Buchung endgültig und die Verrechnungslage eingetreten.[175] Beim Scheckinkasso überbringt der Schecknehmer als Bote des Scheckausstellers der bezogenen Bank ein Angebot auf Abschluss eines Darlehensvertrages im

---

173   Vgl. hierzu BGH, 08.07.1993 – IX ZR 116/92, BGHZ 123, 183, 185 = ZIP 1993, 1662.

174   Kritisch mit beachtlichen Argumenten auch Marotzke, ZInsO 2007, 897 und Cranshaw, jurisPR-InsR 11/2007 Anm. 2.

175   BGH, 30.04.1992 – IX ZR 176/91, BGHZ 118, 171, 177 = ZIP 1992, 778.

Sinne zusätzlicher Kreditgewährung i.R.d. bestehenden Kreditvertrages. Die bezogene Bank nimmt dieses Angebot spätestens dadurch an, dass sie das Konto des Scheckausstellers mit dem Scheckbetrag belastet. Damit ist der Darlehensvertrag zustande gekommen. Mit der Belastungsbuchung realisiert die bezogene Bank ihren Aufwendungsersatzanspruch gegen den Aussteller.[176] Es muss somit eine Kreditgewährung vorausgegangen sein. Das setzt wiederum begriffsnotwendig voraus, dass der dem Scheckaussteller belastete Betrag zumindest kurzfristig dessen Vermögen und nicht mehr dem Vermögen der Bank zugeordnet war. Damit waren die dem Scheckaussteller darlehensweise überlassenen Mittel vorübergehend auch prinzipiell durch dessen Gläubiger pfändbar. Eine unschädliche Gläubigerauswechslung liegt nicht vor, da die Forderung des Gläubigers mit Kreditmitteln getilgt wurde, die – wenn auch nur kurzfristig – dem Vermögen der Schuldnerin zugeordnet waren.[177] Der BGH begründet nicht, wie auf der Grundlage seiner Auffassung der von der Bank später aufgrund der geduldeten Überziehung gegenüber dem Schuldner „aus Kredit" geltend gemachte Anspruch zustande gekommen sein soll.

Der BGH hat aber in einem neueren Urteil klargestellt, dass ein Darlehensvertrag zustande kommt und die Insolvenzgläubiger benachteiligt werden, wenn ein Kreditinstitut, das für den Schuldner ein überzogenes Konto führt, die Begleichung der einer Kontopfändung zugrunde liegenden Forderung veranlasst.[178] Vereinbare die Bank mit dem Schuldner, ihn das Konto überziehen zu lassen, damit er einen bestimmten Gläubiger befriedigen könne, verschaffe sie dem Kunden einen Anspruch auf Kreditgewährung, noch bevor das Darlehen gewährt werde. Dieser Anspruch sei grds. für die Gläubiger pfändbar; er falle nach der Insolvenzeröffnung in die Insolvenzmasse (vgl. § 36 Abs. 1 InsO), und die Kontoüberziehung benachteilige die Insolvenzgläubiger.

182

---

176   BGH, 06.05.1997 – XI ZR 135/96, BGHZ 135, 307, 312 = ZIP 1997, 1148.
177   Vgl. hierzu ferner Blank, ZInsO 2004, 983; Bitter, WM 2001, 889, 890; Felke, WM 2002, 1632, 1634.
178   BGH, 28.02.2008 – IX ZR 213/06, ZInsO 2008, 374.

Beispielsfall 32: „Pfändungspfandrechtsfall"[179]

§§ 129, 133 InsO – Gläubigerbenachteiligung bei Überweisung des Schuldners nach zeitweiliger Wiederherstellung der Verfügungsmacht über sein Konto

183   *Das Finanzamt erließ am 11.04.2003 wegen Lohn- und Umsatzsteuerforderungen i.H.v. ca. 220.000 € eine Pfändungs- und Einziehungsverfügung, die die Ansprüche des Schuldners aus der Geschäftsbeziehung mit seiner Bank betraf. Erfasst wurden u.a. alle Ansprüche aus allen Konten auf Durchführung von Überweisungen. Die Verfügung wurde der Drittschuldnerin am 14.04.2003 zugestellt. Das Finanzamt schränkte die Einziehungsanordnung unter dem Vorbehalt des jederzeitigen Widerrufs dahin ein, dass die Drittschuldnerin ermächtigt wurde, bis zu einer bestimmten Frist direkt an die Schuldnerin zu zahlen. Diese veranlasste daraufhin in der Zeit vom 16.04. bis zum 10.06.2003 Überweisungen der Drittschuldnerin von ihrem Geschäftskonto an das Finanzamt i.H.v. insgesamt ca. 120.000 €.*

Auf Antrag der Schuldnerin vom 30.09.2003 wurden am 16.10.2003 das Insolvenzverfahren eröffnet und der Kläger zum Insolvenzverwalter bestellt. Dessen Anfechtungsklage gegen das verklagte Land blieb in den Tatsacheninstanzen ohne Erfolg. Seine Revision führte zur Aufhebung und Zurückverweisung.

184   Wenn die von der Anfechtung erfassten Überweisungen aus einem Guthaben der Schuldnerin erfolgt waren, fehlte es an einer Gläubigerbenachteiligung. Dann hatte der Beklagte durch seine Vollstreckungsmaßnahme ein insolvenzbeständiges Absonderungsrecht erlangt. Dabei konnte nach Ansicht des BGH dahingestellt bleiben, ob der Kläger das Pfändungspfandrecht angefochten hatte. Denn die insolvenzrechtliche Anfechtbarkeit der Pfändung einer künftigen Forderung richte sich gem. § 140 Abs. 1 InsO nach dem Zeitpunkt ihrer Entstehung.[180] Hier sei die im Voraus gepfändete Forderung noch vor der gesetzlichen Krise entstanden, sodass das Pfändungspfandrecht nicht als inkongruente Deckung nach § 131 Abs. 1 Nr. 1 und 2 InsO anfechtbar sei. Überweisungen aus einem Guthaben hätten den Wert des in der Zeit vor dem

---

179   BGH, 25.10.2007 – IX ZR 157/06, ZInsO 2008, 161.
180   BGH, 20.03.1997 – IX ZR 71/96, BGHZ 135, 140, 148 = ZIP 1997, 737.

Beginn des Dreimonatszeitraums entstandenen Pfandrechts nicht überschritten, sodass keine Gläubigerbenachteiligung gegeben sei.[181]

Nicht anders verhalte es sich im Ergebnis, wenn die Zahlungen im Wege geduldeter Überziehungen vorgenommen worden seien. Werde ein Gläubiger mit Mitteln befriedigt, die der Schuldner aus einer lediglich geduldeten Kontoüberziehung schöpfe, könne die Deckung in der Insolvenz des Schuldners i.d.R. mangels Gläubigerbenachteiligung nicht angefochten werden.[182]   185

Anders könne der Fall jedoch liegen, wenn sich die Überweisungen im Rahmen einer ungekündigten Kreditlinie gehalten hätten. Dabei könne dahingestellt bleiben, ob der Beklagte überhaupt in die offene Kreditlinie gepfändet habe. Eine Verkürzung der Masse sei grds. zwar auch in Fällen zu bejahen, in denen der Schuldner mit den Mitteln eines ihm zuvor zur Disposition gestellten Kredits einen Gläubiger befriedigt habe.[183] Denn der Anspruch auf Auszahlung eines zugesagten Darlehens sei mit dessen Abruf pfändbar.[184] Beim Dispositionskredit gehe der Auszahlungshandlung der Bank stets der Abruf durch den Kunden voraus, mit dem das Darlehensangebot angenommen und damit der Anspruch auf Auszahlung begründet werde. In diesem Fall bestehe – möglicherweise nur für kurze Zeit – von Rechts wegen ein Darlehensanspruch und die Pfändung, die mit dem Abruf als vorgenommen gelte, könne Wirkung entfalten.   186

Der Zeitpunkt des Wirksamwerdens des Pfändungspfandrechts richte sich jedoch nach § 140 Abs. 1 InsO. Es entstehe, da zunächst eine zukünftige Forderung gepfändet worden sei, mit dem Abruf.[185] Bis zum Zeitpunkt der Überweisung habe dem Beklagten folglich kein insolvenzfestes Pfändungspfandrecht zugestanden. Ein solches könne daher eine Gläubigerbenachteiligung entgegen der Auffassung des Berufungsgerichts nicht hindern.   187

Im Fall einer Überweisung aus der offenen Kreditlinie könne die für § 133 Abs. 1 InsO erforderliche Rechtshandlung des Schuldners nicht zweifelhaft sein. Zwar fehle es an einer Rechtshandlung des Schuldners, wenn dieser nur noch die Wahl habe, die geforderte Zahlung sofort zu leisten oder die Voll-   188

---

181   BGH, 21.03.2000 – IX ZR 138/99, ZInsO 2000, 333.

182   BGH, 11.01.2007 – IX ZR 31/05, BGHZ 170, 276 = ZInsO 2007, 269.

183   BGH, 07.06.2001 – IX ZR 195/00, ZInsO 2001, 661; vgl. hierzu Beispielsfall 31.

184   BGH, 29.03.2001 – IX ZR 34/00, BGHZ 147, 193, 195 ff. = DZWIR 2002, 153.

185   BGH, 22.01.2004 – IX ZR 39/03, BGHZ 157, 350, 353 ff. = ZInsO 2004, 270.

streckung zu dulden.[186] Der für die Pfändbarkeit der Darlehensforderung erforderliche Abruf der Kreditmittel sei höchstpersönlicher Natur und unzweifelhaft eine vom Willen des Schuldners getragene Handlung; dieser hätte die Überweisungen ohne Weiteres auch unterlassen können. Die Sache sei daher an das Berufungsgericht zurückzuverweisen, damit dieses die erforderlichen Feststellungen zum Stand des Geschäftskontos bei der Vornahme der angefochtenen Überweisungen treffe.

---

186   Vgl. BGH, 10.02.2005 – IX ZR 211/02, BGHZ 162, 143, 147 ff. = ZInsO 2005, 260 sowie Beispielsfall 6.

Beispielsfall 33: „Zweckbindungsfall"[187]

§ 129 InsO – Gläubigerbenachteiligung bei Zuwendung an einen Dritten mittels zweckgebundenen Darlehens

Das verklagte Gerüstbauunternehmen hatte der Schuldnerin Gerüstteile, einen   189
Lagerplatz und ein Büro vermietet. Ende September 1996 hatte die Schuldnerin aus diesen Verträgen offene Verbindlichkeiten i.h.v. ca. 260.000 DM. Am 04.10.1996 schloss die Schuldnerin mit der D-Bank einen Darlehensvertrag über 115.000 DM. Die Beklagte übernahm die persönliche Mithaftung für die Rückzahlung dieses Betrages. Es wurde vereinbart, dass der zu gewährende Kredit ausschließlich der Rückführung des Schuldsaldos auf dem bei der Bank für die Beklagte unter der Fa. G. Gerüstbau geführten Konto dienen solle. Das Darlehen wurde diesem Konto, das am 18.09.1996 einen Schuldsaldo i.h.v. ca. 110.000 DM aufwies, gutgeschrieben. Am 09.06.1997 wurde das Gesamtvollstreckungsverfahren über das Vermögen der Schuldnerin eröffnet. Die klagende Verwalterin verlangte von der Beklagten die überwiesene Darlehenssumme (letztlich mit Erfolg) zurück.

Der BGH führt in dieser Entscheidung aus, dass Forderungen des Schuldners,   190
die nicht der Vollstreckung unterlägen, grds. konkursfrei seien. Vereinbarte Zweckbindungen könnten gem. § 851 Abs. 1 ZPO die Unpfändbarkeit der sie betreffenden Forderungen bewirken. Ob diese Rechtsfolge ganz allgemein oder nur unter der zusätzlichen Voraussetzung eintrete, dass der Zweckbindung treuhänderischer Charakter zukomme, habe der Senat bislang offengelassen; dies müsse auch in dem zu beurteilenden Fall nicht entschieden werden. Durch die Leistung der Schuldnerin sei die Masse selbst dann verkürzt worden, wenn der Anspruch aus dem Darlehen infolge der Zweckbindung zunächst unpfändbar gewesen sei. Schuldbefreiungsansprüche gehörten zur Insolvenzmasse, obwohl sie nur an den Drittgläubiger abgetreten werden könnten (§ 399 Alt. 1 BGB) und deshalb gem. § 851 Abs. 1 ZPO unpfändbar seien. Bei Eröffnung des Insolvenzverfahrens über das Vermögen des Befreiungsgläubigers wandle sich der Befreiungsanspruch in einen in die Masse fallenden Zahlungsanspruch i.H.d. zu tilgenden Schuld um.[188] Ein infolge der Wirkung des § 851 ZPO nicht allgemein, sondern nur im Rahmen seiner Zweckbestimmung pfändbarer Anspruch bleibe nur dann massefrei, wenn

---

187   BGH, 07.06.2001 – IX ZR 195/00, ZInsO 2001, 661.
188   BGH, 16.09.1993 – IX ZR 255/92, ZIP 1993, 1656, 1658.

die Unpfändbarkeit gerade dem Schutz des Gemeinschuldners diene. Aus entsprechenden Erwägungen habe auch der Anspruch der Schuldnerin, das auszubezahlende Darlehen dem Konto der Beklagten gutzuschreiben, bis zu seiner Erfüllung dem Insolvenzbeschlag unterlegen.

Beispielsfall 34: „Sozialversicherungsfall"[189]

§ 129 InsO – Fehlende Gläubigerbenachteiligung wegen Treuhand an Arbeitnehmeranteilen am Sozialversicherungsbeitrag?

Die Schuldnerin hatte Beitragsrückstände bei der verklagten Krankenkasse, die anfechtbar in der Krise beglichen wurden. Die Krankenkasse machte im Prozess geltend, der klagende Insolvenzverwalter könne nicht die Rückzahlung der Arbeitnehmeranteile fordern, weil insoweit keine objektive Gläubigerbenachteiligung eingetreten sei. Wenngleich der Arbeitgeber alleiniger Schuldner der Krankenkassen sei, seien die Arbeitnehmeranteile bei der gebotenen wirtschaftlichen Betrachtungsweise dem Arbeitnehmer zuzurechnen. Sinn der Abführungsregelung sei allein die Vereinfachung des Zahlungsverkehrs mit dem Sozialversicherungsträger, nicht aber die Vergrößerung der Vermögensmasse des Arbeitgebers.   191

Der BGH ist dieser Argumentation nicht gefolgt. Er hat es als entscheidend angesehen, dass die Krankenkasse auch hinsichtlich des Arbeitnehmeranteils an den Sozialversicherungsbeiträgen nur einen schuldrechtlich wirkenden Anspruch gegen den Arbeitgeber habe, der in dessen Insolvenz keine Vorrechte gegenüber allen anderen Gläubigern verschaffe. Genauso wie der Arbeitnehmer selbst unterliege der Sozialversicherer im Insolvenzverfahren der Gleichbehandlung aller Gläubiger. Eine insolvenzrechtlich geschützte Position hätte nur im Fall eines Treuhandverhältnisses bestanden.[190] Ebenso wie den Lohn zahle der Arbeitgeber jedoch die Sozialversicherungsbeiträge aus seinem eigenen Vermögen. Auch die strafrechtliche Bestimmung des § 266a StGB schaffe keine unmittelbare Berechtigung des Arbeitnehmers an den für ihn zu entrichtenden Beiträgen.   192

Heftig umstritten ist jedoch, ob eine Anfechtung der Zahlung von Arbeitnehmeranteilen zur Sozialversicherung unter dem Gesichtspunkt des Bargeschäfts nach § 142 InsO ausscheidet.[191]   193

Hinsichtlich der Arbeitnehmeranteile an den Sozialversicherungsbeiträgen hat der Gesetzgeber inzwischen reagiert und in dem am 01.01.2008   194

---

189   BGH, 25.10.2001 – IX ZR 17/01, BGHZ 149, 100 = ZInsO 2001, 1150.

190   Vgl. hierzu MünchKomm-InsO/Ganter, § 47 Rn. 354 ff.

191   Vgl. hierzu Beispielsfall 92 sowie Kreft in: Heidelberger Kommentar zur InsO, § 142 Rn. 4.

in Kraft getretenen § 28e SGB IV geregelt, dass die Zahlung des vom Beschäftigten zu tragenden Teils des Gesamtsozialversicherungsbeitrags als aus dem Vermögen des Beschäftigten erbracht gilt. In der Gesetzesbegründung heißt es dazu, die gesetzliche Regelung solle „klarstellen", dass der vom Beschäftigten zu tragende und vom Arbeitgeber einbehaltene Anteil am Gesamtsozialversicherungsbeitrag dem Vermögen des Beschäftigten zugehörig sei.[192]

195   Es entstand daher sogleich Streit darüber, ob diese Bestimmung Rückwirkung entfaltet.[193] Der BGH hat nunmehr erfreulich rasch durch Beschl. v. 27.03.2008[194] entschieden, dass § 28e Abs. 1 Satz 2 SGB IV in der Fassung des Gesetzes zur Änderung des Vierten Buches des Sozialgesetzbuchs und anderer Gesetze v. 19.12.2007 keine Anwendung auf Fälle findet, in denen das Insolvenzverfahren vor dem 01.01.2008 eröffnet wurde. Der BGH weist ferner darauf hin, dass im Schrifttum teilweise bezweifelt werde, ob der Gesetzgeber mit der Neuregelung das Ziel, eine Gläubigerbenachteiligung hinsichtlich des Arbeitnehmeranteils in der Insolvenz des Arbeitgebers künftig auszuschließen, erreicht habe.[195] Er halte diese Frage ebenfalls für klärungsbedürftig, sehe aber keinen Anlass, sich in dem ihm vorliegenden Verfahren näher damit zu befassen.

---

192   BT-Drucks. 16/6540, S. 31 und 45.
193   So Blank, ZInsO 2008, 1, 5; a.A. LG Hamburg, 22.01.2008 – 303 O 359/07, ZInsO 2008, 277, 278; Dahl, NZI 2008, 160; v. d. Heydt, ZInsO 2008, 178, 183 f.
194   BGH, 27.03.2008 – IX ZR 210/07, ZInsO 2008, 449.
195   Vgl. Blank, ZInsO 2008, 1; Bauer, ZInsO 2008, 119; Bräuer, ZInsO 2008, 169, 173 ff.; v. d. Heydt, ZInsO 2008, 179, 179 ff.

Beispielsfall 35: „Objektverwaltungsfall"[196]

§ 129 InsO – Fehlende Gläubigerbenachteiligung wegen Aussonderungsrechts an Guthaben auf Sonderkonto?

Die Kläger hatten sich zu einem Immobilienfonds in Form einer Gesellschaft   196
*bürgerlichen Rechts zusammengeschlossen. Sie schlossen mit der späteren
Gemeinschuldnerin einen Treuhandvertrag, wonach die Gemeinschuldnerin
im eigenen Namen, aber für Rechnung der Kläger ein Erbbaurecht an einem
Grundstück erwerben, es bebauen und verwalten sollte. Nach dem Erwerb des
Erbbaurechts und der Bebauung übernahm die Gemeinschuldnerin die Verwaltung des Objekts. Sie richtete hierzu verschiedene Konten ein. Über diese
Konten wurden ausschließlich Zahlungen abgewickelt, die die Verwaltung der
Häuser betrafen. Der später eingesetzte und von den Klägern verklagte Konkursverwalter zog die Guthaben auf den Konten zur Konkursmasse ein.*

Der BGH hat ein Aussonderungsrecht der Kläger verneint. Er führt aus, dass   197
das Reichsgericht ein Aussonderungsrecht des Treugebers nur anerkannt habe,
wenn der Treuhänder das Treugut aus dem Vermögen des Treugebers übertragen erhalten habe. Von diesem Grundsatz der Unmittelbarkeit habe der BGH
eine Ausnahme für den Fall gemacht, dass von dritter Seite Geld auf ein sogenanntes „Anderkonto" eingezahlt oder überwiesen werde, das offenkundig
zu dem Zweck bestimmt sei, fremde Gelder zu verwalten. In einer weiteren
Entscheidung habe der BGH die Überweisung auf ein nicht als Anderkonto
eingerichtetes Postscheckkonto genügen lassen, sofern die den Zahlungen zugrunde liegenden Forderungen nicht in der Person des Treuhänders, sondern
unmittelbar in der Person des Treugebers entstanden seien. Auch in diesem
Fall könne man noch sagen, dass die Gelder dem Treuhänder vom Forderungsinhaber anvertraut worden seien.

Beide Fallgestaltungen seien jedoch in dem zu entscheidenden Fall nicht   198
gegeben. Die von der Gemeinschuldnerin eingerichteten Konten seien keine offenkundigen Treuhandkonten; sie seien nicht als solche bezeichnet. Die
Bezeichnung des Mietkontos habe lediglich auf ein bestimmtes Grundstück
verwiesen und nicht erkennen lassen, ob es wirtschaftlich einem anderen gehört habe. Auch die Firmenbezeichnung der Gemeinschuldnerin habe nicht
mit der nötigen Klarheit auf ein Treuhandkonto hingewiesen. Diese habe ei-

---

196   BGH, 19.11.1992 – IX ZR 45/92, ZIP 1993, 213.

gene, ihr als Vermieterin zustehende Forderungen eingezogen; dass sie dies im wirtschaftlichen Interesse der Kläger getan habe, reiche nicht aus, um den treuhänderischen Charakter des Mietkontos zu begründen.[197]

---

[197] Vgl. hierzu noch BGH, 20.12.2007 – IX ZR 132/06, ZInsO 2008, 206 (keine Treuhand an Mietkaution).

Beispielsfall 36: „Treugutfall"[198]

§§ 129, 131, 140, 143 InsO – Gläubigerbenachteiligung trotz Treuhandvereinbarung; Vollendung der Rechtshandlung erst bei Entstehung von Treugut

*Nachdem am 24.09.2002 ein Vollstreckungsbescheid i.H.v. ca. 350.000 € gegen   199
die MP ergangen war, erwirkte die MVS als Titelgläubigerin am 14.10.2002
einen Pfändungs- und Überweisungsbeschluss hinsichtlich des Geschäftskontos der MP bei einer Sparkasse. Da die MP zwischenzeitlich Einspruch eingelegt hatte, vereinbarten die MP – vertreten durch ihre Rechtsanwälte – und
die MVS am 17.10.2002 die Aufhebung der Pfändung gegen eine von MP zu
leistende Sicherheit. Zu diesem Zweck sollte die WWF – eine Tochtergesellschaft der MP – eine Forderung gegen das Bundesamt für Finanzen an MVS
verpfänden. Das Bundesamt sollte nach dieser Vereinbarung mit befreiender
Wirkung auf das Treuhandkonto der Rechtsanwälte zahlen können.*

*Die MVS gab das gepfändete Konto noch am 17.10.2002 frei. Am 20. und
22.11.2002 zahlte das Bundesamt insgesamt ca. 270.000 € auf das Anderkonto. Am 18.12.2002 beantragte die MP die Eröffnung des Insolvenzverfahrens
über ihr Vermögen. Am 01.02.2003 wurde das Insolvenzverfahren über das
Vermögen der MVS eröffnet, am 01.03.2003 das Insolvenzverfahren über das
Vermögen der MP. Die Rechtsanwälte weigerten sich, das Guthaben auf dem
Treuhandkonto zugunsten von MP freizugeben, solange die Berechtigung der
MVS nicht geklärt war.*

*Der Kläger begehrte als Insolvenzverwalter über das Vermögen der MP gegenüber dem Beklagten – dem Insolvenzverwalter der MVS – die Feststellung, dass ihm an dem Betrag auf dem Anderkonto keine Rechte zustünden.
Hilfsweise beantragte er die Verurteilung des Beklagten zur Freigabe dieses
Betrages. Das Berufungsgericht hatte die Klage als unbegründet angesehen.
Die hiergegen gerichtete Revision des Klägers führte zur Verurteilung des Beklagten nach dem Hilfsantrag.*

Der BGH sieht den Hauptantrag als unbegründet an, da zwischen den Rechts-   200
anwälten und der MVS ein Treuhandvertrag über die Verwahrung des Geldes
auf dem Anderkonto zustande gekommen sei. Eine etwaige Anfechtbarkeit

---

198   BGH, 24.05.2007 – IX ZR 105/05, ZInsO 2007, 658.

der Bestellung der in der Treuhand liegenden Sicherheit führe nicht zu deren Nichtigkeit, sondern nur zu einem schuldrechtlichen Verschaffungsanspruch nach § 143 InsO. Die Rückgewähr einer anfechtbar erlangten Treugeberstellung habe ggf. in der Form zu geschehen, dass der Beklagte der Auszahlung an den Kläger zustimme.

201 Anders als das Berufungsgericht geht der BGH vom Vorliegen einer Gläubigerbenachteiligung i.S.d. § 129 Abs. 1 InsO aus. Der Kläger habe unwidersprochen vorgetragen, „die Auszahlung der Forderung" der WWF habe „unmittelbar auf deren Verbindlichkeiten gegenüber MP angerechnet" werden sollen. Im Ergebnis habe daher die MP Forderungen gegen die WWF in entsprechender Höhe verloren, welche der Gesamtheit der Gläubiger nicht mehr zur Verfügung gestanden hätten; dass die Forderungen der MP gegen die WWF von vornherein wertlos gewesen seien, habe der Beklagte nicht behauptet.

202 Eine Gläubigerbenachteiligung scheide auch nicht etwa deshalb aus, weil die in der Treuhand bestehende Sicherheit nur das Pfändungspfandrecht der MVS an dem Bankguthaben der MP abgelöst hätte. Dies gelte unabhängig davon, ob dieses Pfändungspfandrecht anfechtbar begründet worden sei. Wie der Senat bereits entschieden habe,[199] komme ein anfechtungsrechtlich neutraler Sicherheitentausch dann nicht in Betracht, wenn das eine Recht erloschen sei, bevor das andere Recht begründet werde. Im vorliegenden Fall habe die MVS das gepfändete Konto am 17.10.2002 freigegeben. Ihre Treuhänderstellung – ihr Anspruch gegen die Rechtsanwälte aus § 667 BGB – sei zwar bereits mit dem Abschluss der Vereinbarung vom 17.10.2002 begründet gewesen; werthaltig sei ihre Rechtsposition jedoch erst mit der Überweisung der ca. 270.000 € auf das Anderkonto am 20. und 22.11.2002 geworden. Bis zu diesem Zeitpunkt habe ihr nur ein schuldrechtlicher Anspruch gegen MP zugestanden, der Zahlungen auf das Anderkonto in der vereinbarten Höhe zum Gegenstand gehabt habe. Nach der Eröffnung des Insolvenzverfahrens wäre dieser Anspruch nur als Insolvenzforderung durchzusetzen gewesen.

203 Die Treuhänderstellung der MVS sei inkongruent gewesen, da schon das Pfändungspfandrecht an dem Girokonto der MP, welches durch die Treuhandvereinbarung habe abgelöst werden sollen, inkongruent gewesen sei. Nach ständiger Rechtsprechung des BGH sei eine während der kritischen Zeit im

---

199 BGH, 19.01.2006 – IX ZR 154/03, ZInsO 2006, 493.

Wege der Zwangsvollstreckung erlangte Sicherung oder Befriedigung als inkongruent anzusehen.[200] Das Pfändungspfandrecht sei am 15.10.2002, also etwa zwei Monate vor dem Antrag auf Eröffnung des Insolvenzverfahrens am 18.12.2002, erwirkt worden.

Die anfechtbare Rechtshandlung – die Begründung der Treuhand zugunsten der MVS – sei im letzten Monat vor dem Eröffnungsantrag vom 18.12.2002 vorgenommen worden (§ 140 Abs. 1 InsO). Entgegen der Ansicht der Vorinstanzen stellten der Abschluss der Vereinbarung vom 17.10.2002 (einschließlich der Treuhandabrede mit den Rechtsanwälten) einerseits und die Weisung an die WWF, für Zahlung auf das Rechtsanwaltsanderkonto zu sorgen andererseits, nicht Teile eines aus mehreren Akten bestehenden einheitlichen Rechtsgeschäfts dar. Grund- und Erfüllungsgeschäft seien auch anfechtungsrechtlich selbstständige Rechtshandlungen.[201] Bei mehreren Rechtshandlungen sei grds. jede Handlung auf ihre Anfechtbarkeit zu prüfen.

204

Eine Rechtshandlung gelte erst in dem Zeitpunkt als vorgenommen, in dem ihre rechtlichen Wirkungen einträten. Dies sei der Fall, sobald eine Rechtsposition begründet worden sei, die im Fall der Eröffnung des Insolvenzverfahrens beachtet werden müsste.[202] Erst mit dem Eingang der Zahlungen des Bundesamtes am 20. und 22.11.2002 auf dem Treuhandkonto sei Treugut entstanden, auf das sich die Treuhandvereinbarung bezogen habe. Gemäß § 143 Abs. 1 InsO habe der Beklagte dasjenige zurückzugewähren, was aus dem Vermögen des Schuldners veräußert, weggegeben oder aufgegeben worden sei. Das sei in dem zu entscheidenden Fall die Treuhänderstellung, die der Durchsetzung des Anspruchs des Klägers gegen die Rechtsanwälte aus § 667 BGB entgegenstehe. Der Beklagte sei zur Aufgabe dieser Position und somit zur Zustimmung zur Auszahlung des Treugutes an den Kläger verpflichtet.

205

---

200 Vgl. hierzu Beispielsfall 56.
201 Vgl. Kreft in: Heidelberger Kommentar zur InsO, § 129 Rn. 12.
202 S. hierzu BT-Drucks. 12/2443, S. 166.

Beispielsfall 37: „Vorfälligkeitsfall (1)"[203]

§§ 129, 131 InsO – Fehlende Gläubigerbenachteiligung bei Sicherheitentausch; inkongruente Deckung bei Bankverrechnung vor Kreditkündigung

206 *Die verklagte Bank hatte der Schuldnerin im September 1993 einen Kontokorrentkredit i.H.v. 700.000 DM zugesagt, der u.a. durch eine Ausfallbürgschaft der S-GmbH – der Hauptabnehmerin der Schuldnerin – abgesichert war. Ferner wurden der Beklagten alle bestehenden und künftigen Forderungen der Schuldnerin gegen die S-GmbH abgetreten. Ursprünglich war die M-Volksbank Sicherungszessionarin, die nach dem Sachvortrag des Insolvenzverwalters eine Freigabe der Forderungen zugunsten der Beklagten nicht vor dem 02.11.1993 erklärt hatte. Mit Schreiben v. 25.10.1993 kündigte die S-GmbH die Ausfallbürgschaft. Daraufhin setzte die Beklagte durch Schreiben an die Schuldnerin vom 27.10.1993 die Kreditlinie mit sofortiger Wirkung aus und untersagte weitere Verfügungen. In der Folgezeit gingen noch mehrere Zahlungen auf dem Konto der Schuldnerin ein. Die Beklagte ließ andererseits noch zahlreiche Überweisungen von diesem Konto zu, nachdem die S-GmbH jeweils bestätigt hatte, diese unter ihre „Bürgschaftsdeckung" zu nehmen.*

Am 05.11.1993 beantragte die Schuldnerin die Eröffnung des Konkursverfahrens. Der als Konkursverwalter eingesetzte Kläger verlangte von der Beklagten die Zahlung von ca. 600.000 DM wegen der Eingänge in der Zeit ab dem 28.10.1993. Die Revision des Klägers wurde vom BGH angenommen, soweit sie die Eingänge in der Zeit bis einschließlich 08.11.1993 i.H.v. ca. 250.000 DM betraf.

207 Nach der Würdigung des BGH hat die Beklagte i.H.d. ca. 250.000 DM in den letzten zehn Tagen vor dem Eröffnungsantrag vom 05.11.1993 eine inkongruente Befriedigung erlangt, weil sie ihre Darlehensforderung gegen die Schuldnerin vor deren Fälligkeit zurückgeführt habe. Die Beklagte habe die Rückzahlung erst nach einer Kündigung des Kontokorrentkredits verlangen können, welche nicht schon in ihrem Schreiben v. 27.10.1993 gesehen werden könne.

---

203 BGH, 01.10.2002 – IX ZR 360/99, ZInsO 2002, 1136.

Hinsichtlich der fraglichen Forderungen i.H.v. ca. 250.000 DM sei auf der   208
Grundlage des klägerischen Vorbringens eine Gläubigerbenachteiligung nicht
auszuschließen. Soweit die Abtretung an die Beklagte wirksam gewesen sei,
hätten die Scheckzahlungen die übrigen Konkursgläubiger nicht benachteiligt, denn insoweit habe die Beklagte die unmittelbar in ihr Vermögen gelangten
Zahlungen als wahre Berechtigte erhalten. Zwar sei damit der als Sicherheit
dienende Anspruch erloschen und die Beklagte gem. § 667 BGB zur Herausgabe des Erlangten an die Schuldnerin verpflichtet gewesen. Gleichzeitig
habe sie jedoch nach § 14 Abs. 1 Satz 2 der AGB – Banken ein Pfandrecht an
diesem neu entstehenden Anspruch der Schuldnerin erworben. Ein solcher
Austausch gleichwertiger Sicherheiten wirke nicht gläubigerbenachteiligend.
Das Berufungsgericht habe aber nicht festgestellt, dass die Abtretung an die
Beklagte vor dem 02.11.1993 rechtswirksam geworden sei. Auch nach dem
Vortrag des Klägers habe die M-Volksbank als frühere Abtretungsempfängerin eine Freigabe nicht früher rechtswirksam erklärt. Demnach sei die Beklagte am 29.10.1993, als die S-GmbH den Scheck eingereicht habe, noch nicht an
der getilgten Forderung absonderungsberechtigt gewesen.

Der BGH konnte über die Rechtssache nicht abschließend entscheiden, da ein   209
unanfechtbares Bargeschäft in Betracht kam, soweit die Beklagte die Schuldnerin über die Eingänge wieder hatte verfügen lassen.[204]

Dieser Fall leitet über zu dem in wesentlicher Hinsicht anders gelagerten Bei-   210
spielsfall 38.

---

204   Vgl. hierzu Beispielsfall 94.

Beispielsfall 38: „Zahlungsweiterleitungsfall"[205]

§ 129 InsO – Gläubigerbenachteiligung durch Weiterleitung des vom Drittschuldner vereinnahmten Betrages an Bank als Zessionarin

211 *Die verklagte Bank hatte der Schuldnerin verschiedene Kredite gewährt, aufgrund derer ihr im Mai 2000 eine Gesamtforderung i.H.v. mehr als 700.000 DM zustand, deren Fälligkeit zwischen den Parteien streitig war. Zur Sicherung hatte die Schuldnerin eine Werklohnforderung gegen einen Drittschuldner an die Beklagte abgetreten. Nach dem Sicherungsvertrag war die Schuldnerin verpflichtet, den bei ihr eingehenden Gegenwert der abgetretenen Forderung unverzüglich an die Bank abzuführen.*

Am 25.05.2000 leistete der Drittschuldner eine Zahlung i.H.v. 150.000 DM durch Übergabe eines Schecks an den damaligen Geschäftsführer der Schuldnerin, der den Betrag auf einem Konto der Schuldnerin bei einer Sparkasse gutschreiben ließ. Hiervon überwies die Schuldnerin am 26.05.2000 einen Teilbetrag i.H.v. 63.000 DM auf eines der bei der Beklagten geführten Kreditkonten. Am 13.06.2000 wurde dieses Konto aufgelöst. Am 14.06.2000 beantragte die Schuldnerin die Eröffnung des Insolvenzverfahrens. Der klagende Insolvenzverwalter verlangte von der Beklagten die Rückgewähr des empfangenen Betrages i.H.v. 63.000 DM. Die Vorinstanzen hatten die Klage abgewiesen. Die Revision des Klägers hatte Erfolg und führte zur Zurückverweisung der Rechtssache an das Berufungsgericht.

212 Der BGH verneint zunächst das Vorliegen einer inkongruenten Rechtshandlung i.S.d. § 131 Abs. 1 Nr. 1 InsO. Die fraglichen 63.000 DM seien vielmehr in Erfüllung des Anspruchs der Beklagten aus dem Sicherungsvertrag (auf Abführung des eingezogenen Betrages) auf das Kreditkonto der Schuldnerin überwiesen worden. Allerdings könne die bei Auflösung des Kreditkontos am 13.06.2000 durch Verrechnung eingetretene Befriedigung der Beklagten auf der Grundlage des klägerischen Vorbringens nach § 131 Abs. 1 Nr. 1 InsO anfechtbar sein. Diese Verrechnung sei inkongruent gewesen. Da der Beklagten die abgetretene Forderung nur sicherungshalber zugestanden habe, habe die Beklagte vor dem Eintritt des Sicherungsfalls keine Befriedigung aus dem Erlös beanspruchen können, wie sie sie durch die Verrechnung erlangt habe. Bis zum Eintritt des Sicherungsfalls habe sie den erlangten Betrag zum

---

205 BGH, 19.01.2006 – IX ZR 154/03, ZInsO 2006, 493.

Zweck der Sicherung zurückhalten können. Dies habe aber nicht für den Fall der Insolvenz gegolten. Bei dem vertraglichen Anspruch auf Abführung des eingezogenen Betrages habe es sich nur um eine schuldrechtliche Forderung gehandelt, der in der Insolvenz keine Bevorrechtigung zukomme; dass die Forderung nach dem Willen der Vertragsparteien wirtschaftlich an die Stelle der zur Absonderung berechtigenden Sicherungszession getreten sei, verleihe ihr keine entsprechenden rechtlichen Wirkungen. Die gegenteilige Erwägung wäre nur dann tragfähig gewesen, wenn die Verwertungsreife vor der Insolvenz eingetreten wäre. Dies war nach dem klägerischen Sachvortrag jedoch nicht der Fall.

Fraglich sei, ob diese Verrechnung für sich gesehen zu einer Gläubigerbenach-   213
teiligung geführt habe. Anders als im Fall BGH ZIP 2002, 2182 ff.[206] könne
dies nicht verneint werden. Dort habe der Drittschuldner direkt an die Sicherungszessionarin gezahlt. Die Gemeinschuldnerin habe daher zu keinem Zeitpunkt unbeschränkten Zugriff auf den Zahlungsbetrag gehabt. Hier liege der
Fall jedoch anders. Nach der Behauptung des Klägers habe der Drittschuldner
keine Kenntnis von der Sicherungsabtretung gehabt. Durch dessen Zahlung an
die Schuldnerin sei die Forderung daher nach den §§ 407 Abs. 1, 362 Abs. 1
BGB erloschen. Eine erneute Sicherung habe die Beklagte erst durch das
Pfandrecht am Herausgabeanspruch der Schuldnerin aus § 667 BGB erwor-
ben. Dieses Pfandrecht sei aber erst mit der Gutschrift des Zahlungsbetrages
i.H.v. 63.000 DM bei der Beklagten entstanden. Ein früherer Entstehungszeitpunkt komme nicht in Betracht, denn das Pfandrecht setze eine hinreichende
Konkretisierung des Pfandgegenstandes voraus. Der Auskehranspruch der
Beklagten aus dem Sicherungsvertrag bilde nur den rechtlichen Grund für die
Entstehung der pfandgegenständlichen Forderung, tauge aber nicht zu deren
Konkretisierung. Ein Austausch von Sicherheiten habe daher nicht stattgefunden. Vielmehr habe die Schuldnerin in der Zwischenzeit ein dinglich unbelas-
tetes Recht an dem Zahlungsbetrag innegehabt. Das später am Herausgabean-
spruch entstandene Pfandrecht der Beklagten sei seinerseits nach § 131 Abs. 1
Nr. 1 InsO anfechtbar. Die Verrechnung habe der Masse daher den Anspruch
aus § 667 BGB entzogen.[207]

Auch ein Ersatzabsonderungsrecht analog § 48 InsO stand der Beklagten nach   214
dem dem BGH unterbreiteten Sach- und Streitstand nicht zu. Dies hätte vor-

---

206   Vgl. hierzu Beispielsfall 37.
207   Vgl. BGH, 30.09.1993 – IX ZR 227/92, BGHZ 123, 320, 325 = ZIP 1993, 1653.

ausgesetzt, dass der gezahlte Betrag noch unterscheidbar im Schuldnervermögen vorhanden gewesen wäre. Werde die Gegenleistung auf einem Konto gutgeschrieben, bleibe sie grds. unterscheidbar, solange sie durch Buchungen belegt und der positive Kontensaldo nicht durch Abbuchungen unter den Betrag der beanspruchten Leistung abgesunken sei.[208] Werde das Konto z.Zt. der Gutschrift im Soll geführt, werde die Gegenleistung in dieser Höhe zur Schuldentilgung verbraucht, was zur Folge habe, dass insoweit eine gegenständlich fassbare Gegenleistung nicht mehr vorhanden sei. Die Unterscheidbarkeit der Gegenleistung werde im Schrifttum z.t. allerdings verneint, wenn die Gegenleistung vor der Insolvenzeröffnung auf ein Konto des späteren Schuldners gelangt sei.[209] Zur Begründung werde darauf hingewiesen, dass der Tagessaldo des Schuldnerkontos als selbstständiger Anspruch pfändbar sei. Dem sei jedoch nicht zu folgen. Dass vor der Insolvenzeröffnung im Wege der Einzelzwangsvollstreckung auf den Tagessaldo zugegriffen werden könne, ändere nichts an der Unterscheidbarkeit der einzelnen Gutschrift und stehe einem Ersatzabsonderungsrecht nicht entgegen. Das Berufungsurteil enthalte jedoch keine Feststellungen zum Stand des Zielkontos bei der Gutschrift und zu etwaigen, im Zeitraum zwischen der Gutschrift und der Überweisung an die Beklagte erfolgten Kontobewegungen.

---

208   BGH, 11.03.1999 – IX ZR 164/98, BGHZ 141, 116, 120 ff. = ZInsO 1999, 284.
209   Uhlenbruck/Hirte, InsO, § 48 Rn. 28; Kübler/Prütting, InsO, § 48 Rn. 22.

Beispielsfall 39: „Kapitalerhöhungsfall"[210]

§ 129 InsO – Gläubigerbenachteiligung bei Kredittilgung nach Kapitalerhöhung?

Die Schuldnerin (GmbH) unterhielt bei der verklagten Bank ein Kontokorrent-   215
konto, auf dem ihr die Beklagte einen Dispositionskredit bis zum Höchstbetrag
von 700.000 DM eingeräumt hatte. Am 19.09.1995 wurde der Beklagten we-
gen einer gegen die Schuldnerin gerichteten Forderung i.H.v. ca. 150.000 DM
eine Vorpfändung zugestellt. Die Beklagte sperrte daraufhin das Kontokor-
rentkonto und teilte dies der Schuldnerin mit Schreiben v. 20.09.1995 mit. An
diesem Tag stand das Konto mit ca. 730.000 DM im Soll. Am 28.09.1995 er-
folgte wegen einer anderen Forderung i.H.v. ca. 65.000 DM eine Kontopfän-
dung. Seit dem 18.09.1995 verhandelte ein Gesellschafter der Schuldnerin mit
der Beklagten über die Finanzierung einer Erhöhung des Stammkapitals um
800.000 DM, die von den Gesellschaftern am 21.09.1995 beschlossen wur-
de. Am 26.09.1995 stellte die Beklagte diesen Betrag auf den Privatkonten
der Gesellschafter zur Verfügung; von dort wurde er noch am selben Tag auf
das Kontokorrentkonto der Schuldnerin überwiesen. Die Beklagte schrieb ihn
am 29.09.1995 dem Konto gut und verrechnete ihn mit dem Schuldsaldo. Am
05.10.1995 stellte der Geschäftsführer der Schuldnerin Insolvenzantrag.

Der klagende Insolvenzverwalter focht die Rückführung des Debetsaldos an
und erhob Klage auf Rückzahlung von 800.000 DM. Die Revision der Beklag-
ten gegen das der Klage stattgebende Berufungsurteil führte zur Aufhebung
und Zurückverweisung.

Der BGH führt aus, der Beklagten habe ein fälliger Rückzahlungsanspruch   216
nur für den Fall einer Kündigung des Kontokorrentkredits zugestanden, an
der es gefehlt habe. Mit der Ausführung der Überweisungsaufträge seien der
Schuldnerin Ansprüche auf Gutschrift erwachsen. Diese hätten zur Haftungsmasse der GmbH gehört und seien durch die Verrechnung der Beklagten „verbraucht" worden. Ungeachtet des Verlusts der Ansprüche gegen die Beklagte
scheide eine Gläubigerbenachteiligung jedoch aus, wenn die Schuldnerin in
gleicher Höhe vollwertige Ansprüche gegen ihre Gesellschafter habe.

Möglicherweise stünden der Schuldnerin noch Ansprüche auf Beibringung   217
der Stammkapitalanteile gegen die Gesellschafter zu. Dann gehörten diese

---

210   BGH, 17.06.1999 – IX ZR 62/98, ZInsO 1999, 467.

Ansprüche zur Haftungsmasse. Die Einlageverpflichtungen der Gesellschafter seien erloschen, wenn der Kreditrahmen auch noch nach der Verrechnung durch die Beklagte offengehalten worden sei. Andernfalls habe die Zahlung gegen das aus § 57 Abs. 2 Satz 1 GmbHG folgende Gebot verstoßen, die Einlage zur freien Verfügung der Geschäftsführung zu leisten.[211] Falls der Kreditrahmen nach der Verrechnung noch offen gewesen sei, könne an die Stelle der erloschenen Stammeinlageforderung ein Rückzahlungsanspruch der Schuldnerin nach § 32b GmbHG getreten sein. Ein derartiger Anspruch sei dem zuvor bestehenden Anspruch auf Einlagenerbringung wirtschaftlich gleichwertig. Es komme dann darauf an, ob er liquide sei.

218   Die erforderliche Kenntnis der Beklagten von der Begünstigungsabsicht der Gemeinschuldnerin habe das Berufungsgericht nicht rechtsfehlerfrei festgestellt. Die Gemeinschuldnerin habe – ohne dass der freie Kreditrahmen zwischenzeitlich wesentlich geringer geworden wäre – bereits sechs Tage nach der Verrechnung Konkursantrag gestellt. Dies lege nahe, dass sie unabhängig von der Kapitalerhöhung entschlossen gewesen sei, Konkursantrag zu stellen. Zwar seien an den Entlastungsbeweis der Beklagten im Fall inkongruenter Deckung strenge Anforderungen zu stellen;[212] dass die Gesellschafter einer konkursreifen GmbH eine namhafte Kapitalerhöhung durchführten, ohne den Konkurs damit abwenden zu wollen, sei aber derart ungewöhnlich, dass damit im Allgemeinen nicht zu rechnen sei.

219   Das Urteil des BGH wird im Schrifttum überwiegend kritisiert, soweit es eine Gläubigerbenachteiligung mit der Erwägung infrage stellt, dass der Schuldnerin möglicherweise vollwertige Ansprüche gegen ihre Gesellschafter zustanden.[213] Derartige Ansprüche wurden nicht durch die Verrechnung der Beklagten begründet, sondern bestanden unabhängig davon. Verneinen ließe sich eine Gläubigerbenachteiligung wohl nur mit der Erwägung, dass die Kapitalerhöhung nach dem Willen der Beteiligten – auch der finanzierenden Beklagten – ohne die spätere Verrechnung nicht zustandegekommen wäre. Eine solche hypothetische Betrachtung soll aber nach der Rechtsprechung des BGH grds. unerheblich sein.

---

211   BGH, 03.12.1990 – II ZR 215/89, ZIP 1991, 445.
212   BGH, 27.11.1974 – VIII ZR 21/73, WM 1975, 6, 8.
213   Vgl. hierzu MünchKomm-InsO/Kirchhof, § 129 Rn. 101 mit Fn. 274; Hirte/Groß, WuB VI B. § 30 Nr. 2 KO 1.02; Eckardt, EWiR 1999, 801.

Beispielsfall 40: „Baufertigstellungsfall"²¹⁴

§ 129 InsO – Keine Gläubigerbenachteiligung bei Baufertigstellung durch Dritten nach Bauunternehmerinsolvenz

Die Gemeinschuldnerin verpflichtete sich, ihr Mehrfamilienhaus in Eigen-   220
tumswohnungen umzubauen. Am 18.12.1997 beantragte sie die Eröffnung des
Konkursverfahrens; der Kläger wurde zum Sequester bestellt. Aufgrund des
Vermögensverfalls der Gemeinschuldnerin gerieten die Bauarbeiten ins Sto-
cken. Die Beteiligten trafen daraufhin eine Vereinbarung, wonach die Käufer
den Kaufgegenstand in dem damaligen Zustand übernahmen und die Restar-
beiten auf eigene Kosten ausführten. Der von ihnen zurückbehaltene Teil des
Kaufpreises war an einen Treuhänder (Beklagter) zu zahlen, der damit die
Forderungen der Handwerker bezahlen sollte, damit diese das Gebäude ohne
zusätzliche Kosten fertigstellten.

Das Berufungsgericht hatte die Zustimmung des Sequesters als anfechtbar an-   221
gesehen, da die hierdurch begünstigten Handwerker ohne die Zahlungen nicht
bevorrechtigte Gläubiger i.S.d. § 61 Abs. 1 Nr. 6 KO gewesen wären.

Der BGH ist dieser Auffassung nicht gefolgt. Zwar hätten die Ansprüche der   222
Bauhandwerker für sich genommen nur Konkursforderungen dargestellt;
ohne deren überwiegende Begleichung durch die Erwerber wären aber auch
die weitaus höheren Kaufpreisforderungen der Gemeinschuldnerin aufgrund
der Zurückbehaltungsrechte der Erwerber rechtlich nicht durchsetzbar gewesen. Die Auszahlung der zurückbehaltenen Beträge an den Beklagten habe die
Konkursgläubiger nicht benachteiligt. Denn dieser Teil des Kaufpreises habe
der Konkursmasse rechtlich nicht in werthaltiger Weise zugestanden, sondern
sei unmittelbar zur Ablösung eines Zurückbehaltungsrechts der Käufer an den
Treuhänder geflossen, damit dieser die vereinbarten Beträge an die Handwerker habe leisten können.

---

214   BGH, 24.01.2002 – IX ZR 180/99, ZInsO 2002, 278.

Beispielsfall 41: „Vertragsänderungsfall"[215]

§ 129 InsO – Gläubigerbenachteiligung bei nachträglicher Änderung eines für den Schuldner ungünstigen Vertrages; Unbeachtlichkeit hypothetischer Geschehensabläufe

223 *Die Schuldnerin kaufte am 23.04.1997 von der Beklagten Grundstücksflächen zum Preis von ca. 4 Mio. DM. Sie beabsichtigte, darauf Eigentumswohnungen zu errichten und mit dem Erlös aus deren Veräußerung den zunächst gestundeten Restkaufpreis i.H.v. ca. 1,5 Mio. DM zu tilgen. Zur Sicherung des Restkaufpreises hatte die Schuldnerin nach dem Vertrag eine Bankbürgschaft zu stellen. Aufgrund wirtschaftlicher Schwierigkeiten konnte sie dieser Verpflichtung nicht nachkommen. Am 15.01.1998 einigten sich die Schuldnerin und die Beklagte, als Ersatz für die Bürgschaft eine Grundschuld an rangbereiter Stelle eintragen zu lassen, was am 19.02.1998 durch das Grundbuchamt geschah.*

Am 11.11.1998 wurde das Gesamtvollstreckungsverfahren über das Vermögen der Schuldnerin eröffnet und der Kläger zum Insolvenzverwalter ernannt. Gegen die aus dem dinglichen Titel erhobene Zwangsversteigerung durch die Beklagte erhob der Kläger Vollstreckungsabwehrklage mit der Begründung, die Grundschuldbestellung sei als inkongruente Deckung anfechtbar. Ohne die Vertragsänderung wäre der Grundstücksverkauf seiner Ansicht nach nicht durchgeführt, sondern rückabgewickelt worden.

Die Instanzgerichte folgten der Rechtsauffassung des Klägers. Auf die Berufung der Beklagten hob der BGH die vorinstanzlichen Urteile auf und wies die Klage ab.

224 Bei der dinglichen Bestellung der Eigentümergrundschuld handelte es sich nach der Würdigung des BGH nicht um eine Rechtshandlung der Schuldnerin, sondern um eine Verfügung der Beklagten. Die Verwandlung der Grundschuld in ein Fremdrecht durch die Eigentumsumschreibung habe ebenfalls nicht auf einer Rechtshandlung der Schuldnerin beruht; sie sei vielmehr die gesetzliche Folge der Eigentumsumschreibung gewesen.

225 Die am 15.01.1998 vereinbarte Änderung der Restkaufpreissicherung durch Grundschuld anstelle der vereinbarten Bankbürgschaft sei zwar eine Rechts-

---

215   BGH, 19.04.2007 – IX ZR 199/03, ZInsO 2007, 596.

handlung der Schuldnerin gewesen, die jedoch die Gläubigergesamtheit nicht benachteiligt habe. Hätte die Schuldnerin nicht in die Vertragsänderung vom 15.01.1998 eingewilligt, wäre die zusätzliche Belastung mit der ursprünglichen Eigentümergrundschuld der Beklagten vom 19.02.1998 ein Rechtsmangel gewesen. Der Schuldnerin hätten in diesem Fall Ansprüche nach den §§ 434, 440 Abs. 1, 326 BGB a.F. zustehen können, die aber an deren eigener Vertragsuntreue – der unterbliebenen Bürgschaftsübergabe – gescheitert wären. Mit der Geltendmachung des Rechtsmangels hätte der Kläger die Erfüllung des beiderseits noch nicht vollständig erfüllten Grundstückskaufvertrages gewählt. Die Masse hätte dann die gesicherte Kaufpreisschuld gleichfalls erfüllen oder die vereinbarte Bürgschaft stellen müssen. Es sei nicht erkennbar, dass die Masse damit im Ergebnis besser gestanden hätte.

Hätte der Kläger von der Erfüllungswahl abgesehen, wäre der Restkaufpreisanspruch der Beklagten zwar nur eine einfache Gesamtvollstreckungsforderung gewesen. In diesem Fall hätte aber die Masse – so der BGH weiter – auch den gekauften Grundbesitz mit den Belastungen, wie sie vor dem 19.02.1998 bestanden, nicht erlangt. Der Kläger könne nicht verlangen, im Wege der Anfechtung so gestellt zu werden, als hätte die Beklagte die Einrede des nichterfüllten Vertrages gem. § 320 BGB verloren. Diese bleibe dem Vertragspartner des Schuldners auch im Gesamtvollstreckungsverfahren erhalten. Das Grundstückseigentum hätte daher mit dem Wertüberschuss des vertragsmäßigen Belastungsstandes vor der Änderung vom 15.01.1998 den Gesamtvollstreckungsgläubigern keine Zugriffsmöglichkeit geboten. Der Kläger hätte trotz der Ablehnung der Erfüllung nicht die von der Schuldnerin bereits erbrachten Leistungen unter dem Gesichtspunkt der ungerechtfertigten Bereicherung zur Masse zurückverlangen können. Denn der Grundstückskaufvertrag sei in der Lage zum Zeitpunkt der Verfahrenseröffnung bestehen geblieben.[216] 226

Nur wenn die Beklagte den Gewinn aus dem Grundstückskaufvertrag durch Erklärung des angedrohten Rücktritts vom Vertrag preisgegeben hätte, wäre es für die Schuldnerin günstiger gewesen, den Vertrag scheitern zu lassen. Aus der nur hypothetischen Möglichkeit eines Rücktritts der Beklagten könne indes nicht gefolgert werden, die angefochtene Mitwirkung der Schuldnerin an der Vereinbarung vom 15.01.1998 habe ihre Gläubiger benachteiligt. So wie nur gedachte Geschehensabläufe die Ursächlichkeit einer Rechtshandlung für die Benachteiligung der Gläubiger grds. nicht ausschlössen, könnten sie im 227

---

216   Vgl. hierzu BGH, 25.04.2002 – IX ZR 313/99, BGHZ 150, 353 = ZInsO 2002, 577.

Regelfall auch nicht die Ursächlichkeit einer Rechtshandlung des Schuldners für die Benachteiligung seiner Gläubiger begründen.

Beispielsfall 42: „Wertausschöpfungsfall"[217]

§§ 129, 143 InsO – Fehlende Gläubigerbenachteiligung bei Übertragung eines wertausschöpfend belasteten Grundstücks

Der Schuldner wurde am 07.04.2000 zu Unterhaltsleistungen an die Kläge-   228
rin verurteilt. Im Juni 2000 erbte er von seiner Mutter zwei bebaute Grund-
stücke. Durch Vertrag vom 29.12.2000 übertrug er beide Grundstücke gegen
Mitübernahme der persönlichen Haftung für die auf den Grundstücken grund-
pfandrechtlich gesicherten Forderungen auf seinen Sohn, den Beklagten. Am
26.03.2001 bestätigte das OLG das erstinstanzliche Urteil. Am 02.07.2001
erhob die Klägerin Anfechtungsklage nach § 13 AnfG. Während des laufenden
Prozesses übertrug der Beklagte die Grundstücke auf eine GmbH, deren Ver-
bindung zum Schuldner streitig war.

Das Berufungsgericht verurteilte den Beklagten zum Wertersatz i.H.v.
ca. 47.000 € gem. §§ 3 Abs. 2, 4, 11 AnfG. Die Gläubigerbenachteiligung fol-
ge daraus, dass der Wert der Grundstücke – wie der Beklagte zugestanden
habe – 1,5 Mio. DM betragen habe; belastet gewesen seien die Grundstücke
im Dezember 2000 nur mit insgesamt nominal 1.312.500 DM. Von diesen
Zahlen sei angesichts des unzureichenden Vortrages des Beklagten auszuge-
hen, der einer gerichtlichen Aufforderung, den Stand der Belastungen im De-
zember 2000 darzulegen, nicht nachgekommen sei. Die hiergegen gerichtete
Revision des Beklagten führte zur Aufhebung und Zurückverweisung.

Nach Ansicht des BGH hat das Berufungsgericht bei seiner Entscheidung zu   229
Unrecht den vom Beklagten zugestandenen „Wert" der Grundstücke zugrun-
de gelegt, ohne zu prüfen, ob es sich dabei um die Werte handelte, die im
Rahmen einer Zwangsversteigerung hätten erzielt werden können. Auf diese
Werte kommt es nach Auffassung des BGH an.

Durch die Anfechtung solle die Zugriffslage wiederhergestellt werden, die   230
ohne die angefochtene Rechtshandlung des Schuldners für den Gläubiger
bestanden hätte.[218] Wäre die angefochtene Übertragung der Grundstücke unterblieben, hätte die Klägerin deren Zwangsversteigerung betreiben können.
Die hierbei erzielten Erlöse abzüglich der vorrangigen Belastungen hätten zur
Befriedigung der Unterhaltsforderung der Klägerin zur Verfügung gestanden.

---

217   BGH, 20.10.2005 – IX ZR 276/02, ZInsO 2006, 151.
218   BGH, 07.06.1988 – IX ZR 144/87, BGHZ 104, 355, 357 = ZIP 1988, 1060.

231   Eine Gläubigerbenachteiligung komme indes nicht in Betracht, wenn Grund-
       stücke wertausschöpfend belastet seien und eine Zwangsversteigerung nicht
       zu einer – auch nur teilweisen – Befriedigung des Gläubigers geführt hätte.
       Ob eine wertausschöpfende Belastung vorliege, hänge vom Wert des Grund-
       stücks sowie von der tatsächlichen Höhe der Forderungen ab, die durch die
       eingetragenen Grundpfandrechte gesichert seien.[219] Anspruch auf den bei ei-
       ner freihändigen Veräußerung zu erzielenden Verkehrswert hätte die Klägerin
       hingegen nach Ansicht des BGH nicht gehabt. Die Frage der Benachteiligung
       könne folglich nicht danach beantwortet werden, welchen Verkehrswert die
       Grundstücke gehabt hätten. Maßgebend müsse vielmehr sein, ob bei einer
       Zwangsversteigerung der Grundstücke ein an den Gläubiger auszukehrender
       Erlös hätte erzielt werden können. Dazu fehle es an ausreichenden Feststel-
       lungen.

232   Im Schrifttum wird die Auffassung vertreten, dass dieser auf der Grund-
       lage des Anfechtungsgesetzes entschiedene Fall für die Insolvenzan-
       fechtung in gleicher Weise Bedeutung habe.[220] Dies dürfte jedoch nicht
       zutreffen. Der Insolvenzverwalter ist nicht – wie der Gläubiger in der Ein-
       zelzwangsvollstreckung – auf einen Zugriff im Wege der Zwangsverstei-
       gerung beschränkt. Er ist vielmehr kraft seines Amtes zur freihändigen
       Verwertung der haftungsmäßig dem Schuldnervermögen zuzuordnenden
       Gegenstände berechtigt. Es ist daher folgerichtig, für die Frage der Gläu-
       bigerbenachteiligung nach den insolvenzrechtlichen Anfechtungsbestim-
       mungen auf den Verkehrswert der Grundstücke abzustellen.

---

219   BGH, 17.12.1998 – IX ZR 196/97, ZInsO 1999, 181.
220   Vgl. Kayser, Höchstrichterliche Rechtsprechung zur Insolvenzanfechtung und Unterneh-
       mensinsolvenz, Rn. 699.

Beispielsfall 43: „Bausparfall"[221]

§§ 129, 134 InsO – Maßgeblicher Zeitpunkt für mittelbare Gläubigerbenachteiligung; wertausschöpfende Belastung

Die Klägerin erwirkte gegen die Beklagte zu 3) ein rechtskräftiges Urteil auf   233
Zahlung von ca. 56.000 €, aus dem sie erfolglos vollstreckte. Die Beklagte
zu 3) war Eigentümerin eines Hausgrundstücks mit einem Verkehrswert von
195.000 €, das mit Grundschulden i.h.v. ca. 100.000 € (Nr. 2), 25.000 €
(Nr. 3) und 70.000 € (Nr. 4) belastet war. Die Grundschulden Nr. 2 und 3 va-
lutierten am 31.01.2005 in voller Höhe. Allerdings sparten die Beklagte zu 3)
und ihr Ehemann (Beklagter zu 4)) ein Bausparguthaben an, das zur Tilgung
der Grundschuld Nr. 3 dienen sollte. Im Dezember 2004 belief sich das Gut-
haben auf ca. 9.000 €. Die Grundschuld Nr. 4 valutierte im November 2004
mit 66.000 € zzgl. Zinsen.

Aufgrund notariellen Vertrages vom 08.02.1999 übertrug die Beklagte zu 3)
ihr Eigentum auf die Beklagten zu 1) und 2), ihre Söhne. Diese bestellten
zugunsten ihrer Eltern einen lebenslänglichen Nießbrauch, wobei die Eltern
die laufenden Abgaben und Lasten sowie Reparaturen übernahmen. Ferner
verpflichteten sich die Beklagten zu 3) und 4), den Zins- und Tilgungsdienst
zu tragen. Darüber hinaus traten die Beklagten zu 3) und 4) sämtliche An-
sprüche auf Rückübertragung der Grundschulden an die Erwerber ab. Der
Eigentumsübergang und der Nießbrauch wurden am 24.02.1999 im Grund-
buch eingetragen.

Die Klägerin klagte gegen die Beklagten zu 1) und 2) auf Duldung der
Zwangsvollstreckung in das Grundstück und in die Ansprüche auf Rückge-
währ der Grundschulden. Von den Beklagten zu 3) und 4) verlangte sie, kei-
nen Gebrauch von dem Nießbrauch zu machen. Abgesehen von der Duldung
der Zwangsvollstreckung in das Grundstück hatte die Klage in erster Instanz
Erfolg. Auf die Berufungen der Beklagten zu 3) und 4) wies das Berufungsge-
richt die gegen sie gerichtete Klage ab. Die Berufungen der Klägerin und der
Beklagten zu 1) und 2) hatten keinen Erfolg. Mit der Revision verfolgte die
Klägerin ihr Klagebegehren in vollem Umfang weiter. Im Wege der Anschluss-
revision begehrten die Beklagten zu 1) und 2) weiterhin die Abweisung der
gegen sie gerichteten Klage.

---

221   BGH, 03.05.2007 – IX ZR 16/06, ZInsO 2007, 778.

Die Revision der Klägerin und die Anschlussrevision des Beklagten zu 1) führten zur Aufhebung und Zurückverweisung. Hinsichtlich des Beklagten zu 2) war das Verfahren nach § 240 ZPO unterbrochen.

234   Im Gegensatz zum Berufungsgericht hält der BGH das Vorliegen einer Gläubigerbenachteiligung für möglich. Diese folge jedoch nicht schon daraus, dass die Beklagten zu 3) und 4) gegenüber dem Beklagten zu 1) die Verpflichtung übernommen hätten, sämtliche grundbuchlich besicherten Darlehen weiter zu bedienen. Durch die Tilgungsleistungen der Beklagten zu 3) und 4) werde weder der Wert des Grundstücks gesteigert noch die aktuelle Belastung vermindert. Die künftigen Zahlungen der Eltern stellten vielmehr eine weitere unentgeltliche (mittelbare) Zuwendung dar, die selbst wieder der Anfechtung unterliegen könne.

235   Das Berufungsgericht habe rechtsfehlerhaft die wertausschöpfende Belastung nach den Verhältnissen zum Schluss der mündlichen Verhandlung in erster Instanz beurteilt. Zwar habe der Gesetzgeber die Funktion des Berufungsverfahrens als zweite Tatsacheninstanz eingeschränkt. Jedoch sei für die Frage, ob eine Rechtshandlung zu einer mittelbaren Gläubigerbenachteiligung geführt habe, der Zeitpunkt der Berufungsverhandlung jedenfalls insofern maßgebend, als Vorgänge zu bewerten seien, die sich erst nach dem Schluss der mündlichen Verhandlung erster Instanz zugetragen hätten.[222]

236   Das Berufungsgericht habe zu Unrecht nicht geprüft, ob und in welcher Weise der Darlehensvertrag und der Ansparvertrag miteinander verknüpft gewesen seien; möglicherweise habe es sich um die Kombination eines Zwischendarlehens- und eines Bausparvertrages gehandelt.[223] Die gesicherte Bauspardarlehensforderung bestehe nur in der um das Sparguthaben geminderten Höhe. Darüber hinaus sei die Grundschuld nicht mehr valutiert. Der entsprechende Anspruch auf Rückgewähr der Grundschuld bestehe auch schon vor der Zuteilungsreife, solange das Vertragsverhältnis ungestört verlaufe. Er sei lediglich (aufschiebend) befristet oder bedingt auf den absehbaren Zeitpunkt der Zuteilung. Fraglich sei, ob die der Bestellung der Grundschuld zugrunde liegende Sicherungszweckvereinbarung nicht dahin gehend auszulegen sei, dass der Grundschuldgläubiger sich i.H.d. angesparten Guthabens nicht aus dem Grundstück befriedigen dürfe. Wäre der Umstand, dass der Schuldner ein

---

222   Vgl. ferner BGH, 30.09.1993 – IX ZR 227/92, BGHZ 123, 320, 323 = ZIP 1993, 1653.
223   S. hierzu BGH, 05.04.2005 – XI ZR 167/04, ZIP 2005, 1024.

Sparguthaben angesammelt habe, für die Bewertung der Grundpfandrechte, solange das Sparziel noch nicht ganz erreicht sei, bedeutungslos, könnten die Anfechtungsvorschriften leicht umgangen werden. Der Schuldner könnte die Anfechtung unter Hinweis auf die „wertausschöpfende Belastung" abwehren und von dem Grundpfandgläubiger hätte er nichts zu befürchten, solange er dessen Forderung bediene. Der Gläubiger könnte auch nicht auf andere Weise auf das Sparguthaben zugreifen, denn wegen seiner Zweckbindung wäre es unpfändbar (§ 399 BGB, § 851 ZPO).[224]

---

224 BGH, 15.05.1985 – IVb 33/84, BGHZ 94, 316, 322 ff. und BGH, 16.12.1999 – IX ZR 270/98, ZIP 2000, 265.

Beispielsfall 44: „Fahrzeugverwertungsfall (1)"[225]

§§ 129, 171 InsO – Gläubigerbenachteiligung bei Inbesitznahme und Verwertung von Sicherungsgut vor Insolvenzeröffnung

237 *Die Schuldnerin hatte der Beklagten mehrere Personenkraftwagen zur Sicherheit übereignet. Nach dem mit der Schuldnerin abgeschlossenen Rahmenvertrag war die Beklagte befugt, die Herausgabe des Sicherungsgutes zu verlangen, wenn Umstände vorlagen, die sie zur fristlosen Darlehenskündigung berechtigten. Mit Schreiben v. 31.12.2000 teilte die Schuldnerin der Beklagten mit, dass sie zahlungsunfähig sei, und bat um Abholung der sicherungsübereigneten Fahrzeuge. Am 02.01.2001 beantragte sie die Eröffnung des Insolvenzverfahrens. Die Beklagte kündigte mit Schreiben v. 03.01.2001 die Finanzierungsverträge und verwertete die Fahrzeuge am 22.01. und 05.02.2001.*

Mit Schreiben v. 09.04.2001 focht der Kläger die Inbesitznahme der Fahrzeuge mit der Begründung an, dass er diese nach Eröffnung des Insolvenzverfahrens nach § 166 InsO hätte verwerten und zumindest gem. § 171 Abs. 1 InsO einen Kostenbeitrag i.H.v. 4 % des Bruttoerlöses hätte erzielen können. Er verlangte daher von der Beklagten auf der Grundlage des angegebenen Bruttoerlöses i.H.v. 149.600 DM die Zahlung von 3.059,57 € nebst Zinsen. Die Klage blieb in allen Instanzen ohne Erfolg.

238 Der BGH verweist zunächst auf sein Urt. v. 20.11.2003,[226] in dem er entschieden hat, dass die nach Aufdeckung der Abtretung vor der Insolvenzeröffnung durch den absonderungsberechtigten Gläubiger vorgenommene Einziehung einer Forderung nicht mit der Begründung angefochten werden kann, der Masse sei die Verwertungspauschale entgangen. Es gebe keine insolvenzrechtliche – insbes. keine anfechtungsrechtliche – Norm, die den Sicherungsnehmer bis zur Eröffnung des Insolvenzverfahrens an der Ausübung seiner Rechte hindere. Entsprechende Erwägungen müssten für die Feststellungspauschale nach § 171 Abs. 1 InsO gelten.

239 Darüber hinaus sei die Anwendung der Anfechtungsregeln auch deshalb abzulehnen, weil der Umstand, dass der Masse durch die Einziehung der Forderungen im Eröffnungsverfahren der Anspruch auf die Verwertungspauschale entgehe, keine Gläubigerbenachteiligung i.S.d. § 129 InsO darstelle. Dies fol-

---

225 BGH, 23.09.2004 – IX ZR 25/03, ZInsO 2005, 148.
226 BGH, 20.11.2003 – IX ZR 259/02, ZInsO 2003, 1137.

ge aus dem bereits in einer früheren Entscheidung im Einzelnen dargestellten Kostenerstattungsprinzip.[227]

---

227   BGH, 09.10.2003 – IX ZR 28/03, ZInsO 2003, 1096.

Beispielsfall 45: „Eigentumsvorbehaltsfall"[228]

§ 129 InsO – Gläubigerbenachteiligung bei Verfügung über einen dem verlängerten Eigentumsvorbehalt unterliegenden Gegenstand

240 *Die Beklagte lieferte aufgrund eines Auftrages vom 11.08.1994 Frischbeton auf eine Baustelle der Schuldnerin. Auf den geschuldeten Betrag i.H.v. ca. 159.000 DM erbrachte die Schuldnerin nur eine Teilzahlung i.H.v. ca. 39.000 DM. Ein der Beklagten übergebener Scheck über 30.000 DM wurde nicht eingelöst. Am 10.01.1995, als die Schuldnerin ihre Zahlungen bereits eingestellt hatte, trat sie an die Beklagte von einer Forderung gegen die Generalunternehmerin einen Teilbetrag i.H.v. ca. 120.000 DM erfüllungshalber ab. Aufgrund der ihr angezeigten Abtretung zahlte die Generalunternehmerin am 06.02.1995 ca. 79.000 DM an die Beklagte. Durch Beschl. v. 31.03.1995 wurde über das Vermögen der Schuldnerin die Gesamtvollstreckung eröffnet und der Kläger zum Verwalter bestellt. Dieser verlangte Rückgewähr der gezahlten 79.000 DM und Rückabtretung der restlichen Forderung i.H.v. ca. 41.000 DM.*

Das LG wies die Klage ab. In der Berufungsinstanz hatte diese weitgehend Erfolg. Die Revision der Beklagten führte zur Aufhebung und Zurückverweisung.

241 Der BGH betont zunächst, dass Voraussetzung einer jeden Anfechtung das Vorliegen einer objektiven Gläubigerbenachteiligung sei. An dieser fehle es, wenn der von der Schuldnerin zugunsten der Beklagten abgetretene Anspruch dieser ohnehin zugestanden habe. Insoweit habe das Berufungsgericht den erstinstanzlichen Sachvortrag der Beklagten nicht berücksichtigt, wonach mit der Schuldnerin ein verlängerter Eigentumsvorbehalt vereinbart worden sei. Nach dem Vortrag der Beklagten sei ihr die am 10.01.1995 abgetretene Forderung schon zuvor wirksam abgetreten gewesen, sodass die zweite Abtretung ins Leere gegangen sei.

242 Die Insolvenz der Zedentin stehe der Wirksamkeit der ersten Abtretung nicht entgegen. Allerdings erwerbe der Zessionar im Fall einer Vorausabtretung die abgetretene Forderung dann nicht, wenn diese erst entstehe, nachdem über das Vermögen des Zedenten ein Insolvenzverfahren eröffnet worden sei. Im vor-

---

228 BGH, 06.04.2000 – IX ZR 122/99, ZInsO 2000, 349.

liegenden Fall sei jedoch davon auszugehen, dass der Vergütungsanspruch der Schuldnerin gegen die Generalunternehmerin vor dem 31.03.1995 entstanden sei, denn eine Werklohnforderung entstehe mit dem Abschluss des Werkvertrages. Dieser Zeitpunkt sei zwar nicht festgestellt; nach der Lebenserfahrung sei jedoch davon auszugehen, dass der Vertragsschluss vor der ersten Betonlieferung stattgefunden habe.

Die Abtretung i.R.d. verlängerten Eigentumsvorbehalts sei ihrerseits auch nicht anfechtbar. Beim verlängerten Eigentumsvorbehalt unterliege die Vorausabtretung künftiger Forderungen, die sich auf das mit dem Vorbehaltseigentum Erlangte beschränke, selbst dann nicht der Insolvenzanfechtung, wenn die Forderungen erst in der kritischen Phase entstünden.[229]   243

Soweit die Vorausabtretung über das mit dem Vorbehaltseigentum Erlangte hinausgehe – nämlich i.H.v. 20 % des rechnungsmäßigen Wertes des gelieferten Betons –, könne zwar eine Gläubigerbenachteiligung vorliegen. Indes fehle es an den weiteren Anfechtungsvoraussetzungen. Denn maßgeblich sei insoweit wiederum der Zeitpunkt, in dem die im Voraus abgetretene Forderung entstanden sei. Dies sei spätestens im August 1994 der Fall gewesen; die Fälligkeit der Forderung sei auch hier unerheblich. Dass die Schuldnerin bereits im August 1994 die Absicht der Gläubigerbenachteiligung gehabt habe, habe der Kläger nicht behauptet.   244

---

229   Vgl. BGH, 14.05.1975 – VIII ZR 254/73, BGHZ 64, 312, 314.

III. § 130 InsO – Anfechtung einer kongruenten Deckung

§ 130 InsO regelt die Anfechtbarkeit einer dem Gläubiger gebührenden (kon-   245
gruenten) Sicherung oder Befriedigung innerhalb des kritischen Dreimonatszeitraums vor der Stellung des Insolvenzantrages und in der Zeit danach, sofern der Gläubiger den Eröffnungsantrag oder die Zahlungsunfähigkeit des
Schuldners kannte. Dabei steht nach § 130 Abs. 2 InsO der Kenntnis der Zahlungsunfähigkeit oder des Eröffnungsantrages die Kenntnis von Umständen
gleich, die zwingend auf die Zahlungsunfähigkeit oder den Eröffnungsantrag
schließen lassen. Anders als unter der Geltung der Konkursordnung sind nach
§ 130 Abs. 1 InsO nicht nur Rechtshandlungen anfechtbar, die einem Insolvenzgläubiger eine Sicherung oder Befriedigung gewähren, sondern auch
solche Rechtshandlungen, die dem Insolvenzgläubiger eine Sicherung oder
Befriedigung ermöglicht haben. Mit dieser auch in § 131 InsO enthaltenen
Erweiterung wird klargestellt, dass eine Anfechtung derartiger Handlungen
nicht nur unter den strengeren Voraussetzungen der vorsätzlichen Benachteiligung gem. § 133 InsO in Betracht kommt. Die Anfechtung einer kongruenten
Deckung setzt – anders als etwa § 133 Abs. 1 InsO – keine Rechtshandlung
des Schuldners voraus.[230]

---

230   Vgl. hierzu Kreft in: Heidelberger Kommentar zur InsO, § 130, Rn. 3, 9.

Beispielsfall 46: „Zahlstellenfall (1)"[231]

§§ 130, 142 InsO – Verrechnungen der Bank im Kontokorrent als kongruente Deckungen; Inkongruenz der Kreditrückführung vor dessen Kündigung; Bank als bloße „Zahlstelle" des Schuldners

246 *Die Schuldnerin unterhielt bei der verklagten Bank ein Kontokorrentkonto, auf dem ihr ein Kreditrahmen i.H.v. 500.000 DM eingeräumt war. Am 05.03.2000 war der Kredit i.H.v. ca. 325.000 DM in Anspruch genommen. Am 04.04.2000 beantragte die Schuldnerin die Eröffnung des Insolvenzverfahrens. Die Beklagte kündigte daraufhin mit Schreiben vom selben Tag den Kreditvertrag mit sofortiger Wirkung. Zum 05.04.2000 betrug der Sollsaldo ca. 240.000 DM. Im letzten Monat davor waren Einzahlungen i.H.v. ca. 400.000 DM und Auszahlungen i.H.v. ca. 320.000 DM vorgenommen worden. Die Beklagte erstattete dem Kläger den Differenzbetrag i.H.v. 80.000 DM, um den der Saldo seit dem 05.03.2000 zurückgeführt worden war. Mit seiner Klage verlangte der Insolvenzverwalter weitere ca. 175.000 DM als den Betrag, in dessen Höhe die Schuldnerin die Kreditlinie am 05.03.2000 nicht ausgenutzt hatte. Das LG wies die Klage ab. Die hiergegen gerichtete Sprungrevision des Klägers hatte keinen Erfolg.*

247 In dieser Grundsatzentscheidung zur Anfechtbarkeit von Verrechnungen der Bank im Kontokorrent führt der BGH zunächst aus, dass die für jede Anfechtung erforderliche Gläubigerbenachteiligung i.S.d. § 129 Abs. 1 InsO nicht schon wegen eines anfechtungsfesten Pfandrechts der Bank nach Nr. 14 Abs. 1 Satz 2 AGB-Banken ausscheide. Denn dieses Pfandrecht werde erst in dem Zeitpunkt auf einen bestimmten Pfandgegenstand konkretisiert, in dem die verpfändete Forderung entstehe.

248 Der Insolvenzverwalter könne aber die Verrechnungen nicht nach § 131 Abs. 1 Nr. 1 InsO anfechten, da sie eine kongruente Erfüllung der Kreditforderung der Beklagten bewirkt hätten. Aufgrund der Giroabrede sei die Bank berechtigt und verpflichtet, für den Kunden bestimmte Geldeingänge entgegenzunehmen und gutzuschreiben. Aus der Giroabrede folge regelmäßig zugleich das Recht der Bank, bei einem debitorischen Girokonto den Sollsaldo zu ver-

---

231 BGH, 07.03.2002 – IX ZR 223/01, BGHZ 150, 122 = ZInsO 2002, 426 – wie Beispielsfall 94.

ringern. Indem die Bank diese Absprachen einhalte und den Giroverkehr fortsetze, handle sie vertragsgemäß, also kongruent.

Der Kreditgeber könne die Rückzahlung eines ausgereichten Kredits erst nach   249
dessen Fälligkeit fordern. Dies setze i.d.R. eine Kündigung voraus, die in dem
zu entscheidenden Fall erst am 04.04.2000 ausgesprochen worden sei. Verrechnungen der Bank vor der Kreditkündigung seien inkongruent. Die Giro-
oder Kontokorrentabrede allein stelle den Kredit nicht zur Rückzahlung fällig.
Sie verpflichte vielmehr den Kreditgeber, den Kontoinhaber – innerhalb der
vereinbarten Grenze – jederzeit wieder über den eingeräumten Kredit verfügen
zu lassen. Ein Recht zu dessen endgültiger Rückführung gewähre sie sogar im
Fall der vereinbarten Saldierung nicht. Dementsprechend habe die Beklagte
zu Recht einen Betrag i.H.v. ca. 80.000 DM an den Kläger zurückbezahlt, um
den die verrechneten Einzahlungen im Zeitraum der Anfechtbarkeit die Auszahlungen überstiegen hätten. Denn in diesem Umfang habe die Beklagte die
Schuldnerin letztlich nicht wieder über die Eingänge verfügen lassen.

Beispielsfall 47: „Zahlungsunfähigkeit (1)"[232]

§§ 17, 130 InsO – Anforderungen an die Feststellung der Zahlungsunfähigkeit durch den Tatrichter; Abgrenzung gegenüber bloßer Zahlungsstockung

250   *Die verklagte Wirtschaftsprüfungsgesellschaft hatte von der Schuldnerin am 03.12.1999 den Auftrag erhalten, ein von ihr erstelltes Effizienzsteigerungsprogramm zu prüfen. Die Beklagte erstattete den Prüfbericht am 17.01.2000. Am 12.01.2000 stellte sie der Schuldnerin hierfür ca. 114.000 DM in Rechnung. Die Schuldnerin stellte der Beklagten am 07.04. und am 28.04.2000 Schecks über jeweils 57.000 DM aus, mit denen das Konto der Schuldnerin am 20.04. und 04.05.2000 belastet wurde. Am 26.06.2000 wurde auf Antrag der Schuldnerin vom 01.06.2000 das Insolvenzverfahren eröffnet. Der klagende Insolvenzverwalter hat die Zahlungen nach § 130 Abs. 1 Nr. 1 InsO angefochten und Rückzahlung verlangt. Seine Revision gegen das klageabweisende Urteil führte zur Aufhebung und Zurückverweisung an einen anderen Senat des OLG.*

251   Der BGH verneint zunächst das Vorliegen eines Bargeschäfts i.S.d. § 142 InsO, da der erforderliche enge zeitliche Zusammenhang zwischen Leistung und Gegenleistung nicht bestanden habe. Zwischen dem Beginn der Berichtserstellung und der Scheckeinlösung hätten mehr als vier Monate gelegen.

252   Die in § 17 Abs. 2 Satz 2 InsO formulierte Vermutung gelte auch i.R.d. § 130 Abs. 1 Nr. 1 InsO. Liege Zahlungseinstellung vor, begründe dies eine gesetzliche Vermutung für die Zahlungsunfähigkeit, die vom Prozessgegner zu widerlegen sei.

253   Eigene Erklärungen des Schuldners, eine fällige Verbindlichkeit nicht begleichen zu können, deuteten auf eine Zahlungseinstellung hin, auch wenn sie mit einer Stundungsbitte versehen seien.[233] Eine solche Erklärung komme in einem Schreiben der Schuldnerin vom 12.04.2000 an die Sozialversicherungsträger zum Ausdruck, in dem zwar auf zu erwartende Geldeingänge hingewiesen, gleichzeitig aber auch klar zum Ausdruck gebracht werde, dass eine Zahlung bei Fälligkeit keinesfalls möglich sei, sondern nur drei monatliche Raten an-

---

232   BGH, 12.10.2006 – IX ZR 228/03, ZInsO 2006, 1210; vgl. hierzu ferner BGH, 24.05.2005 – IX ZR 123/04, BGHZ 163, 134 = ZInsO 2005, 807.

233   Vgl. BGH, 04.10.2001 – IX ZR 81/99, ZInsO 2001, 1049.

geboten werden könnten. Die tatsächliche Nichtzahlung eines erheblichen Teils der fälligen Verbindlichkeiten reiche für eine Zahlungseinstellung aus. Dies gelte auch dann, wenn tatsächlich noch geleistete Zahlungen beträchtlich seien, aber im Verhältnis zu den fälligen Gesamtschulden nicht den wesentlichen Teil ausmachten.[234] Durch die Nichtzahlung der Sozialversicherungsbeiträge über einen Zeitraum von mehr als drei Wochen sei für die beteiligten Verkehrskreise hinreichend erkennbar geworden, dass die Nichtzahlung auf einem objektiven Mangel an Geldmitteln beruht habe. Gerade Sozialversicherungsbeiträge und Löhne würden typischerweise nur dann nicht bei Fälligkeit bezahlt, wenn die erforderlichen Geldmittel hierfür nicht vorhanden seien.

Betrage die Liquiditätslücke des Schuldners 10 % oder mehr, sei regelmäßig   254
von Zahlungsunfähigkeit auszugehen, sofern nicht ausnahmsweise mit an Sicherheit grenzender Wahrscheinlichkeit zu erwarten sei, dass die Liquiditätslücke demnächst vollständig oder fast vollständig geschlossen werde und den Gläubigern ein Zuwarten zuzumuten sei. Sei der Schuldner nicht in der Lage, sich innerhalb von drei Wochen die zur Begleichung der fälligen Verbindlichkeiten benötigten Mittel zu beschaffen, handle es sich nicht mehr um eine rechtlich unerhebliche Zahlungsstockung.

Im Anfechtungsprozess lasse sich auch ohne Aufstellung einer Liquiditäts-   255
bilanz feststellen, ob und was der Schuldner habe zahlen können. Hätten im fraglichen Zeitpunkt fällige Verbindlichkeiten bestanden, die bis zur Verfahrenseröffnung nicht mehr beglichen worden seien, sei regelmäßig von der Zahlungsunfähigkeit zu diesem Zeitpunkt auszugehen. Etwas anderes gelte nur dann, wenn aufgrund konkreter Umstände, die sich nachträglich geändert hätten, damals habe angenommen werden können, der Schuldner werde rechtzeitig in der Lage sein, die Verbindlichkeiten zu erfüllen.

---

234   BGH, 25.01.2001 – IX ZR 6/00, ZInsO 2001, 318.

Beispielsfall 48: „Zahlungsunfähigkeit (2)"[235]

§ 130 InsO – Kenntnis der Zahlungseinstellung bei Nichterfüllung einer einzelnen Forderung

256 *Nachdem die Gemeinschuldnerin die Kreditgrenze überschritten hatte und eine bestehende Bürgschaft nicht verlängert worden war, forderte die verklagte Bank mit Schreiben v. 11.09.1991 unter Androhung von Zwangsmaßnahmen Kontenausgleich i.H.v. ca. 890.000 DM bis spätestens 19.09.1991 und ließ mit sofortiger Wirkung keine Verfügungen der Gemeinschuldnerin mehr zu. Auf deren Antrag vom 15.10.1991 wurde am 22.10.1991 das Konkursverfahren eröffnet. In der Zeit zwischen dem 11.09. und dem 17.10.1991 gingen auf dem Konto der Gemeinschuldnerin Zahlungen i.H.v. ca. 81.000 DM ein, welche die Beklagte gegen den Kredit verrechnete. Der klagende Konkursverwalter focht diese Verrechnungen an und verlangte Zahlung von noch ca. 79.000 DM, die nach dem 19.09.1991 bei der Beklagten eingegangen waren. In Höhe von ca. 78.000 DM nahm der BGH die Revision des Klägers an und verwies die Rechtssache zurück.*

257 Nach dem 1. Leitsatz des Urteils des BGH ist die Kenntnis der Zahlungseinstellung für denjenigen zu vermuten, der die zugrunde liegenden Tatsachen kennt, an die jedermann mit seiner Verkehrserfahrung verständigerweise die Erwartung knüpft, dass der Schuldner wesentliche Zahlungen so gut wie sicher nicht werde erbringen können. Fordert eine Bank unter Fristsetzung und Androhung von Zwangsmitteln die Rückzahlung eines gekündigten Kredits von erheblicher Höhe, weil sie den Schuldner nicht mehr für kreditfähig hält, steht die lediglich theoretische Möglichkeit, dass der Schuldner noch irgendwoher Kredit erhält, der Kenntnis der Zahlungseinstellung nicht entgegen (2. Leitsatz).

258 Der BGH weist ferner darauf hin, dass es genüge, wenn die Zahlungseinstellung aufgrund der unterbliebenen Begleichung nur einer – nicht unwesentlichen – Forderung gegenüber einer einzigen Person erkennbar werde. Für eine erfolgreiche Anfechtung müsse dies dann allerdings gerade der Anfechtungsgegner sein.

---

235 BGH, 27.04.1995 – IX ZR 147/94, ZIP 1995, 929.

Beispielsfall 49: „Zahlungsunfähigkeit (3)"[236]

§§ 17, 130 InsO – Schleppende Zahlung von Löhnen als Anzeichen für Zahlungseinstellung; erzwungene Stundung

Die Beklagte gewährte der Gemeinschuldnerin am 06.03. und am 08.04.1998   259
zwei Darlehen i.H.v. insgesamt 550.000 DM. Zur Sicherheit übereignete die Gemeinschuldnerin der Beklagten Gegenstände ihrer Betriebsausstattung. Am 01.12.1998 wurde über das Vermögen der Gemeinschuldnerin das Gesamtvollstreckungsverfahren eröffnet und der Kläger zum Verwalter bestellt. Dieser verwertete die der Beklagten sicherungsübereignete Betriebsausstattung.

Mit seiner Klage begehrte der Verwalter die Feststellung, dass der Beklagten aufgrund der Sicherungsübereignungen keine durchsetzbaren Rechte an dem Verwertungserlös zuständen, da diese anfechtbar seien. Das LG wies die Klage ab, die hiergegen gerichtete Berufung des Klägers wies das OLG zurück. Dessen Revision führte zur Aufhebung und Zurückverweisung.

Das Berufungsgericht war davon ausgegangen, dass die Gemeinschuldnerin   260
im Februar 1998 weder überschuldet noch zahlungsunfähig gewesen sei. Die Löhne seien zwar mit Verzögerungen von einem bis zwei Monaten gezahlt worden; die Arbeitnehmer seien jedoch über die schlechte finanzielle Situation der Gemeinschuldnerin informiert gewesen und hätten die schleppenden Lohnzahlungen hingenommen, ihre Forderungen somit gestundet.

Der BGH ist dieser Auffassung nicht gefolgt. Er weist zunächst darauf hin,   261
dass er zwischenzeitlich entschieden habe, an dem – unter der Geltung der KO und der GesO anerkannten – Erfordernis des „ernsthaften Einforderns" als Voraussetzung einer die Zahlungsunfähigkeit begründenden oder zu dieser beitragenden Forderung sei sogar für § 17 InsO festzuhalten.[237] Um den richtigen Zeitpunkt für die Eröffnung des Insolvenzverfahrens zu finden, müssten auch solche Gläubiger berücksichtigt werden, die den Schuldner zur Zahlung aufgefordert, dann aber weitere Bemühungen eingestellt hätten, ohne damit zum Ausdruck zu bringen, sie seien damit einverstanden, dass der Schuldner seine Verbindlichkeiten vorerst nicht erfülle. Die Forderung eines Gläubigers, der in eine spätere oder nachrangige Befriedigung eingewilligt habe, dürfe

---

236   BGH, 14.02.2008 – IX ZR 38/04, ZInsO 2008, 378.
237   BGH, 19.07.2007 – IX ZB 36/07, BGHZ 173, 286 = ZInsO 2007, 939.

hingegen nicht berücksichtigt werden, auch wenn keine rechtlich bindende Vereinbarung getroffen worden sei oder die Vereinbarung nur auf die Einrede des Schuldners berücksichtigt werde und vom Gläubiger einseitig aufgekündigt werden könne.

262 Bei der Annahme, ein Gläubiger habe stillschweigend in eine spätere oder nachrangige Befriedigung seiner Forderung eingewilligt, sei Zurückhaltung geboten. „Erzwungene Stundungen", die dadurch zustande kämen, dass der Schuldner seine fälligen Verbindlichkeiten mangels liquider Mittel nicht mehr oder nur noch mit Verzögerungen begleiche, die Gläubiger aber nicht sofort klagten und vollstreckten, weil sie dies ohnehin für aussichtslos hielten oder weil sie nicht den sofortigen Untergang des Schuldners verantworten wollten, stünden der Zahlungsunfähigkeit nicht entgegen. Für „erzwungene Stundungen" der Arbeitnehmer gelte dies in besonderem Maße, denn diese würden oft aus Sorge, ihren Arbeitsplatz zu verlieren, still halten.

Beispielsfall 50: „Zahlungsunfähigkeit (4)"[238]

§§ 17, 130, 139 Abs. 2 InsO – Nachträglicher Wegfall der Kenntnis von der Zahlungsunfähigkeit des Schuldners; Beweislast

Am 11.09.1998 beantragte der Geschäftsführer der Schuldnerin die Eröffnung des Gesamtvollstreckungsverfahrens. Mit Schreiben v. 23.10.1998 informierte die Schuldnerin ihre Gläubiger über die Antragstellung und über ihre Absicht, eine Sanierung des Unternehmens zu versuchen. Sie bat alle Gläubiger, auf 80 % ihrer Forderungen zu verzichten. Die Beklagte, die ca. 11.000 DM von der Schuldnerin zu fordern hatte, verlangte daraufhin die Zahlung von 5.000 DM und erklärte sich bereit, auf die restliche Forderung zu verzichten. Am 12.11.1998 nahm die Schuldnerin den Antrag auf Eröffnung des Gesamtvollstreckungsverfahrens zurück und teilte dies der Beklagten am 16.12.1998 mit. Die Schuldnerin überwies am 25.01.1999 5.000 DM an die Beklagte.   263

Am 14.04.1999 stellte die Schuldnerin erneut einen Antrag auf Eröffnung des Insolvenzverfahrens, der am 14.07.1999 mangels Masse abgewiesen wurde. Ein weiterer Antrag eines Gläubigers vom 06.05.2002 führte schließlich am 01.10.2003 zur Verfahrenseröffnung.

Der klagende Insolvenzverwalter verlangte die Rückzahlung der gezahlten 5.000 DM unter dem Gesichtspunkt der Insolvenzanfechtung. Das AG und das LG wiesen die Klage ab. Die hiergegen gerichtete Revision des Klägers führte zur Aufhebung und Zurückverweisung.

Der BGH weist zunächst darauf hin, dass bei der Prüfung der Anfechtbarkeit gem. § 139 Abs. 2 Satz 2 InsO auf den mangels Masse abgewiesenen Eröffnungsantrag vom 14.04.1999 abzustellen sei. Die angefochtene Rechtshandlung sei daher innerhalb des dritten Monats vor der Stellung des Antrages bei bestehender Zahlungsunfähigkeit der Schuldnerin vorgenommen worden.   264

Das Berufungsgericht habe zutreffend angenommen, dass eine zunächst vorliegende Kenntnis des Anfechtungsgegners von der Zahlungsunfähigkeit des Schuldners später wegfallen könne. Diese Frage werde im Schrifttum teilweise restriktiv beantwortet.[239] Von anderen werde jedoch – dem RG folgend – eine Ausnahme für den Fall anerkannt, dass die irrige Annahme, die Zahlungsun-   265

---

238   BGH, 27.03.2008 – IX ZR 98/07, ZIP 2008, 930.
239   Vgl. FK-InsO/Dauernheim, § 130 Rn. 45.

fähigkeit sei nachträglich behoben worden, auf wesentlichen neuen Tatsachen beruhe.[240] Die zuletzt genannte Ansicht sei im Ansatz zutreffend. Aus § 130 Abs. 1 Satz 1 Nr. 1 InsO ergebe sich, dass der Gläubiger die erforderliche Kenntnis von der Zahlungsunfähigkeit zum Zeitpunkt der Rechtshandlung, also beim Eintritt ihrer Rechtswirkungen (§ 140 InsO), gehabt haben müsse; eine der Rechtshandlung nachfolgende Kenntnis schade nicht. Dann könne aber auch eine frühere Kenntnis nicht schaden, falls der Gläubiger zum Zeitpunkt der Rechtshandlung nicht „bösgläubig" gewesen sei.

266   Es sei nicht erforderlich, dass der Anfechtungsgegner zum Zeitpunkt der Rechtshandlung überzeugt gewesen sei, die Zahlungsunfähigkeit sei behoben; vielmehr genüge es, dass er von dieser Möglichkeit ausgegangen sei. Allerdings müsse die Annahme des Anfechtungsgegners, der Schuldner sei nunmehr (möglicherweise) nicht mehr zahlungsunfähig, an eine ihm nachträglich bekannt gewordene Veränderung der Tatsachengrundlage anknüpfen.

267   Hätten zunächst Umstände vorgelegen, die zwingend auf die Zahlungsunfähigkeit des Schuldners hätten schließen lassen (§ 130 Abs. 2 InsO), sei der Wegfall der Kenntnis der Zahlungsunfähigkeit in zwei Schritten zu prüfen. Als Erstes dürften diese Umstände nicht mehr gegeben sein. Sei dies der Fall, habe der Tatrichter anhand der Umstände des Einzelfalls zu prüfen, ob eine Kenntnis der Zahlungsunfähigkeit bei der Vornahme der Rechtshandlung nicht mehr bestanden habe.

268   In dem zu entscheidenden Fall seien die Anknüpfungsmerkmale des § 130 Abs. 2 InsO nachträglich entfallen. Denn vor der Erlangung der streitgegenständlichen Zahlung sei der Beklagten die Rücknahme des Antrages auf Eröffnung des Gesamtvollstreckungsverfahrens mitgeteilt worden. Ein Umstand, der zwingend auf eine Zahlungsunfähigkeit hätte schließen lassen, habe damit nicht mehr vorgelegen.

269   Die Sachlage sei auch noch in anderer Hinsicht verändert gewesen: Am 16.12.1998 habe der Geschäftsführer der Schuldnerin der Beklagten für „Ihre Unterstützung" gedankt, ohne die „die Eröffnung des Gesamtvollstreckungsverfahrens unabwendbar gewesen" wäre. Zwar habe er eingeräumt, man sei „noch längst nicht über den Berg", doch habe er zugleich versichert, „dass die Sicherstellung Ihrer aktuellen und künftigen Forderungen bei einer hoffent-

---

240   MünchKomm-InsO/Kirchhof, § 130 Rn. 31.

lich weiterer Zusammenarbeit ... oberste Priorität genießt". Dies habe möglicherweise so verstanden werden können, als sei die Schuldnerin nicht mehr zahlungsunfähig.

Werde nach dem Eintritt der Zahlungsunfähigkeit ein erfolgversprechender 270 Sanierungsversuch unternommen, könne dies einen Gläubiger, der davon erfahre, in seiner Annahme, der Schuldner sei zahlungsunfähig, wanken lassen. Der Revision sei zwar zuzugeben, dass nicht jeder Sanierungsversuch Anlass gebe, am Fortbestehen der Zahlungsunfähigkeit zu zweifeln. Vielmehr könne von einer Wiedererlangung der Zahlungsfähigkeit erst ausgegangen werden, wenn der Schuldner nicht nur einzelne Verbindlichkeiten beglichen, sondern begonnen habe, seine sämtlichen Verbindlichkeiten zu tilgen.[241] Jedenfalls dann, wenn im Rahmen eines Sanierungsversuchs umfangreiche Forderungsverzichte der Gläubiger erreicht worden seien und ein bereits gestellter Insolvenzantrag daraufhin zurückgenommen werde, könne möglicherweise eine allgemeine Wiederaufnahme der Zahlungen erwartet werden.

Die Darlegungs- und Beweislast dafür, dass ein Gläubiger, dem die Zahlungs- 271 unfähigkeit des Schuldners einmal bekannt gewesen sei, aufgrund neuer Tatsachen angenommen habe, die Zahlungsunfähigkeit sei beseitigt, liege bei dem Gläubiger. Dieser könne unschwer darlegen, welche neuen Umstände ihm die Überzeugung vermittelt hätten, der Schuldner sei möglicherweise nicht mehr zahlungsunfähig.

Es ist allerdings zu bezweifeln, ob der dem Gläubiger durch diese Ent- 272 scheidung eröffnete Beweis, er sei vom Wegfall der einmal erkannten Zahlungsunfähigkeit des Schuldners ausgegangen, nennenswerte praktische Bedeutung entfalten wird. Gewichtig erscheint vielmehr das Argument der Revision, es sei nicht einzusehen, weshalb der sanierungswillige Gläubiger auf Kosten der Masse und zum Nachteil der Gläubigergesamtheit eine über die zu erwartende Quote hinausgehende Befriedigung sollte erlangen können, wenn die Sanierung scheitert.

---

241   BGH, 25.10.2001 – IX ZR 17/01, BGHZ 149, 100, 109 = ZInsO 2001, 1150.

Beispielsfall 51: „Wiederholter Insolvenzantrag (1)"[242]

§§ 5, 17, 130 InsO – Bestimmung des Anfechtungszeitraums bei wiederholter Insolvenzantragstellung; Kenntnis des Anfechtungsgegners von Zahlungsunfähigkeit; Beweislast

273   *Der Schuldner führte Gesamtsozialversicherungsbeiträge für die Zeit vom 01.04. bis zum 30.06.1999 i.H.v. ca. 17.000 DM nicht entsprechend ihrer Fälligkeit an die Beklagte ab. Am 26.07.1999 stellte die Beklagte Insolvenzantrag, gestützt auf die Zahlungsunfähigkeit des Schuldners. Am 29.09. und am 07.10.1999 übermittelte der Schuldner der Beklagten Schecks i.H.v. 10.000 DM und ca. 10.200 DM, mit denen der damalige Beitragsrückstand ausgeglichen wurde. Mit Schriftsatz vom 14.10.1999 erklärte die Beklagte daraufhin ihren Eröffnungsantrag für erledigt.*

Am 09.11.1999 stellte ein anderer Gläubiger Insolvenzantrag, der zur Verfahrenseröffnung führte. Der klagende Insolvenzverwalter verlangte von der Beklagten die Rückgewähr der beiden Scheckzahlungen unter dem Gesichtspunkt der Insolvenzanfechtung. Das LG gab der Klage statt, das OLG wies sie ab. Die hiergegen gerichtete Revision des Klägers führte zur Aufhebung und Zurückverweisung.

274   Die Revision hatte wie folgt argumentiert: Da die Beklagte ihren Insolvenzantrag auf die Zahlungsunfähigkeit des Schuldners gestützt habe, käme es auf die Kenntnis der Beklagten von der Zahlungsunfähigkeit des Schuldners nicht mehr an, wenn der seinerzeit gestellte Insolvenzantrag trotz der Erledigungserklärung noch als rechtshängig anzusehen wäre.

275   Ohnehin sei die offenbar gängige Praxis der (übereinstimmenden) Erledigungserklärung nach Befriedigung der Forderungen des antragstellenden Gläubigers kritisch zu sehen. Eine übereinstimmende Erledigungserklärung scheide im Insolvenzeröffnungsverfahren aus, weil insoweit kein kontradiktorisches Verfahren mit Verfügungsbefugnis der Parteien über den Verfahrensgegenstand vorliege. Unabhängig von den befriedigten Forderungen des antragstellenden Gläubigers könne die Zahlungsunfähigkeit des Schuldners gegeben sein. Wäre dies dem Insolvenzgericht bekannt, käme eine überein-

---

242   BGH, 20.11.2001 – IX ZR 48/01, BGHZ 149, 178 = ZInsO 2002, 29.

stimmende Erledigung durch den Schuldner und den antragstellenden Gläubiger nicht in Betracht.

Der BGH ist dieser Auffassung nicht gefolgt. Ein rechtswirksam für erledigt   276
erklärter Eröffnungsantrag, der nicht zu einer rechtskräftigen Insolvenzeröffnung geführt habe, ermögliche – ebenso wie ein zurückgenommener Insolvenzantrag – keine Insolvenzanfechtung. Das Eröffnungsverfahren werde – im Gegensatz zum eröffneten Verfahren – als Parteienstreit geführt.[243] Nur in dem durch den gestellten Antrag gesteckten Rahmen gelte die gerichtliche Amtsermittlungspflicht gem. § 5 Abs. 1 InsO.

Zur Frage der Kenntnis der Beklagten von der Zahlungsunfähigkeit des Schuld-   277
ners führt der BGH aus, schon der der Beklagten erkennbare Zahlungsrückstand sei nicht unwesentlich gewesen. Er habe Ende September 1999 mehr als vier vollen Monatsbeiträgen allein bei der Beklagten entsprochen. Ein Schuldner lasse es – nicht zuletzt wegen der Strafvorschrift des § 266a StGB – erfahrungsgemäß zu solchen Zahlungsrückständen auch nur bei einem einzigen Sozialversicherungsträger nicht kommen, wenn er dies unschwer vermeiden könnte. Ein derartiges Verhalten lasse im Allgemeinen den Schluss zu, dass die geschuldeten Beträge für den betroffenen Unternehmer wesentlich seien. Dementsprechend werde angenommen, dass eine halbjährige Nichtabführung von Sozialversicherungsbeiträgen ohne Weiteres eine Zahlungsunfähigkeit umfassend glaubhaft mache. Im vorliegenden Fall habe der Beitragsrückstand zwar erst vier Monate betragen; er sei aber trotz des bereits gestellten Insolvenzantrages weiter angewachsen. Zudem habe das „vertröstende" Verhalten des Schuldners vor dem Insolvenzantrag zusätzlich für dessen Zahlungsunfähigkeit gesprochen.

Durch die beiden Scheckzahlungen vom 29.09 und vom 07.10.1999 habe der   278
Schuldner eine zuvor verlorene Zahlungsfähigkeit nicht wiedergewonnen. Eine einmal eingetretene Zahlungseinstellung wirke grds. fort. Sie könne nur dadurch wieder beseitigt werden, dass die Zahlungen im Allgemeinen wieder aufgenommen würden.[244] Die allgemeine Aufnahme der Zahlungen habe grds. derjenige zu beweisen, der sich auf den nachträglichen Wegfall einer zuvor eingetretenen Zahlungseinstellung berufe. Denn wenn der anfechtende Insolvenzverwalter für einen bestimmten Zeitpunkt den ihm obliegenden Be-

---

243   Vgl. BGH, 11.07.1961 – VI ZR 208/60, NJW 1961, 2016.
244   BGH, 25.10.2001 – IX ZR 17/01, BGHZ 149, 100 = ZInsO 2001, 1150.

weis der Zahlungsunfähigkeit des Schuldners geführt habe, sei es Sache des Anfechtungsgegners, zu beweisen, dass diese Voraussetzung zwischenzeitlich wieder entfallen sei. Das gelte uneingeschränkt jedenfalls dann, wenn zwischen den angefochtenen Zahlungen und dem Eingang des erneuten, erfolgreichen Eröffnungsantrages nur ein kurzer Zeitraum – hier: weniger als sechs Wochen – liege.

279 Allein die Tilgung der eigenen Forderungen der antragstellenden Beklagten genüge auch dann regelmäßig nicht, wenn ihre Vertreter nur diese Forderungen „positiv" gekannt hätten. Da der Schuldner ein gewerbliches Bauträgerunternehmen betrieben habe, sei es für die Beklagte offensichtlich gewesen, dass außer ihr weitere Gläubiger vorhanden gewesen seien. Ein Gläubiger, der nach einem Insolvenzantrag mit dem Schuldner eine Zahlungsvereinbarung schließe, dürfe grds. nicht davon ausgehen, dass die Forderungen der anderen, zurückhaltenden Gläubiger in vergleichbarer Weise bedient würden wie seine eigenen. Vielmehr entspreche es einer allgemeinen Lebenserfahrung, dass Schuldner – um ihr wirtschaftliches Überleben zu sichern – unter dem Druck eines Insolvenzantrages Zahlungen bevorzugt an den antragstellenden Gläubiger leisteten, um ihn zum Stillhalten zu bewegen. Diese Erfahrungswerte verböten einen Schluss des antragstellenden Gläubigers dahingehend, dass der Schuldner seine Zahlungen auch im Allgemeinen wieder aufgenommen habe.

Beispielsfall 52: „Antragsvermeidungsfall"[245]

§ 130 InsO – Anfechtbare Bevorzugung eines einzelnen Gläubigers bei kongruenter Deckung

Im Oktober 1999 informierte der Gerichtsvollzieher den Schuldner über ei-   280
nen Vollstreckungsauftrag der verklagten Krankenkasse, worauf dieser am
08.10.1999 eine Barzahlung i.H.v. 12.600 DM zur Abwendung von Zwangs-
vollstreckungsmaßnahmen leistete. Am 26.10. und am 23.11.1999 erbrachte
der Schuldner weitere Zahlungen an den Gerichtsvollzieher i.H.v. 10.000 DM
und 9.000 DM, die z.T. an die Beklagte weitergeleitet und z.T. zur Befriedi-
gung anderer Sozialversicherungsträger verwendet wurden. Mit Schreiben
v. 18.04.2000 beantragte die Beklagte schließlich die Eröffnung des Insol-
venzverfahrens über das Vermögen der Schuldnerin. Der klagende Insolvenz-
verwalter verlangte mit Erfolg die Rückzahlung der von der Beklagten emp-
fangenen Beträge unter dem Gesichtspunkt der Insolvenzanfechtung.

Der BGH führt zunächst aus, eine Leistung des Schuldners, die dieser früher   281
als drei Monate vor der Stellung des Insolvenzantrages erbracht habe, stelle
nicht bereits deshalb eine inkongruente Deckung dar, weil sie zur Vermeidung
einer unmittelbar bevorstehenden Zwangsvollstreckung erfolgt sei.[246] Die
Feststellungen des Berufungsgerichts trügen die Annahme eines Gläubigerbenachteiligungsvorsatzes des Schuldners aber auch dann, wenn man von einer
kongruenten Deckung ausgehe. Denn der Schuldner habe gewusst, dass sein
Vermögen nicht ausgereicht habe, um über Teilzahlungen hinaus alle Gläubiger zu befriedigen. Er habe die angefochtenen Teilzahlungen an die Beklagte
erbracht, weil er unter allen Umständen die Stellung eines Insolvenzantrages
habe vermeiden wollen. Einem Schuldner, der Forderungen eines Gläubigers
vorwiegend deshalb erfülle, um diesen von der Stellung eines Insolvenzantrages abzuhalten, komme es nicht in erster Linie auf die Erfüllung seiner
vertraglichen oder gesetzlichen Pflichten, sondern auf die Bevorzugung dieses
einzelnen Gläubigers an; damit nehme er die Benachteiligung der Gläubiger
im Allgemeinen in Kauf.

---

245   BGH, 27.05.2003 – IX ZR 169/02, BGHZ 155, 75 = ZInsO 2003, 764; vgl. dazu noch Bei-
      spielsfall 72.
246   Vgl. hierzu Beispielsfall 72.

Beispielsfall 53: „Sicherheitenpoolvertrag (1)"[247]

§§ 130, 140 InsO – Kein bloßer Austausch von Sicherheiten bei Verpflichtung zur treuhänderischen Sicherheitenverwaltung

282   *Die verklagte Bank hatte der Schuldnerin einen Kontokorrentkredit eingeräumt. Sie war aufgrund eines im Jahr 1994 abgeschlossenen sog. „Sicherheitenpoolvertrages", den auch die Schuldnerin unterzeichnet hatte, an einem Sicherheitenpool beteiligt. Poolführerin war die D-AG. Diese hatte die in den Poolvertrag einbezogenen, ihr übertragenen Sicherheiten zugleich treuhänderisch für die übrigen Banken zu verwalten. Zu diesen Sicherheiten gehörten insbes. gegenwärtige und zukünftige Forderungen der Schuldnerin aus Lieferungen und Leistungen.*

Am 06.09.1999 stellte die Schuldnerin Insolvenzantrag. Noch am gleichen Tag kündigte die Beklagte deshalb den Kontokorrentkredit und stellte ihn zur sofortigen Rückzahlung fällig. Am 07.09.1999 ging ein Betrag i.H.v. ca. 31.000 DM auf dem Konto der Schuldnerin bei der Beklagten ein, den die Drittschuldnerin einer zur Sicherheit an die D.-AG abgetretenen Forderung überwiesen hatte. Die Sicherungsabtretung war zu diesem Zeitpunkt noch nicht offengelegt worden. Die Beklagte schrieb den Betrag dem im Soll stehenden Konto der Schuldnerin gut.

Der klagende Insolvenzverwalter verlangte von der Beklagten die Rückzahlung der empfangenen 31.000 DM nach den §§ 130 Abs. 1 Satz 1 Nr. 2, 143 Abs. 1 InsO. Die Revision der Beklagten gegen die der Klage stattgebenden Urteile der Vorinstanzen blieb ohne Erfolg.

283   Die Revision hatte geltend gemacht, die Zahlung der Drittschuldnerin habe lediglich einen Austausch gleichwertiger Sicherheiten bewirkt, der die Gläubiger nicht benachteiligt habe. Dem ist der BGH nicht gefolgt. Er weist zunächst darauf hin, dass die Forderung der Schuldnerin gegen die Drittschuldnerin nicht mit der sicherungsweisen Abtretung an die D-AG aus ihrem Vermögen ausgeschieden sei. Ein Absonderungsrecht entziehe die abgetretene Forderung nicht ihrem Bestand nach der Masse, wie sich auch aus dem Verwertungsrecht des Insolvenzverwalters nach den §§ 166 Abs. 2, 173 Abs. 2 InsO ergebe.[248]

---

247   BGH, 02.06.2005 – IX ZR 181/03, ZInsO 2005, 932.
248   Vgl. hierzu BGH, 05.04.2001 – IX ZR 216/98, BGHZ 147, 233, 239 = ZInsO 2001, 464.

Die Zahlung der Drittschuldnerin habe nicht nur einen Austausch gleichwertiger Sicherheiten bewirkt. Die sicherheitshalber abgetretene Forderung sei mit der Zahlung auf das bei der Beklagten geführte Konto nach den §§ 407 Abs. 1, 362 Abs. 1 BGB erloschen. An ihre Stelle sei der Anspruch der Schuldnerin gegen die Beklagte auf Gutschriftserteilung nach § 667 BGB getreten. Sowohl das im Poolvertrag vereinbarte vertragliche Pfandrecht als auch das Pfandrecht nach Nr. 14 der AGB-Banken seien erst mit dem Eingang der Zahlung auf dem Konto der Beklagten entstanden. Eine pauschale Einigung dahingehend, dass sämtliche künftig für den Kunden entstehenden Ansprüche gegen die beteiligten Banken verpfändet werden sollten, sei nicht geeignet, eine kongruente Sicherung im Voraus zu begründen. Eine Ausnahme von diesem Grundsatz habe der BGH nur in den Fällen zugelassen, in denen die kontoführende Bank zugleich Inhaberin der zur Sicherheit abgetretenen Forderung gewesen sei, auf die der Drittschuldner gezahlt habe.[249] Der Beklagten hätten jedoch keinerlei dingliche Rechte an der fraglichen Forderung zugestanden, auch wenn die D-AG die ihr übertragenen Sicherheiten treuhänderisch für die übrigen Banken verwaltet habe.

284

Da die Beklagte nicht Inhaberin der Forderung gewesen sei und ihr auch keine dinglichen Rechte an ihr zugestanden hätten, habe sie auch keine Sicherheit gehabt, die sie als Ausgleich für den Erwerb des Pfandrechts aus dem Poolvertrag und des Pfandrechts nach den AGB-Banken hätte aufgeben können. Mit dem Pfandrecht an dem Anspruch der Schuldnerin gegen die Beklagte nach § 667 BGB habe Letztere erstmals eine dingliche Sicherung ihrer Forderung gegen die Schuldnerin aus dem Kontokorrentvertrag erlangt. Ein Austausch gleichwertiger Sicherheiten habe deshalb nicht stattfinden können. Aus einem etwaigen anfechtungsfesten Sicherungsrecht der D-AG an der fraglichen Forderung könne die Beklagte keine eigenen Rechte herleiten. Der BGH habe bereits in mehreren Entscheidungen ein „Verschieben" von Sicherheiten zugunsten der Gläubiger nicht gesicherter Forderungen abgelehnt.[250]

285

---

249 BGH, 01.10.2002 – IX ZR 360/99, ZIP 2002, 2182, 2183.
250 Vgl. hierzu BGH, 25.09.1972 – VIII ZR 216/71, BGHZ 59, 230, 234 sowie Beispielsfall 64.

286   Diese Entscheidung des BGH wird aber möglicherweise durch dessen neueres Urteil zur Globalzession vom 29.11.2007[251] und v.a. durch das im nachfolgenden Beispielsfall 54 besprochene Urt. v. 21.02.2008[252] infrage gestellt.

---

251   BGH, 29.11.2007 – IX ZR 30/07, BGHZ 174, 297 = ZInsO 2008, 91; vgl. dazu Beispielsfall 3.

252   BGH, 21.02.2008 – IX ZR 255/06, ZInsO 2008, 317.

Beispielsfall 54: „Sicherheitenpoolvertrag (2)"[253]

§§ 91, 129, 130 InsO – Keine unwirksame „Unterdeckungnahme" bei Abtretung einer Grundschuld, die nach insolvenzfester Absprache auch ein Drittdarlehen sichert

Die Schuldnerin bestellte der Sparkasse im Juni 1999 eine Grundschuld über 200.000 DM an einer Eigentumswohnung zur Sicherung aller bestehenden und künftigen Forderungen aus der bankmäßigen Geschäftsverbindung. Anlass war die Gewährung eines Gewerbedarlehens durch die Sparkasse i.H.v. 120.000 DM. Am 14.08.1999 schloss die Schuldnerin mit der verklagten Bausparkasse einen weiteren Darlehensvertrag über ca. 74.000 DM. Die Darlehensurkunde führte als zu gewährende Sicherheit die Grundschuld über 200.000 DM auf. Zwischen der Schuldnerin und der Beklagten wurde vereinbart, dass die Sparkasse die Grundschuld auf die Beklagte übertragen durfte. Im Jahre 2000 gewährte die Sparkasse der Schuldnerin erneut ein Darlehen, das durch dieselbe Grundschuld gesichert wurde.

287

Nachdem die Schuldnerin am 18.07.2003 Insolvenzantrag gestellt hatte, kündigte die Sparkasse die von ihr gewährten Darlehen. Am 01.09.2003 trat sie einen mittelrangigen Teil der Grundschuld i.H.v. 21.000 € an die Beklagte ab. Mit Schreiben v. 16.09.2003 kündigte die Beklagte das Bauspardarlehen und bezifferte ihre Forderung auf 21.000,70 €. Im März 2004 wurde die Eigentumswohnung veräußert. Aus dem Kaufpreis erhielt die Beklagte gegen Löschung der Grundschuld ca. 21.800 €.

Der klagende Insolvenzverwalter hielt die Abtretung der Grundschuld an die Beklagte für unwirksam, jedenfalls für anfechtbar. Er verlangte von der Beklagten Zahlung i.H.d. erlangten Deckung. Das LG wies die Klage ab. Die hiergegen gerichtete Berufung des Klägers wies das OLG zurück. Die Revision des Klägers blieb ebenfalls ohne Erfolg.

Der BGH verweist zunächst auf die Bestimmung des § 91 InsO, nach der entscheidend sei, ob ein Vermögensgegenstand bereits im Zeitpunkt der Insolvenzeröffnung aus dem Vermögen des Schuldners ausgeschieden sei, ohne dass für ihn die Möglichkeit bestehe, diesen aufgrund alleiniger Entscheidung wieder zurückzuerlangen.[254] Da die Übertragung eines bereits bestehenden

288

---

253   BGH, 21.02.2008 – IX ZR 255/06, ZInsO 2008, 317.
254   BGH, 20.03.1997 – IX ZR 71/96, BGHZ 135, 140, 145 = ZIP 1997, 737.

Rechts die Rechtsstellung der Insolvenzgläubiger nicht beeinträchtige, falle die Zession grds. nicht unter § 91 Abs. 1 InsO.[255]

289   § 91 Abs. 1 InsO entfalte dort seine konstitutive Wirkung, wo sich die Masseschmälerung nicht im Erwerb eines Rechts an einem massebefangenen Gegenstand niederschlage, sondern die Masse unter Verstoß gegen die Haftungsordnung in anderer Weise verkürzt werde.[256] Hierzu zählten der Verlust einer Einrede, namentlich bei der Valutierung nicht akzessorischer Sicherungsrechte, sowie die Verkürzung des Massebestandes, falls diese sich als unmittelbare oder mittelbare Folge eines Gläubiger- oder Schuldnerwechsels ergebe. Werde der Masse durch die Zession die ihr zuvor zustehende Einrede der mangelnden Valutierung abgeschnitten, führe dies zu einer Vertiefung der Belastung des Grundstücks durch die Grundschuld. Deshalb falle in der Insolvenz des Grundstückseigentümers der Verlust der Einrede der Nichtvalutierung in den durch § 91 Abs. 1 InsO geschützten Bereich.

290   Diese Grundsätze führten im Streitfall jedoch nicht zur Anwendung des § 91 Abs. 1 InsO; insbes. liege kein Fall einer insolvenzrechtlich unzulässigen Unterdeckungnahme des Bauspardarlehens vor. Die Aufnahme von Ansprüchen Dritter in den Sicherungszweck der Grundschuld sei rechtlich möglich und setze entgegen der Auffassung des Klägers nicht voraus, dass zwischen dem Grundpfandgläubiger und dem begünstigten Dritten ein Treuhandvertrag abgeschlossen werde. Nach allgemeiner Meinung begründe jeder Vertrag über die Bestellung einer nicht akzessorischen fiduziarischen Sicherheit auch ohne ausdrückliche Vereinbarung ein Treuhandverhältnis.[257]

291   Außerhalb der Insolvenz habe die Schuldnerin den Einwand der Nichtvalutierung der Grundschuld weder gegenüber der Sparkasse noch gegenüber der Beklagten erheben können, solange das Bauspardarlehen offengestanden habe. Die Schuldnerin und die Sparkasse hätten die Erweiterung der Sicherungsvereinbarung in unverdächtiger Zeit vorgenommen. Es fehle bereits an einer objektiven Gläubigerbenachteiligung i.S.d. § 129 Abs. 1 InsO, da die Erweiterung der Treuhandabrede Zug um Zug gegen Auszahlung des Bauspardarlehens gewährt worden sei.[258]

---

255   BGH, 20.12.2001 – IX ZR 419/98, ZIP 2002, 407, 408.
256   Vgl. Jaeger/Windel, InsO, § 91 Rn. 8.
257   BGH, 14.05.1996 – XI ZR 257/94, BGHZ 133, 25, 30 = ZIP 1996, 1164.
258   Vgl MünchKomm-InsO/Kirchhof, § 129 Rn. 159.

Der BGH meint schließlich zwar, die Besonderheit des durch 292
Urt. v. 02.06.2005[259] entschiedenen Falls bestehe darin, dass dort die zur Sicherheit abgetretene Forderung des Schuldners gegen den Drittschuldner mit dessen Zahlung an die Anfechtungsgegnerin erloschen gewesen sei. Diese habe nur einen schuldrechtlichen Anspruch gegen die Sicherungsnehmerin gehabt, die ihr übertragenen Sicherheiten, zu denen die getilgte Forderung gehört habe, auch für sie zu verwalten. Dieser schuldrechtliche Anspruch habe nicht die Absonderungskraft, um im Fall des Sicherheitentauschs den nur schuldrechtlich Berechtigten wie einen ursprünglich Berechtigten an der Ersatzsicherheit teilhaben zu lassen. In dem nunmehr entschiedenen Fall sei das Sicherungsrecht dagegen nicht untergegangen. Mit der Aussage, dass die Aufnahme von Ansprüchen Dritter in den Sicherungszweck der Grundschuld nicht dessen dingliche Mitberechtigung an der Sicherheit und auch nicht den Abschluss eines Treuhandvertrages voraussetze, sondern eine schuldrechtliche Zweckabrede genüge, ist jedoch möglicherweise die Abkehr von der früheren Entscheidung eingeleitet. Es ist nicht ohne Weiteres einsichtig, weshalb der dem Urt. v. 02.06.2005 zugrundeliegende „Sicherheitenpool" anders zu beurteilen sein soll als der in dem neueren Urteil zwischen der Sparkasse und der Bausparkasse vereinbarte „Sicherheitenpool".

---

259 BGH, 02.06.2005 – IX ZR 181/03, ZInsO 2005, 932; vgl. dazu Beispielsfall 53.

IV. § 131 InsO – Anfechtbarkeit wegen inkongruenter Deckung

Nach § 131 Abs. 1 InsO ist eine Rechtshandlung, die innerhalb der dort ge-   293
nannten Zeiträume vor der Stellung des Antrages auf Eröffnung des Insolvenzverfahrens vorgenommen wurde, unter den dort genannten weiteren
Voraussetzungen als inkongruente Deckung anfechtbar, wenn dem Gläubiger
hierdurch eine Sicherung oder Befriedigung gewährt wurde, die er nicht oder
nicht in der Art oder nicht zu der Zeit zu beanspruchen hatte. Ein Gläubiger,
der eine ihm nicht zustehende Leistung erhält, erschien dem Gesetzgeber weniger schutzwürdig als ein Gläubiger, dem eine kongruente Deckung gewährt
wird. Wegen der besonderen Verdächtigkeit eines inkongruenten Erwerbs sah
er es als gerechtfertigt an, für einen Zeitraum von bis zu einem Monat vor
dem Insolvenzantrag auf subjektive Voraussetzungen in der Person des Anfechtungsgegners ganz zu verzichten.[260] § 131 Abs. 1 Nr. 1 InsO wird ergänzt
durch § 88 InsO, nach dem Sicherungen, die im gleichen Zeitraum durch
Zwangsvollstreckung erlangt wurden, ipso jure unwirksam werden. Einer Anfechtung bedarf es in einem solchen Fall nicht. Inkongruenz ist gegeben, wenn
die konkrete Deckungshandlung vom Inhalt des (ursprünglichen) Schuldverhältnisses zwischen Schuldner und Insolvenzgläubiger abweicht. Wird hingegen ein Anspruch auf Sicherung in demselben Vertrag eingeräumt, durch den
der gesicherte Anspruch selbst entsteht, liegt in der späteren Gewährung der
Sicherheit keine inkongruente Deckung, da von Anfang an ein Anspruch auf
die Sicherheit bestand.[261]

---

260   BT-Drucks. 12/2443, S. 158.
261   Vgl. hierzu BGH, 11.03.2004 – IX ZR 160/02, ZIP 2004, 1060, 1061.

Beispielsfall 55: „Kontosperrefall"[262]

§§ 130, 131 InsO – Kongruente oder inkongruente Deckung bei Kontosperre der Bank vor Pfandreife ?

294   *Die Schuldnerin unterhielt bei der verklagten Bank ein im Guthaben geführtes Kontokorrentkonto. Zugleich hatte die Beklagte der Schuldnerin im Rahmen einer Kreditlinie von 700.000 DM einen Solawechselkredit i.h.v. 500.000 DM bis zum 06.08.2001 zur Verfügung gestellt. Bis zum 02.07.2001 hatte sich der Kontostand des Kontokorrentkontos auf ca. 393.000 DM verringert. Am 09.07.2001 stand das Konto mit ca. 564.000 DM im Haben. Nachdem die Beklagte von der Schuldnerin über Liquiditätsprobleme informiert worden war, kündigte sie mit Schreiben v. 09.07.2001 die Kreditlinie; zugleich teilte sie mit, sie habe das nach den AGB-Banken haftende Guthaben auf dem Kontokorrentkonto gesperrt. Am 06.08.2001 – nach Eintritt der Fälligkeit des Diskontkredits – verrechnete die Beklagte ihre daraus folgende Forderung mit dem Kontoguthaben der Schuldnerin. Am 19.07.2001 stellte die Schuldnerin Insolvenzantrag wegen Zahlungsunfähigkeit. Am 01.11.2001 wurde das Insolvenzverfahren über das Vermögen der Schuldnerin eröffnet und der Kläger zum Insolvenzverwalter bestellt. Dieser focht die Verrechnung der Beklagten an.*

295   Nach Ansicht des Berufungsgerichts konnte der Kläger die Sperrung des Kontokorrentkontos als inkongruente Deckung anfechten. Die Sicherung der Bank durch das AGB-Pfandrecht habe erst nach Eintritt des Sicherungsfalls eingreifen können. Zum Zeitpunkt der Kontosperre seien die gesicherten Forderungen der Beklagten aber noch nicht fällig gewesen, sodass keine Pfandreife vorgelegen habe. Die Kontosperre sei inkongruent, weil dadurch im Ergebnis die Kredite vor ihrer Fälligkeit zurückgeführt worden seien.

296   Der BGH ist dieser Würdigung nicht gefolgt. Die Kontosperre sei nur insoweit inkongruent, als das Pfandrecht der Beklagten inkongruent sei. Der Beklagten habe am 09.07.2001 an dem Guthaben der Schuldnerin ein Pfandrecht nach Nr. 14 Abs. 1 Satz 2 AGB-Banken zugestanden. Von diesem Pfandrecht habe die Beklagte nach § 1281 Satz 2, 1. Halbs. BGB trotz fehlender Pfandreife in der Weise Gebrauch machen dürfen, dass sie das Konto gesperrt habe. Diese

---

262   BGH, 12.02.2004 – IX ZR 98/03, ZInsO 2004, 342.

Kontosperre sei noch keine Verwertungsmaßnahme, sondern habe nur der Sicherstellung der späteren Verwertung gedient.[263]

Der Kläger habe das Pfandrecht der Beklagten anfechten können, soweit es innerhalb des letzten Monats vor dem Insolvenzantrag entstanden sei. Das Pfandrecht an der Forderung des Kunden gegen die Bank entstehe, wenn nicht schon mit Entstehung des Anspruchs auf Gutschrift, so doch spätestens mit der Entstehung des Anspruchs aus der Gutschrift.[264] Falle dieser Entstehungszeitpunkt in die Monatsfrist des § 131 Abs. 1 Nr. 1 InsO, sei das Pfandrecht inkongruent und somit ohne Weiteres anfechtbar.[265] Das durch die neuen Gutschriften in der Zeit vom 02.07. bis 09.07.2001 i.H.v. ca. 107.000 DM (500.000 DM – 393.000 DM) entstandene Pfandrecht der Beklagten sei inkongruent.

297

Es ergebe sich auch nicht etwa deshalb ein anderes Ergebnis, weil die Soll- und Habenbuchungen insgesamt als Bargeschäft (vgl. § 142 InsO)[266] anzusehen wären. Ob die dazu von der Rechtsprechung aufgestellten Grundsätze überhaupt auf im Haben geführte Konten anzuwenden seien, erscheine zweifelhaft, da Sollbuchungen auf einem solchen Konto keine Kreditgewährung darstellten. Die Rechtsfigur des Bargeschäfts habe nur für die Frage der Anfechtbarkeit von Verrechnungen Bedeutung. Im vorliegenden Fall gehe es demgegenüber darum, wann ein Pfandrecht entstehe und ob dieser Zeitpunkt in die Krise i.S.d. Anfechtungsrechts falle.

298

---

263 Vgl. Bülow, Recht der Kreditsicherheiten, Rn. 700.
264 BGH, 20.03.1997 – IX ZR 71/96, BGHZ 135, 140, 148 = ZIP 1997, 737.
265 BGH, 07.03.2002 – IX ZR 223/01, BGHZ 150, 122, 125 f. = ZInsO 2002, 426.
266 Vgl. hierzu Beispielsfall 94.

Beispielsfall 56: „Vollstreckungsdruckfall (1)"[267]

§ 131 – Inkongruente Deckung bei Zahlung unter dem Druck der unmittelbar bevorstehenden Zwangsvollstreckung

299   *Der Beklagte hatte gegen die Gemeinschuldnerin eine titulierte Forderung i.H.v. 238.000 DM. Am 09.09. und am 01.10.1994 ließ der Beklagte aus der Kasse der Gemeinschuldnerin Geld im Betrag von 50.000 DM und 36.000 DM pfänden. Nach vorausgegangenem Vergleichsantrag vom 09.09.1994 wurde am 10.10.1994 das Anschlusskonkursverfahren über das Vermögen der Gemeinschuldnerin eröffnet. Der klagende Konkursverwalter verlangte vom Beklagten die erlangten 86.000 DM (mit Erfolg) zurück.*

300   Der BGH weist unter Bezugnahme auf die Gesetzesmotive darauf hin, dass mit den Bestimmungen über die Anfechtung einer inkongruenten Deckung bezweckt werde, den konkursrechtlichen Gleichbehandlungsgrundsatz zeitlich vorzuziehen. Das die Einzelzwangsvollstreckung beherrschende Prioritätsprinzip und der dadurch bedingte „Wettlauf der Gläubiger" seien nur so lange hinzunehmen, wie für die zurückgesetzten Gläubiger noch die Aussicht bestehe, sich aus anderen Vermögensgegenständen des Schuldners volle Deckung zu verschaffen.[268] Der Gleichbehandlungsgrundsatz allein rechtfertige allerdings noch nicht die Konkursanfechtung. Denn es verstoße in gleicher Weise gegen die Gleichbehandlung aller Gläubiger, wenn der Schuldner, nachdem der „materielle Konkurs" bereits eingetreten sei, mithilfe seiner letzten frei verfügbaren Mittel auf eine fällige Forderung freiwillig zahle und andere Gläubiger mit ihren ebenfalls fälligen Forderungen leer ausgingen. Bei einer Sicherung oder Befriedigung, die der Gläubiger nach dem Eintritt der Krise im Wege der Zwangsvollstreckung erhalte, komme aber neben dem Verstoß gegen den Gleichbehandlungsgrundsatz noch hinzu, dass der Gläubiger seine Rechtsposition mithilfe staatlicher Zwangsmittel durchgesetzt habe. Nach der Zahlungseinstellung oder dem Antrag auf Eröffnung des Konkursverfahrens oder in den letzten zehn Tagen davor solle eine Ungleichbehandlung aber nicht mehr durch staatliche Machtmittel erzwungen werden. Geschehe dies dennoch, solle das Ergebnis wenigstens nicht konkursfest sein.

---

267   BGH, 09.09.1997 – IX ZR 14/97, BGHZ 136, 309 = ZIP 1997, 1929.
268   Vgl. hierzu ferner Jaeger/Henckel, KO, § 30 Rn. 232.

Beispielsfall 57: „Vollstreckungsbescheidsfall"[269]

§ 131 InsO – Keine inkongruente Deckung bei Erfüllung innerhalb der Dreimonatsfrist nach bloßer Zustellung eines Vollstreckungsbescheids

Die Beklagte lieferte der Schuldnerin Waren, die diese nicht bezahlte. Die Be-   301
klagte beauftragte daher ein Inkassounternehmen mit der Beitreibung. In dem
sich anschließenden Mahnverfahren erging ein Vollstreckungsbescheid, wel-
cher der Schuldnerin am 11.06.2003 zugestellt wurde. Am 19.06.2003 beglich
die Schuldnerin die offenen Rechnungen, obwohl sie zu diesem Zeitpunkt be-
reits zahlungsunfähig war. Am 29.07.2003 stellte die Schuldnerin Insolvenz-
antrag. Der klagende Insolvenzverwalter verlangte den Kaufpreis unter dem
Gesichtspunkt der Insolvenzanfechtung zurück.

Der BGH geht mit den Vorinstanzen davon aus, dass die Beklagte den Kauf-   302
preis nicht im Wege der Zwangsvollstreckung erlangt habe, denn diese habe
am Tag der Zahlung noch nicht begonnen. Die Zustellung des Titels und die
Erteilung der Vollstreckungsklausel, die im konkreten Fall nicht erforderlich
gewesen sei, seien bloße Vorbereitungshandlungen. Die Zwangsvollstreckung
in bewegliche Sachen beginne mit der Pfändung durch den Gerichtsvollzieher.
Für die Beurteilung der Anfechtbarkeit sei es allerdings nicht wesentlich, ob
die Zwangsvollstreckung im formalrechtlichen Sinne schon begonnen habe.
Eine Befriedigung oder Sicherung sei auch dann inkongruent, wenn sie unter dem Druck der unmittelbar bevorstehenden Zwangsvollstreckung gewährt
werde. Dies ist nach der Rechtsprechung des BGH der Fall, wenn der Gläubiger zum Ausdruck gebracht hat, dass er alsbald die Mittel der Vollstreckung
einsetzen wird, sofern der Schuldner die Forderung nicht erfüllt.[270]

---

269   BGH, 07.12.2006 – IX ZR 157/05, ZInsO 2007, 99.
270   Vgl. BGH, 18.12.2003 – IX ZR 199/02, BGHZ 157, 242, 248 = ZInsO 2004, 145.

Beispielsfall 58: „Wiederholter Insolvenzantrag (2)"[271]

§ 131 InsO – Inkongruente Deckung durch wiederholte Insolvenzantragstellung

303 *Die im Mai 1998 gegründete Schuldnerin führte die fälligen Gesamtsozialversicherungsbeiträge zu keinem Zeitpunkt rechtzeitig an die verklagte Krankenkasse ab. Mit Schreiben v. 15.03.1999 wies die Beklagte auf rückständige Beiträge für die Monate Dezember 1998 sowie Januar und Februar 1999 i. H.v. ca. 15.000 DM hin und führte aus, haftungsrechtliche Regelungen zwängen die Krankenkassen, umgehend Insolvenzantrag zu stellen, wenn die Beiträge für zwei Monate unbeglichen seien. Sie sehe sich daher gezwungen, am 24.03.1999 Insolvenzantrag zu stellen, würde sich aber sehr freuen, wenn es der Schuldnerin gelänge, den Insolvenzantrag abzuwenden. Die Schuldnerin erbrachte daraufhin am 25.03., 26.03., 15.04. und am 29.04.1999 Zahlungen.*

Die nächste Ankündigung eines Insolvenzantrages erfolgte mit Schreiben v. 17.05.1999 wegen Rückständen für März und April 1999 i.H.v. ca. 20.000 DM unter Fristsetzung bis zum 26.05.1999. Die Schuldnerin erbrachte daraufhin am 25.05., 02.06., 04.06. und am 08.06.1999 Zahlungen.

Der dritte Insolvenzantrag wurde durch Schreiben v. 13.09.1999 wegen Rückständen für Juni und Juli 1999 i.H.v. ca. 10.000 DM angekündigt, unter gleichzeitigem Hinweis auf die am 15.09.1999 fällig werdenden Beiträge i.H.v. ca. 9.000 DM. Die Schuldnerin wurde zur Zahlung binnen einer Woche aufgefordert, andernfalls werde unverzüglich Insolvenzantrag gestellt. Die Schuldnerin erbrachte daraufhin am 22.09., 01.12. und am 16.12.1999 Zahlungen, zuletzt i.H.v. 2.436 DM.

Auf einen Insolvenzantrag vom 03.01.2000 hin wurde am 10.02.2000 das Insolvenzverfahren über das Vermögen der Schuldnerin eröffnet. Der klagende Insolvenzverwalter verlangte von der Beklagten die Rückzahlung sämtlicher seit Februar 1999 geleisteter Zahlungen i.H.v. ca. 73.000 DM. Die Revision des Klägers führte hinsichtlich des am 16.12.1999 gezahlten Betrages i.H.v. 2.436 DM zur Verurteilung der Krankenkasse und i.Ü. zur Zurückverweisung.

---

271 BGH, 18.12.2003 – IX ZR 199/02, BGHZ 157, 242 = ZInsO 2004, 145.

Die letzte Zahlung vom 16.12.1999 wertete der BGH als inkongruente De- 304
ckung, da sie innerhalb der kritischen Zeit des § 131 Abs. 1 Nr. 1 InsO auf
einen angedrohten Insolvenzantrag vorgenommen wurde.[272] Ein frühzeitig
gestellter Insolvenzantrag entspreche zwar den gesetzlichen Zielen der Gläubigergleichbehandlung und einer evtl. Sanierung des Schuldners; daher sei die
Ankündigung als solche rechtlich nicht zu beanstanden. Daraus folge jedoch
nicht, dass auf einen Insolvenzantrag hin geleistete Zahlungen als kongruente
Deckungen anzusehen seien. Vielmehr laufe es den mit einem frühzeitigen
Insolvenzantrag verfolgten Zielen zuwider, den Antrag zur Durchsetzung von
Ansprüchen eines einzelnen Gläubigers zu benutzen. Im Gegensatz zu einer
im Wege der Einzelzwangsvollstreckung oder zu deren Abwendung erlangten
Deckung, die nur bei einer Vornahme der Rechtshandlung im Zeitraum der
gesetzlichen Krise inkongruent sei, sei die aufgrund eines Insolvenzantrages
erzielte Deckung stets inkongruent. Entsprechendes gelte, wenn der Antrag
nur angedroht sei. Jedenfalls vor Ablauf von drei Monaten nach der letztmalig
eingeräumten Frist habe die Schuldnerin nicht davon ausgehen dürfen, die
nachdrücklichen Drohungen mit einem Insolvenzantrag hätten sich erledigt.

Nach dem 2. Leitsatz dieser Entscheidung endet der für eine Inkongruenz 305
notwendige zeitliche Zusammenhang zwischen der Drohung mit einem Insolvenzantrag und der Leistung des Schuldners je nach Lage des Falls nicht mit
Ablauf der von dem Gläubiger mit der Androhung gesetzten Zahlungsfrist;
rücke der Gläubiger von der Drohung mit dem Insolvenzantrag nicht ab und
verlange er vom Schuldner fortlaufend Zahlung, könne der Leistungsdruck
über Monate fortbestehen.

Hinsichtlich der übrigen Zahlungen führt der BGH aus, die Kenntnis der 306
Beklagten von der Gläubigerbenachteiligung i.S.d. § 131 Abs. 1 Nr. 3 InsO
könne nicht schon wegen der Inkongruenz der Zahlungen bejaht werden. Da
die Inkongruenz bereits tatbestandsmäßige Voraussetzung des § 131 InsO sei,
könne sie nicht zugleich als selbstständige, zusätzliche Beweislast innerhalb
dieser Norm dienen.[273] Dies schließe indes nicht aus, der Inkongruenz – wie
bei § 133 Abs. 1 InsO – unter bestimmten Voraussetzungen die Bedeutung
eines Beweisanzeichens für die Kenntnis des Gläubigers beizumessen. Voraussetzung sei allerdings, dass die Wirkungen der Rechtshandlung zu einem
Zeitpunkt eingetreten seien, als zumindest aus der Sicht des Leistungsempfän-

---

272   BGH, 09.09.1997 – IX ZR 14/97, BGHZ 136, 309 = ZIP 1997, 1929.

273   Vgl. hierzu Kreft in: Heidelberger Kommentar zur InsO, § 131 Rn. 24.

gers Anlass bestanden habe, an der Liquidität des Schuldners zu zweifeln.[274] Wer über Monate hinweg nur unvollständige Zahlungen erhalte und sich sogar mehrmals veranlasst sehe, mit Nachdruck Insolvenzanträge anzudrohen, kenne im Allgemeinen Umstände, die zwingend auf die Benachteiligung schließen ließen (§ 131 Abs. 2 Satz 1 InsO).

---

274   BGH, 21.01.1999 – IX ZR 429/97, ZInsO 1999, 163.

Beispielsfall 59: „Zahlungsanweisungsfall"[275]

§§ 131, 133 InsO – Inkongruente Deckung bei mittelbarer Zuwendung; Bedeutung der Inkongruenz für § 133 InsO

Auf Drittantrag vom 16.12.1999 wurde über das Vermögen der Schuldnerin   307
das Insolvenzverfahren eröffnet. Die verklagte Sozialversicherungsträgerin hatte bereits am 06.04.1999 einen ersten Insolvenzantrag gestellt und diesen nach einer Zahlung v. 21.04.1999 i.H.v. 70.000 DM auf die bestehenden Rückstände und der Zusage von Ratenzahlungen zurückgenommen. Im Juni 1999 blieben die Zahlungen aus, woraufhin die Beklagte am 09.07.1999 das Bankkonto der Schuldnerin pfändete. Die Pfändung wurde nach einer Scheckzahlung i.H.v. 38.000 DM vom 12.07.1999 wieder aufgehoben, doch hatte die Bank am Tag der Pfändung die Kreditlinie per 16.08.1999 fällig gestellt. Nach abermaliger Pfändung der Beklagten überwies die Schuldnerin dieser am 20.08.1999 weitere 1.500 DM. Am 14.10.1999 und 30.11.1999 überwies eine Auftraggeberin auf Anweisung der Schuldnerin an die Beklagte letztmalig ca. 30.000 DM und 6.000 DM.

Anders als das Berufungsgericht hat der BGH die innerhalb des Dreimonatszeitraums der §§ 130, 131 InsO vorgenommenen Zahlungen der Schuldnerin vom 14.10. und 30.11.1999 als inkongruente Deckungen angesehen. Vereinbare ein Schuldner mit einer Zwischenperson, diese solle für ihn fällige Beiträge an Sozialversicherungsträger entrichten, bewirke allein die Mittelbarkeit dieser Zahlung i.d.R. eine inkongruente Deckung.[276]   308

Zur Frage des Gläubigerbenachteiligungsvorsatzes des Schuldners bestätigt der BGH seine frühere Rechtsprechung[277] auch für den Anwendungsbereich der InsO. Die Gewährung einer inkongruenten Deckung stelle regelmäßig ein starkes Beweisanzeichen für einen Gläubigerbenachteiligungsvorsatz des Schuldners dar.[278]   309

Inkongruent sei stets die aufgrund eines Insolvenzantrages erzielte Deckung. Denn dieser diene nach seinem gesetzlichen Zweck nicht dazu, dem einzelnen Gläubiger zur vollen Durchsetzung seiner Ansprüche zu verhelfen. An-   310

---

275   BGH, 08.12.2005 – IX ZR 182/01, ZInsO 2006, 94.
276   BGH, 09.01.2003 – IX ZR 85/02, ZIP 2003, 356, 358.
277   Vgl. etwa BGH, 19.03.1998 – IX ZR 22/97, BGHZ 138, 291, 308 = ZInsO 1998, 89.
278   BGH, 30.09.1993 – IX ZR 227/92, BGHZ 123, 320, 326 = ZIP 1993, 1653.

ders ausgedrückt kann man auch sagen, die Stellung des Insolvenzantrages zur Durchsetzung der vollen Befriedigung des Gläubigers stellt sich als missbräuchliche Ausübung des Rechts zur Stellung des Insolvenzantrages, der die gleichmäßige Befriedigung der Gläubiger zum Ziel hat, dar, sodass die hierdurch erlangte Befriedigung gegenüber den übrigen Gläubigern des Schuldners keinen Schutz genießt und somit anfechtbar ist. Dem Schuldner – so der BGH weiter –, der einem Gläubiger nach gestelltem Insolvenzantrag Teilzahlungen leiste und weitere Raten verspreche, komme es nicht in erster Linie auf die Erfüllung seiner gesetzlichen oder vertraglichen Pflichten an, sondern er wolle diesen Gläubiger zur Rücknahme des Insolvenzantrages bewegen. Zu diesem Zweck bevorzuge er den antragstellenden Gläubiger und nehme die Benachteiligung derzeit weniger gefährlicher Gläubiger im Allgemeinen in Kauf.[279] Die Zahlung der Schuldnerin vom 21.04.1999 i.H.v. 70.000 DM war daher nach § 133 InsO anfechtbar.

311 Der BGH bestätigt ferner seine neuere Rechtsprechung, wonach Zahlungsunfähigkeit vorliegt, wenn die Liquiditätslücke des Schuldners 10 % oder mehr beträgt, soweit nicht ausnahmsweise mit an Sicherheit grenzender Wahrscheinlichkeit zu erwarten ist, dass diese Lücke innerhalb von drei Wochen (fast) vollständig beseitigt werden wird und den Gläubigern ein solches Zuwarten zuzumuten ist.[280] Eine einmal eingetretene Zahlungsunfähigkeit wird i.d.R. erst beseitigt, wenn die geschuldeten Zahlungen im Allgemeinen wieder aufgenommen werden können. Die Beweislast liegt bei dem, der sich auf den nachträglichen Wegfall der Zahlungsunfähigkeit beruft.[281]

312 Hinsichtlich der Zahlungen vom 12.07. und vom 20.08.1999 nimmt der BGH auf seine Rechtsprechung Bezug, wonach es an einer Rechtshandlung i.S.d. § 133 Abs. 1 InsO fehle, wenn der Schuldner allein die Wahl habe, den Gläubiger über gepfändetes Guthaben nach § 836 Abs. 1 ZPO selbst verfügen zu lassen oder die geleisteten Beträge an ihn zu überweisen.[282] Anders hätte es nur dann gelegen, wenn die Schuldnerin über die Zahlungsbeträge i.H.v. 38.000 DM und 1.500 DM auch noch anders hätte verfügen können, durch den Druck der andauernden Pfändung aber zur Überweisung an die Be-

---

279 BGH, 17.07.2003 – IX ZR 272/02, ZInsO 2003, 850.
280 BGH, 24.05.2005 – IX ZR 123/04, BGHZ 163, 134 = ZInsO 2005, 807.
281 BGH, 25.10.2001 – IX ZR 17/01, BGHZ 149, 100, 109 = ZInsO 2001, 1150; vgl. dazu noch Beispielsfall 50.
282 Vgl. BGH, 10.02.2005 – IX ZR 211/02, BGHZ 162, 143 = ZInsO 2005, 260.

klagte bewegt worden sei; die letztgenannte Fallgestaltung biete keine Besonderheiten, denn Zahlungen zur Abwendung der Zwangsvollstreckung seien außerhalb des Dreimonatszeitraums kongruente Deckungen.

Beispielsfall 60: „Honorarvorschussfall"[283]

§ 131 InsO – Vorschusszahlungen an Rechtsanwalt auf abgeschlossene Angelegenheiten als inkongruente Deckung

313   *Der Beklagte war seit Anfang/Mitte Oktober 2001 für die in finanziellen Schwierigkeiten befindliche Schuldnerin anwaltlich tätig. Als Honorar erhielt er von der Schuldnerin zunächst – jeweils in bar – am 01.11.2001 5.000 DM und am 08.11.2001 10.000 DM. Am 09.11.2001 stellte der Geschäftsführer der Schuldnerin Insolvenzantrag mit dem Ersuchen, den Antrag erst zu bearbeiten, wenn bis zum 12.11.2001 eine erwartete Kapitaleinlage der Muttergesellschaft ausbleiben sollte. Am 12.11.2001 erhielt der Beklagte von der Schuldnerin – wiederum in bar – eine weitere Zahlung i.H.v. ca. 35.000 DM. Über den Gesamtbetrag von ca. 50.000 DM existierte eine auf den 12.11.2001 datierte Rechnung des Beklagten. Zu der Kapitaleinlage kam es nicht. Das Insolvenzverfahren wurde am 01.02.2002 eröffnet. Der klagende Insolvenzverwalter verlangte das gezahlte Honorar unter dem Gesichtspunkt der Insolvenzanfechtung zurück.*

314   Das Berufungsgericht hatte eine inkongruente Deckung verneint, da es sich um Vorschusszahlungen gehandelt habe, auf die der Beklagte einen fälligen Anspruch gehabt habe. Es habe ein umfassender Auftrag zur Abwendung der Insolvenz und anwaltlicher Begleitung im Insolvenzantragsverfahren bestanden. Eine Anfechtung wegen kongruenter Deckung komme ebenfalls nicht in Betracht, da alle drei Vorschusszahlungen als Bargeschäfte anzusehen seien.

315   Der BGH ist dieser Würdigung nicht gefolgt. Hinsichtlich der beiden Zahlungen vom 01.11. und vom 08.11.2001 könne nicht davon ausgegangen werden, dass es sich um Vorschüsse gehandelt und der Beklagte einen dahingehenden Anspruch gehabt habe. Es komme nicht darauf an, ob dem Beklagten ein Dauermandat erteilt worden sei, da sowohl die Gebühren- als auch die Vorschussforderung des Rechtsanwalts auf die jeweilige Angelegenheit – und nicht auf den Auftrag – bezogen sei. Sei eine Angelegenheit beendet, würden auch die dafür verdienten Gebühren fällig, selbst wenn der Auftrag insgesamt noch nicht erledigt sei. Den Vorschussanspruch erwerbe der Rechtsanwalt zwar bereits mit dem Abschluss des Anwaltsvertrages. Er erlösche jedoch, so-

---

283   BGH, 13.04.2006 – IX ZR 158/05, BGHZ 167, 190 = ZInsO 2006, 712.

bald der Vergütungsanspruch fällig gworden sei; dies sei mit der Beendigung der Angelegenheit der Fall.

Die Zahlung vom 12.11.2001 war nach Ansicht des BGH ohne Weiteres nach § 133 InsO anfechtbar. Sie ist erst nach der Stellung des Insolvenzantrages erfolgt. Es könne dahingestellt bleiben, ob zwischen dem Geschäftsführer der Schuldnerin und dem Insolvenzrichter abgesprochen gewesen sei, die Bearbeitung des Antrages bis zum 12.11.2001 zurückzustellen. Für den Zeitpunkt der Stellung des Insolvenzantrages sei der Zeitpunkt des Eingangs beim Gericht maßgebend, somit der 09.11.2001.   316

Zur weiteren Prüfung der Inkongruenz der Zahlungen und des Vorliegens eines Bargeschäfts[284] hat der BGH die Rechtssache an das Berufungsgericht zurückverwiesen.   317

---

284   Vgl. hierzu Beispielsfall 91.

Beispielsfall 61: „Vorfälligkeitsfall (2)"[285]

§ 131 InsO – Inkongruenz einer vor Fälligkeit erbrachten Zahlung

318   *Nach der Satzung der verklagten Krankenversicherung wurden Sozialversicherungsbeiträge spätestens am 15. des Folgemonats fällig. Die Schuldnerin leistete auf die für März 2000 geschuldeten Beiträge durch Banküberweisung am 05.04.2000 eine Zahlung i.H.v. ca. 200.000 DM. Nachdem die Schuldnerin am 11.04.2000 die Eröffnung des Insolvenzverfahrens beantragt hatte, bestellte das Insolvenzgericht am selben Tag den Kläger zum vorläufigen Insolvenzverwalter und ordnete an, dass Verfügungen der Schuldnerin nur noch mit Zustimmung des vorläufigen Insolvenzverwalters wirksam waren. Die Vorinstanzen wiesen die auf Rückzahlung des empfangenen Betrages gerichtete Klage des Insolvenzverwalters zurück. Die hiergegen gerichtete Revision des Klägers hatte Erfolg.*

319   Der BGH führt aus, in der Satzung der Beklagten sei zwar davon die Rede, dass die Beiträge „spätestens am 15." des Folgemonats fällig würden. Auch im Sozialversicherungsrecht bezeichne die Fälligkeit aber den Zeitpunkt, zu dem der Schuldner zu leisten habe und ab dem der Gläubiger die Leistung verlangen könne.[286] Sie bezeichne mithin keinen Zeitraum, sondern einen Zeitpunkt. Solle kraft einer zwischen den Vertragsparteien geltenden Regelung die Fälligkeit spätestens zu einem bestimmten Zeitpunkt eintreten, sei grds. allein der spätestmögliche Zeitpunkt maßgebend.

320   Der geringe zeitliche Abstand zwischen der Zahlung und dem Eintritt der Fälligkeit stehe der Bewertung als inkongruent nicht entgegen. Zwar sei es grds. denkbar, dass auch solche Leistungen, die der Gläubiger nicht zu der Zeit zu beanspruchen habe, als kongruent behandelt würden, wenn die Abweichung von der geschuldeten Leistung so geringfügig sei, dass sich das Erbrachte, auch unter Berücksichtigung der Verkehrssitte, als unverdächtig darstelle. Bei bargeldlosen Überweisungen trete die maßgebende Wirkung der Rechtshandlung in dem Zeitpunkt ein, in dem der Anspruch des Berechtigten auf Gutschrift entstehe.[287] Da dem Zahlungspflichtigen Säumigkeit nicht angesonnen werden könne, müsse eine verfrühte Zahlung als kongru-

---

285   BGH, 09.06.2005 – IX ZR 152/03, ZInsO 2005, 766.

286   BGH, 18.11.1997 – VI ZR 11/97, ZIP 1998, 31, 32.

287   Vgl. MünchKomm-InsO/Kirchhof, § 140 Rn. 9 vor Fn. 25.

ent angesehen werden, wenn die Verfrühung die voraussichtliche Dauer des Zahlungsvorgangs nicht nennenswert überschreite. Einen Anhaltspunkt hierfür biete § 676a Abs. 2 Nr. 2 BGB (Überweisung im Inlandsverkehr binnen dreier Bankgeschäftstage). Eine Zahlung durch Banküberweisung, die beim Gläubiger früher als fünf Bankgeschäftstage vor Fälligkeit eingehe, sei als inkongruent anzusehen.

Zur Frage der Ursächlichkeit der verfrühten Leistung für die Benachteiligung der übrigen Gläubiger verweist der BGH zunächst auf seine ständige Rechtsprechung, wonach die Ursächlichkeit allein aufgrund des realen Geschehens zu beurteilen sei.[288] Deswegen sei es ohne Bedeutung, ob die Zahlung auch nach Fälligkeit erfolgt wäre. Ob die wenige Tage nach der Zahlung eingetretene Fälligkeit einer Anfechtung in voller Höhe entgegenstehe, sei keine Frage der Ursächlichkeit, sondern der Zurechenbarkeit. Im Wege wertender Betrachtung sei einzuschätzen, ob dieselbe Masseschmälerung durch eine gesetzlich nicht missbilligte Rechtshandlung der Schuldnerin hätte herbeigeführt werden können. Im konkreten Fall sah es der BGH als entscheidend an, dass die Schuldnerin aufgrund des am 11.04.2000 angeordneten Zustimmungsvorbehalts nicht mehr die Möglichkeit gehabt hätte, nach Eintritt der Fälligkeit der Beiträge frei über ihr Vermögen zu verfügen. 321

Anders entschieden hat der BGH hingegen den folgenden Beispielfall 62. 322

---

288 Vgl. hierzu BGH, 07.06.1988 – IX ZR 144/87, BGHZ 104, 355, 359 = ZIP 1988, 1060.

Beispielsfall 62: „Kreditvorfälligkeitsfall"[289]

§§ 129, 131 InsO – Inkongruenz und Gläubigerbenachteiligung bei Rückzahlung eines Kredits vor Fälligkeit

323   *Der Beklagte war einer von sieben Gesellschaftern der Schuldnerin (GmbH) und deren alleinvertretungsberechtigter Geschäftsführer. Er hatte ihr im Jahr 1992 mehrere Darlehen gewährt, die Anfang Dezember 1992 bis auf einen Betrag i.H.v. 90.000 DM zurückgezahlt waren. Die Bilanz der Schuldnerin per 31.12.1992 war ausgeglichen. Am 25.02.1993 beschlossen die Gesellschafter, mehreren Mitarbeitern wegen ungünstiger Entwicklung der Auftragslage zu kündigen und die bisherigen Bürgschaften von 35.000 DM auf 100.000 DM zu erhöhen, um weiteren Bankkredit zu erhalten. Am 02.03.1993 veranlasste der Beklagte die Überweisung des Betrages von 90.000 DM an sich selbst. Am 15.04.1993 stellte er den Antrag auf Eröffnung des Gesamtvollstreckungsverfahrens.*

Der klagende Verwalter verlangte vom Beklagten die Rückzahlung der empfangenen 90.000 DM. Das LG wies die Klage ab, das OLG gab ihr in der Hauptsache statt. Die Revision des Beklagten führte zur Aufhebung und Zurückverweisung.

324   Der BGH geht davon aus, dass nach den vom Berufungsgericht bislang getroffenen Feststellungen kein Anfechtungsanspruch begründet sei. Die Gläubiger wären durch die Zahlung an den Beklagten unmittelbar benachteiligt worden, wenn es an einer rechtsbeständigen Verpflichtung der Schuldnerin zur Rückzahlung des Darlehens gefehlt hätte. Davon könne jedoch gegenwärtig nicht ausgegangen werden. Es sei zwischen den Parteien streitig, ob der Beklagte das auf unbestimmte Zeit gewährte Darlehen vor dem 02.03.1993 gekündigt habe. Nach der mit der Gemeinschuldnerin getroffenen Vereinbarung sei er berechtigt gewesen, das Darlehen jederzeit mit einer Frist von einer Woche zum Monatsende zu kündigen. Der unmittelbare Nachteil für die Gemeinschuldnerin könne also höchstens darin liegen, dass sie die Zahlung etwa vier Wochen zu früh erbracht habe und ihr die Nutzung des Geldes in diesem Zeitraum entgangen sei. Mit der Berücksichtigung eines bloß hypothetischen Kausalverlaufs habe dies nichts zu tun. Ob die Anfechtung dann den Gesamtanspruch erfassen würde, wenn die Gemeinschuldnerin, hätte sie die Fällig-

---

289   BGH, 13.03.1997 – IX ZR 93/96, ZIP 1997, 853.

keit des Darlehensrückzahlungsanspruchs abgewartet, diesen nicht mehr mit Wirkung gegenüber der Masse hätte erfüllen können, brauche der Senat nicht zu entscheiden. Denn der Gesamtvollstreckungsantrag sei erst im April 1993 gestellt worden.

Beispielsfall 63: „Lieferantenkreditfall"[290]

§ 131 InsO – Erfüllung des Freistellungsanspruchs eines mithaftenden Gesamtschuldners als inkongruente Deckung

325   *Die Schuldnerin (GmbH) stand mit der Beklagten in ständiger Geschäftsbeziehung. Diese gewährte ihr im Jahr 1998 ein Darlehen i.H.v. 600.000 DM und im Jahr 2001 ein weiteres i.H.v. 100.000 DM, nachdem die Schuldnerin zunehmend in wirtschaftliche Schwierigkeiten geraten war und keine Bankkredite mehr erhielt. Seit Anfang 2001 wickelte die Schuldnerin ihren Zahlungsverkehr aufgrund einer Absprache mit der Beklagten über zwei Geschäftskonten ab. Ein Konto wurde als Guthabenkonto bei der Bankfiliale D geführt, während von einem anderen Konto bei der Filiale A Verbindlichkeiten beglichen wurden. Auf dieses Konto wurden in unterschiedlichen Abständen Beträge von dem Konto bei der Filiale D überwiesen. Zudem konnte eine der Beklagten eingeräumte Kreditlinie i.H.v. 3 Mio. DM in Anspruch genommen werden. Die Beklagte hatte insoweit die gesamtschuldnerische Haftung übernommen, wobei die Schuldnerin im Innenverhältnis allein die Darlehensschuld tragen sollte.*

In der Zeit vom 27.06. bis zum 18.09.2001 wurden von dem Konto D auf das Konto A insgesamt ca. 400.000 DM überwiesen. Das Konto A wies am 21.09.2001 ein Minus i.H.v. ca. 100.000 DM auf, das die Beklagte ausglich. Mit Schreiben v. 20.09.2001 stellte die Schuldnerin Insolvenzantrag. Das Insolvenzverfahren wurde am 11.12.2001 eröffnet. Der klagende Insolvenzverwalter verlangte im Wege der Insolvenzanfechtung von der Beklagten die Rückgewähr der in der Zeit zwischen dem 27.06. und dem 18.09.2001 überwiesenen Beträge. Die Revision des Klägers gegen das klageabweisende Urteil des OLG hatte Erfolg.

326   Nach Auffassung des BGH entsteht der Ausgleichsanspruch nach § 426 Abs. 1 BGB nicht erst mit der Befriedigung des Gläubigers, sondern zugleich mit der Entstehung des Gesamtschuldverhältnisses.[291] Der mithaftende Gesamtschuldner könne daher schon vor seiner eigenen Leistung an den Gläubiger die Mitwirkung der anderen Gesamtschuldner an dessen Befriedigung verlangen.

---

290   BGH, 20.07.2006 – IX ZR 44/05, DZWIR 2007, 79.

291   Vgl. hierzu ferner BGH, 07.11.1985 – III ZR 142/84, NJW 1986, 978, 979.

Die Zahlung der Schuldnerin sei inkongruent gewesen, wenn der Beklagten   327
seinerzeit noch kein fälliger Anspruch zugestanden habe. Die sofortige Fälligkeit des Freistellungsanspruchs könne nicht aus einer rechtsähnlichen Anwendung der §§ 257 Satz 2, 738 Abs. 1 Satz 3, 775 Abs. 2 BGB hergeleitet
werden. Maßgebend sei die unterschiedliche Interessenlage der Beteiligten,
sodass entsprechende Parteiabreden oder die Umstände des Falls für die Lösung der Fälligkeitsfrage vorrangig seien.[292] Für eine entsprechende Fällig-
keitsvereinbarung bestand nach den tatrichterlichen Feststellungen in dem zu
entscheidenden Fall kein Anhaltspunkt.

Der BGH bestätigt ferner seine Rechtsprechung, wonach die Inkongruenz ei-   328
ner Leistung bei Kenntnis des Gläubigers von der finanziell engen Lage des
Schuldners ein wesentliches Beweisanzeichen für die Kenntnis der Gläubigerbenachteiligung begründet.[293]

---

292   BGH, 11.04.1984 – VIII ZR 302/82, BGHZ 91, 73, 79.
293   Vgl. hierzu BGH, 18.12.2003 – IX ZR 199/02, BGHZ 157, 242 = ZInsO 2004, 145 sowie
      Beispielsfall 74.

Beispielsfall 64: „Forderungserwerbsfall"[294]

§ 131 InsO – Inkongruente Deckung bei Erwerb einer zuvor ungesicherten Forderung, die in den Deckungsbereich einer anfechtungsfesten Sicherung fällt

329   *Die Schuldnerin hatte der verklagten Bank im November 1968 als Sicherheit für deren Ansprüche aus der bestehenden Geschäftsbeziehung Grundschulden abgetreten. Am 22. und 23.07.1970, als sich bei der Schuldnerin eine Krise zumindest schon abzeichnete, ließ sich die Beklagte von vier ihrer Kunden, die ebenfalls Gläubiger der Schuldnerin waren, deren Forderungen gegen die Schuldnerin i.H.v. ca. 325.000 DM abtreten. Am 29.07.1970 beantragte die Schuldnerin wegen Zahlungsunfähigkeit das gerichtliche Vergleichsverfahren. Das AG eröffnete unter Ablehnung dieses Antrages am 06.08.1970 das Konkursverfahren. Der klagende Konkursverwalter und die verklagte Bank stritten darüber, ob die Beklagte berechtigt war, sich auch wegen der ihr abgetretenen Forderungen aus den Grundschulden zu befriedigen. Die Sprungrevision der Beklagten gegen das der Klage stattgebende Urteil des LG blieb ohne Erfolg.*

330   Der BGH bejaht zunächst den Erwerb eines Absonderungsrechts durch die Beklagte und die Benachteiligung der Konkursgläubiger durch die Erweiterung dieses Absonderungsrechts um den Betrag der abgetretenen Forderungen. Die Beklagte habe jedoch die erlangte Sicherung nicht zu beanspruchen gehabt. Ein Anspruch der Beklagten auf Sicherstellung durch die ihr abgetretenen Forderungen sei erst mit der Abtretung am 22./23.07.1970 entstanden. Dieser Zeitpunkt habe innerhalb der kritischen Zehntagesfrist des § 30 Nr. 2 KO (vgl. jetzt § 131 Abs. 1 InsO) gelegen. Für die Anfechtung sei es gleichgültig, ob ein Gläubiger sich vom Schuldner Deckung für seine Forderung erst in der kritischen Phase geben lasse oder ob die Deckung während der kritischen Phase dadurch erlangt werde, dass ein Gläubiger, der über keine Deckung verfüge, die Forderung an einen anderen Gläubiger abtrete, der überschüssige Sicherheiten habe.

---

294   BGH, 25.09.1972 – VIII ZR 216/71, BGHZ 59, 230.

Beispielsfall 65: „Scheckrückbelastungsfall"[295]

§§ 131, 140 InsO – Inkongruente Sicherung durch Sicherungsabtretung der einem Scheck zugrunde liegenden Forderung

Die Schuldnerin unterhielt bei der klagenden Bank ein auf Guthabensbasis   331
*geführtes Girokonto. Am 15.04.2003 reichte die Schuldnerin auf dieses Konto
einen Scheck der Fa. M über ca. 60.000 € zur Gutschrift ein. Aufgrund der
Scheckeinreichung führte die Klägerin am 16.04.2003 einen Überweisungs-
auftrag der Schuldnerin über ca. 51.000 € aus. Am 17.04.2003 stellte die
Schuldnerin Insolvenzantrag. Durch Beschuss vom gleichen Tag wurde der
Beklagte zum vorläufigen Insolvenzverwalter mit Zustimmungsvorbehalt bestellt (§ 21 Abs. 2 Satz 1 Nr. 2 InsO). Am 29.04.2003 wurde der Scheck von
der bezogenen Bank wegen eines Formfehlers nicht eingelöst. Es erfolgte eine
Rückbelastung auf dem Konto der Schuldnerin, das sich danach wegen der
durchgeführten Überweisung mit ca. 51.000 € im Soll befand. In der Folgezeit
übersandte die Fa. M der Schuldnerin einen neuen Scheck, der auf Anweisung
des Beklagten über ein Anderkonto eingezogen wurde.*

*Am 01.06.2003 wurde das Insolvenzverfahren eröffnet. Die Klägerin begehr-
te den Ausgleich des Negativsaldos auf dem schuldnerischen Konto mit der
Begründung, der Beklagte habe dadurch unberechtigt über die sicherungsab-
getretene Forderung verfügt, dass er den neuen Scheck über das Anderkonto
eingezogen habe; es stehe ihr daher ein Ersatzabsonderungsrecht i.H.d. Negativsaldos zu.*

*Die Revision des verklagten Insolvenzverwalters führte zur Aufhebung des an-
gefochtenen Urteils und zur Abweisung der Klage.*

Der BGH folgt dem Berufungsgericht zunächst darin, dass die Klägerin nach   332
Nr. 15 AGB-Banken das Sicherungseigentum am Scheck und auch die zugrunde liegende Forderung erworben habe. Durch die Zahlung mittels erneu-
tem Scheck sei die abgetretene Forderung nach § 407 Abs. 1 BGB auch mit
Wirkung gegenüber der Klägerin erloschen, da der Fa. M die Sicherungsabtretung der Forderung gem. Nr. 15 Abs. 2 AGB-Banken nicht bekannt gewesen sei. Zugleich sei das Entstehen eines (künftigen) Absonderungsrechts der
Klägerin verhindert worden.[296] Ein Ersatzabsonderungsrecht der Klägerin sei

---

295   BGH, 08.03.2007 – IX ZR 127/05, ZIP 2007, 924.
296   BGH, 01.10.2002 – IX ZR 360/99, ZIP 2002, 2182, 2183.

dadurch jedoch nicht entstanden. Dies hätte vorausgesetzt, dass der Beklagte die Einziehung unberechtigt vorgenommen hatte[297] und die Sicherungsabtretung nicht wirksam angefochten worden war.

333 Der Beklagte habe die Sicherungsabtretung jedoch nach § 131 Abs. 1 Nr. 1 InsO wirksam angefochten. Schon aus diesem Grund liege ein Ersatzabsonderungsrecht nicht vor. Die mit der Einreichung des ersten Schecks verbundene Sicherungsabtretung der zugrunde liegenden Forderung stelle eine inkongruente Deckung dar. Der schuldrechtliche Anspruch der Bank auf Pfandrechtsbestellung nach Nr. 14 AGB-Banken werde erst in dem Moment auf einen bestimmten Pfandgegenstand konkretisiert, in dem die verpfändete Forderung entstehe.[298] Nichts anderes gelte für Nr. 15 Abs. 2 AGB-Banken. Bei der Vorausabtretung einer Forderung trete die Wirkung der Abtretung nach § 140 Abs. 1 InsO frühestens mit dem Entstehen der Forderung ein.[299] Da die Abtretung in dem zu entscheidenden Fall erst zum Zeitpunkt der Scheckeinreichung erfolgt sei, sei dieser Zeitpunkt maßgebend. Bei der Einreichung des Schecks sei von der Schuldnerin keine (neue) schuldrechtliche Verpflichtung zur Abtretung der dem Scheck zugrunde liegenden Forderung begründet worden.

334 Der BGH weist noch darauf hin, dass die Klägerin die Gutschrift mit dem Negativsaldo hätte verrechnen dürfen, wenn die Schuldnerin den zweiten Scheck über das Konto der Klägerin eingezogen hätte. Dies war aber nicht der Fall.

335 Die Anfechtbarkeit nach § 131 InsO sei schließlich auch nicht nach § 142 InsO ausgeschlossen, denn bei inkongruenter Sicherung oder Deckung fänden die Bestimmungen über das Bargeschäft keine Anwendung.[300]

---

297 Vgl. BGH, 06.04.2000 – IX ZR 422/98, BGHZ 144, 192, 198 = ZInsO 2000, 330.

298 Vgl. BGH, 07.03.2002 – IX ZR 223/01, BGHZ 150, 122 = ZInsO 2002, 426.

299 BGH, 20.03.2003 – IX ZR 166/02, ZInsO 2003, 372.

300 Vgl. hierzu noch BGH, 17.06.2004 – IX ZR 124/03, ZInsO 2004, 856.

Beispielsfall 66: „Leistungsverweigerungsfall"[301]

§§ 131, 142 InsO – Inkongruente Deckung oder Bargeschäft im Fall der Direktzahlung des Auftraggebers an den Werkunternehmer nach dessen Berufung auf ein Leistungsverweigerungsrecht gem. § 648a BGB

Die Schuldnerin beauftragte die Beklagte als Subunternehmerin mit dem Ge- 336
werk „Mobile Trennwandanlagen". Mit Schreiben v. 07.02.2001 bestätigte die Beklagte den Auftrag und bat zugleich um Stellung einer Bankbürgschaft i.H.d. Brutto-Auftragssumme. Am 22.05.2001 forderte die Beklagte die Schuldnerin zur Leistung einer Sicherheit gem. § 648a BGB bis zum 05.06.2001 auf und kündigte an, nach fruchtlosem Ablauf der Frist von ihrem Leistungsverweige-rungsrecht Gebrauch zu machen. Die Schuldnerin kam der Aufforderung nicht nach, sodass sich die Beklagte weigerte, die bereits angefertigten Trennwände auf der Baustelle einzubauen.

Am 13.07.2001 vereinbarte die Schuldnerin mit der Auftraggeberin, dass diese bestimmte Forderungen von Subunternehmern gegen die Schuldnerin unmittelbar begleichen solle. Die Auftraggeberin teilte dies der Beklagten mit, wobei sie die offene Forderung der Beklagten mit 70.130,41 € netto bezifferte. Die Beklagte antwortete, sie werde die Trennwände erst nach Zahlung von 82.403, 24 €, also der gesamten Angebotssumme, montieren. Die Auftragge-berin zahlte einen Betrag von brutto 75.934,70 €; daraufhin baute die Beklag-te die Montagewände mangelfrei ein.

Der klagende Insolvenzverwalter verlangte von der Beklagten die Rückge-währ der von der Auftraggeberin netto gezahlten 65.460,95 €. Das OLG wies die Klage ab. Die hiergegen gerichtete Revision des Klägers hatte Erfolg und führte zur Zurückverweisung der Rechtssache an das Berufungsgericht.

Der BGH bezieht sich zunächst auf seine ständige Rechtsprechung, wonach 337
eine inkongruente Befriedigung gegeben ist, wenn ein Dritter auf Anweisung des Schuldners dessen Verbindlichkeit begleicht, ohne dass eine insolvenz-feste Vereinbarung zwischen Gläubiger und Schuldner vorgelegen hat.[302] Die Bestimmung des § 648a BGB gebe dem Unternehmer ein Leistungsverwei-gerungsrecht, jedoch keinen durchsetzbaren Anspruch auf Gewährung einer

---

301   BGH, 10.05.2007 – IX ZR 146/05, ZInsO 2007, 662.
302   BGH, 08.10.1998 – IX ZR 337/97, ZInsO 1998, 395.

Sicherheit. Wie der Senat bereits entschieden habe,[303] begründe § 648a BGB nicht einmal die Kongruenz einer nachträglichen Vereinbarung über die Abtretung einer Werklohnforderung des Hauptunternehmers gegen den Bauherrn an den Subunternehmer; für Direktzahlungen des Bauherrn an den Subunternehmer gelte dies erst recht. Die (vorzeitige) Erfüllung des Werklohnanspruchs durch Dritte sei in § 648a BGB nicht vorgesehen und daher schon deshalb grds. inkongruent.

338 Die erforderliche Gläubigerbenachteiligung sei gegeben. Nach Darstellung des Klägers habe die Zahlung der Auftraggeberin unmittelbar auf eine unabhängig von den Leistungen, die die Beklagte zu erbringen gehabt habe, begründete Werklohnforderung der Schuldnerin gegen die Auftraggeberin angerechnet werden sollen. Damit habe die Schuldnerin für die Befriedigung der Beklagten einen Vermögensgegenstand aufgegeben, der andernfalls den Gläubigern zur Verfügung gestanden hätte.

339 Ein Bargeschäft scheide im Fall einer inkongruenten Deckung aus.[304] Lege man jedoch den Sachvortrag der Beklagten zugrunde, seien die Voraussetzungen eines Bargeschäfts erfüllt. Nach ihrem Vorbringen habe es nach dem fruchtlosen Ablauf der nach § 648a BGB gesetzten Frist eine dreiseitige Vereinbarung zwischen ihr, der Schuldnerin und der Auftraggeberin dahingehend gegeben, dass die von ihr zu liefernden Trennwände insgesamt von der Auftraggeberin hätten bezahlt werden sollen. In diesem Fall sei die Zahlung als kongruent anzusehen. Als die behauptete Vereinbarung getroffen worden sei, habe die Schuldnerin noch keine Zahlungen geleistet und auch noch keine Leistungen von der Beklagten erhalten gehabt. Die Schuldnerin habe auch eine gleichwertige Gegenleistung für die von ihr erbrachte Leistung – die Zahlung durch die Auftraggeberin unter Anrechnung auf deren Verbindlichkeit – erhalten. Sie habe nämlich die von der Beklagten erbrachten Werkleistungen ihrerseits gegenüber der Auftraggeberin abrechnen können.

---

303 Vgl. BGH, 18.11.2004 – IX ZR 299/00, ZInsO 2005, 439.
304 Vgl. hierzu noch BGH, 09.06.2005 – IX ZR 152/03, ZIP 2005, 1243, 1245.

V. § 132 InsO – Anfechtbarkeit unmittelbar nachteiliger Rechtshandlungen

§ 132 InsO erfasst sämtliche Rechtsgeschäfte, die die Insolvenzgläubiger un- 340
mittelbar benachteiligen und die nicht unter die spezielleren Bestimmungen
der §§ 130, 131 InsO fallen.[305] Während § 130 InsO die Gewährung von Befriedigungen oder Sicherungen auf bereits bestehende Verbindlichkeiten des
Schuldners erfasst, richtet sich § 132 Abs. 1 InsO v.a. gegen die Eingehung
von Verbindlichkeiten durch den in der Krise befindlichen Schuldner, für die
ihm kein ausgleichender Gegenwert zufließen soll („Verschleuderungsge-
schäfte“).[306]

§ 132 Abs. 2 InsO stellt einen Auffangtatbestand für bestimmte Rechts- 341
handlungen dar, die für die Gläubiger nachteilig sind, ohne dass sie von der
Deckungsanfechtung oder der Anfechtung unmittelbar benachteiligender
Rechtsgeschäfte gem. § 132 Abs. 1 InsO erfasst werden. Es soll erreicht werden, dass solche Rechtshandlungen nicht nur wegen vorsätzlicher Benachteiligung unter den strengen Voraussetzungen des § 133 InsO anfechtbar sind,
soweit nicht eine erleichterte (objektivierte) Anfechtung nach § 134 InsO in
Betracht kommt. Damit soll § 132 Abs. 2 InsO v.a. Regelungslücken schließen, die nach früherem Konkursrecht bei der Anfechtung von Unterlassungen
bestanden.[307]

---

305 Vgl. BT-Drucks. 12/2443, S. 159.
306 MünchKomm-InsO/Kirchhof, § 132 Rn. 1.
307 BT-Drucks. 12/2443, S. 159.

Beispielsfall 67: „Altverbindlichkeitenfall (2)"[308]

§ 132 InsO – Unmittelbare Gläubigerbenachteiligung bei Veranlassung der Befriedigung von Altforderungen durch vorläufigen Insolvenzverwalter; enge Auslegung des ausgleichenden Vorteils

342   *Die Schuldnerin errichtete in Saudi-Arabien eine industrielle Anlage, welche die Beklagte für die Schuldnerin unter Einweisung des Personals in Betrieb nehmen sollte. Bevor es dazu kam, stellte die Schuldnerin am 14.04.2000 Insolvenzantrag. Der Kläger wurde zum vorläufigen Insolvenzverwalter unter Anordnung eines Zustimmungsvorbehalts gem. § 21 Abs. 2 Nr. 2, 2. Alt. ZPO bestellt. Die Schuldnerin fragte später bei der Beklagten an, zu welchen Bedingungen sie ihren Auftrag erfülle. Die Beklagte verlangte neben der vereinbarten Vergütung für den Auftrag i.H.v. 29.000 DM zusätzlich die Begleichung einer Forderung i.H.v. ca. 41.000 DM, die aus der Zeit vor der Bestellung des vorläufigen Insolvenzverwalters stammte. Dieser war zwar zur Bezahlung der Kosten für die Inbetriebnahme bereit, lehnte es aber ab, die Altforderung zu begleichen, da dies die Gläubiger benachteilige. Die Beklagte bestand jedoch auf der Bezahlung. Daraufhin überwies der vorläufige Insolvenzverwalter die geforderte Summe, hinsichtlich der Altforderung jedoch „unter Vorbehalt der Rückforderung und der Anfechtung". Die Beklagte erfüllte anschließend den Auftrag.*

Nach der Bestellung zum Insolvenzverwalter focht der Kläger die Zahlung i.H.v. 41.000 DM an. Das LG gab seiner Klage statt. Das OLG wies sie ab. Die hiergegen gerichtete Revision des Klägers hatte Erfolg.

343   Der BGH weist zunächst darauf hin, dass der Kläger als sog. „schwacher" vorläufiger Insolvenzverwalter keine Masseverbindlichkeit i.S.d. § 55 Abs. 2 InsO habe begründen können. Eine analoge Anwendung dieser Bestimmung komme nicht in Betracht.[309]

344   Die Abrede über die Altforderung stelle ein „Rechtsgeschäft des Schuldners" i.S.d. § 132 Abs. 1 InsO dar, da die Verwaltungs- und Verfügungsbefugnis über das Vermögen der Schuldnerin bei dieser verblieben sei (vgl. § 22 Abs. 1 InsO).

---

308   BGH, 13.03.2003 – IX ZR 64/02, BGHZ 154, 190 = ZInsO 2003, 417; vgl. hierzu noch Beispielsfall 26.
309   BGH, 18.07.2002 – IX ZR 195/01, BGHZ 151, 353 = ZInsO 2002, 819.

Eine unmittelbare Gläubigerbenachteiligung sei bei einem Austausch von   345
Leistung und Gegenleistung gegeben, wenn die an den Schuldner erbrachte
Gegenleistung objektiv nicht gleichwertig sei. Dabei sei ausschließlich das
Wertverhältnis zwischen den konkret ausgetauschten Leistungen maßgebend. Erhalte der Schuldner etwas, das zwar keine Gegenleistung darstelle,
sich aber in anderer Weise als – zumindest gleichwertiger – Vorteil erweise,
komme es darauf an, ob der Vorteil unmittelbar mit dem Vermögensopfer zusammenhänge. Dies sei nicht schon dann der Fall, wenn das Vermögensopfer
gezielt eingesetzt werde, um den Vorteil zu erreichen. Vielmehr müsse sich
der Vorteil unmittelbar in einer – den anderweitigen Nachteil zumindest ausgleichenden – Mehrung des Schuldnervermögens niederschlagen.

Sei bspw. der Betrieb des Schuldners nur mit Zustimmung eines Lieferanten   346
günstig zu verwerten und mache dieser seine Einwilligung davon abhängig,
dass der Schuldner offenstehende Verbindlichkeiten begleiche, benachteilige
diese Schuldtilgung die anderen Insolvenzgläubiger nicht, wenn der Betrieb
ohne die „erkaufte" Einwilligung weniger wert gewesen wäre als der tatsächlich erzielte Kaufpreis abzüglich der Tilgungsleistung.[310] Hier schlage sich
der Vorteil unmittelbar und gegenständlich in einer Mehrung des Schuldnervermögens nieder. Umgekehrt entfalle die gläubigerbenachteiligende Wirkung der Bezahlung der Schulden aus Stromlieferung nicht deshalb, weil
sonst die – berechtigte – Einstellung der Stromversorgung in dem Betrieb des
Schuldners zu einem Produktionsausfall geführt hätte.[311]

Diese enge Abgrenzung danach, ob sich der Vorteil unmittelbar in einer Meh-   347
rung des Schuldnervermögens niederschlage, sei nicht nur aus Gründen der
Rechtsklarheit, sondern auch deshalb geboten, weil nur so eine Aushöhlung
des Grundsatzes der Gläubigergleichbehandlung (par condicio creditorum)
verhindert werden könne.

Entgegen der Auffassung der Revision sei es daher unerheblich, dass es erst   348
die – von der Bezahlung der Altforderung abhängig gemachte – Bereitschaft
der Beklagten, den neuen Auftrag auszuführen, der Schuldnerin ermöglicht
habe, ihre vertraglichen Verpflichtungen gegenüber dem saudischen Ge-
schäftspartner zu erfüllen. Ebenso unerheblich sei es, ob die Insolvenzmasse
höheren Schadensersatzansprüchen des saudischen Auftraggebers ausgesetzt

---

310   BGH, 24.11.1959 – VIII ZR 220/57, WM 1960, 377, 379.
311   BGH, 25.09.1952 – IV ZR 13/52, BB 1952, 868.

gewesen wäre, wenn die Beklagte die Anlage nicht für die Schuldnerin in Betrieb genommen hätte.

349 Eine Anfechtung scheide allerdings ausnahmsweise aus, wenn der spätere Insolvenzverwalter durch sein Handeln einen schutzwürdigen Vertrauenstatbestand beim Empfänger begründet habe und dieser infolgedessen nach Treu und Glauben damit habe rechnen dürfen, ein nicht mehr entziehbares Recht errungen zu haben.[312]

---

312 Vgl. hierzu Beispielsfall 26.

Beispielsfall 68: „Fahrzeugverwertungsfall (2)"[313]

§ 132 InsO – Anfechtung einer Abrede über die Verwertung von Sicherungsgut unter Wert

Die verklagte Bank hatte der K-GmbH (Schuldnerin) im März 1989 zwei Darlehen im Gesamtwert von fast 1 Mio. DM gewährt und den umfangreichen Fahrzeugpark des Unternehmens zur Sicherheit übereignet erhalten. Die T-GmbH hatte den Darlehensvertrag als Alleingesellschafterin der Schuldnerin als Mitschuldnerin mitunterzeichnet.   350

Im Mai 1990 gerieten die T-GmbH und weitere verbundene Unternehmen in Zahlungsschwierigkeiten, sodass im Juni und Juli 1990 Anschlusskonkursverfahren eröffnet wurden. Die Schuldnerin hatte ihren Geschäftsbetrieb zunächst noch weiterführen können. Mit Schreiben v. 19.07.1990 kündigte die Beklagte die Kredite, die noch mit ca. 425.000 DM valutierten, fristlos. Gleichzeitig forderte sie die Darlehensnehmerin auf, die sicherungsübereigneten Sachen zum Abholen bereitzustellen. Die Beklagte verhandelte daraufhin mit der Fa. H Nutzfahrzeuge (Fa. H) über einen Gesamtverkauf der Fahrzeuge der T-Gruppe. Am 23.07.1990 einigte sie sich mit der Fa. H auf einen Preis von ca. 1,5 Mio. DM (netto), ohne dass sie die Fahrzeuge der K-GmbH zuvor hatte bewerten lassen. Deren Geschäftsführer und der Konkursverwalter der übrigen Gesellschaften stimmten dem Geschäft zu.

Am 31.08.1990 wurde das Konkursverfahren über das Vermögen der Schuldnerin eröffnet und der Kläger zum Konkursverwalter bestellt. Die Beklagte erteilte der Schuldnerin aus der Veräußerung der Fahrzeuge eine Gutschrift von lediglich ca. 414.000 DM. Nach Ansicht des Klägers hätte die Beklagte ca. 800.000 DM (brutto) erzielen können. Er hielt die Zustimmung des Geschäftsführers der Schuldnerin für unwirksam und focht diese hilfsweise an. Der auf Zahlung von 300.000 DM gerichteten Klage gab das LG i.H.v. ca. 130.000 DM, das Berufungsgericht in vollem Umfang statt. Die Revision der Beklagten führte zur Aufhebung und Zurückverweisung.

Das Berufungsgericht hatte dem Kläger einen Schadensersatzanspruch aus positiver Vertragsverletzung zuerkannt. Die Beklagte habe den Sicherungsvertrag dadurch schuldhaft verletzt, dass sie die Fahrzeuge verkauft habe,   351

---

313   BGH, 09.01.1997 – IX ZR 1/96, ZIP 1997, 367.

ohne zuvor deren Wert zu ermitteln. Das Sicherungseigentum der Schuldnerin sei tatsächlich mehr als 800.000 DM wert gewesen, was die Beklagte auch habe erkennen können.

352   Der BGH ist dieser Würdigung nicht gefolgt. Eine Haftung des Sicherungsnehmers für die mangelhafte Verwertung des Sicherungsgutes scheide i.d.R. aus, wenn er dem Sicherungsgeber Art und Weise der Veräußerung sowie den vorgesehenen Preis zuvor mitteile und dieser dem beabsichtigten Verfahren zustimme. Das Berufungsgericht habe keine Tatsachen festgestellt, welche die Beklagte ausnahmsweise hätten veranlassen müssen, der Zustimmung des Geschäftsführers unter dem Gesichtspunkt des Missbrauchs der Vertretungsmacht zu misstrauen.

353   Nach dem Vorbringen des Klägers komme jedoch eine Anfechtung der Zustimmung nach § 30 Nr. 1 Fall 1 KO (vgl. jetzt § 132 Abs. 1 InsO) in Betracht. Nach dieser Bestimmung könnten zwar nur Rechtsgeschäfte angefochten werden; die Verwertungsabrede vom 23.07.1990 erfülle jedoch alle Merkmale einer vertraglichen Abrede.

354   Auch eine unmittelbare Benachteiligung der Gläubiger sei möglicherweise gegeben, denn die Beklagte hätte sich nach Ansicht des BGH ohne die Zustimmung des Geschäftsführers selbst über den Wert der Fahrzeuge informieren müssen. Wäre es ihr bei vertragsgemäßem Handeln gelungen, einen höheren Erlös zu erzielen, hätte das Einverständnis zwischen Sicherungsgeber und Sicherungsnehmer bewirkt, dass Letzterem die Verpflichtung, sich um die Erzielung eines möglichen höheren Erlöses zu bemühen, erlassen worden wäre (§ 397 BGB); damit hätte die Schuldnerin zugleich auf alle evtl. Schadensersatzansprüche aus der Verletzung dieser Pflicht verzichtet. Eine erfolgreiche Anfechtung des Einverständnisses zwischen der Schuldnerin und der Beklagten könne der Anfechtungsklage zum Erfolg verhelfen. Infolge der Anfechtung müsse sich die Beklagte gem. § 37 KO (vgl. jetzt § 143 InsO) so behandeln lassen, als wäre die Zustimmung nicht erteilt worden.

VI. § 133 InsO – Vorsätzliche Gläubigerbenachteiligung in Kenntnis des anderen Teils

§ 133 InsO entspricht § 31 KO. Der Umstand, dass § 133 InsO nicht mehr   355
an eine Gläubigerbenachteiligungsabsicht des Schuldners anknüpft, sondern
an dessen Gläubigerbenachteiligungsvorsatz, bedeutet keine Veränderung
gegenüber der früheren Rechtslage. Verkürzt wurde allerdings die ursprünglich 30-jährige Frist gem. § 41 Abs. 1 Satz 3 KO auf nunmehr zehn Jahre ab
Vornahme der Rechtshandlung bis zur Stellung des Insolvenzantrages gem.
§ 133 Abs. 1 Satz 1 InsO. Bedeutsam ist die Erweiterung in § 133 Abs. 1
Satz 2 InsO, wonach die Kenntnis des Gläubigerbenachteiligungsvorsatzes
vermutet wird, wenn der andere Teil wusste, dass die Zahlungsunfähigkeit des
Schuldners drohte und die Handlung die Gläubiger benachteiligte. Gelingt
dem Insolvenzverwalter der Beweis dieser die Vermutung rechtfertigenden
Tatsachen, hat der Anfechtungsgegner den Beweis des Gegenteils zu führen,
um diese Vermutung zu widerlegen.[314]

Nach der Rechtsprechung des BGH setzt der Gläubigerbenachteiligungsvor-   356
satz nach § 133 Abs. 1 Satz 1 InsO kein unlauteres Zusammenwirken von
Schuldner und Gläubiger voraus.[315] Die Bestimmung beruht auf dem Rechtsgedanken, dass Rechtshandlungen, die in Kenntnis des Gläubigers vom Benachteiligungsvorsatz des Schuldners vorgenommen werden, keinen Schutz
gegenüber den sonstigen Gläubigern des Schuldners verdienen. Auch die Annahme eines Bargeschäfts scheidet gem. § 142 InsO beim Vorliegen der Voraussetzungen des § 133 Abs. 1 InsO aus. Dieser setzt eine Rechtshandlung des
Schuldners voraus. Eine Rechtshandlung des Gläubigers genügt nur, wenn sie
unter Mitwirkung des Schuldners vorgenommen worden ist.[316]

---

314   Vgl. BT-Drucks. 12/2443, S. 160.
315   BGH, 17.07.2003 – IX ZR 272/02, ZInsO 2003, 850.
316   Vgl. BGH, 10.02.2005 – IX ZR 211/02, BGHZ 162, 152 = ZInsO 2005, 260.

Beispielsfall 69: „Ratenzahlungsfall (1)"[317]

§ 133 InsO – Kenntnis des Gläubigerbenachteiligungsvorsatzes bei Ratenzahlungsvereinbarung; Beweislast hinsichtlich des späteren Wegfalls der Zahlungsunfähigkeit

357 *Die verklagte Krankenkasse beantragte nach fruchtlosem Pfändungsversuch mit Schreiben v. 24.11.1995 wegen Zahlungsunfähigkeit die Eröffnung der Gesamtvollstreckung über das Vermögen der Schuldnerin. Der Beitragsrückstand der Schuldnerin belief sich zu diesem Zeitpunkt auf ca. 75.000 DM. Ein Dritter beantragte am 13.12.1995 wegen eines Beitragsrückstandes i.H.v. ca. 90.000 DM ebenfalls die Eröffnung des Gesamtvollstreckungsverfahrens. Am 14.12.1995 vereinbarte die Beklagte mit der Schuldnerin die sofortige Zahlung von 37.000 DM sowie monatliche Ratenzahlungen i.H.v. 6.500 DM. Die Schuldnerin zahlte daraufhin 37.000 DM. Die Beklagte nahm am 16.01.1996 ihren Antrag auf Eröffnung der Gesamtvollstreckung zurück. Am 01.01.1997 wurde das Gesamtvollstreckungsverfahren über das Vermögen der Schuldnerin eröffnet.*

Der klagende Verwalter verlangte von der Beklagten die Rückzahlung von 6.500 DM und (ca.) 7.000 DM, welche die Schuldnerin am 19.02. und am 13.03.1996 an die Beklagte gezahlt hatte, sowie von weiteren ca. 40.500 DM, die ein Drittschuldner der Schuldnerin aufgrund einer Pfändungs- und Überweisungsverfügung der Beklagten in Raten vom 01.08. bis zum 25.09.1996 gezahlt hatte. Das Berufungsgericht gab der auf Zahlung von ca. 54.000 DM gerichteten Klage in vollem Umfang statt. Die hiergegen gerichtete Revision der Beklagten blieb ohne Erfolg.

358 Ein Gläubiger, der nach einem Gesamtvollstreckungsantrag mit dem Schuldner eine Zahlungsvereinbarung schließt und von ihm Ratenzahlungen erhält, darf nach dem Urteil des BGH grds. nicht davon ausgehen, dass die Forderungen der anderen, zurückhaltenderen Gläubiger in vergleichbarer Weise bedient werden wie seine eigenen. Vielmehr entspreche es einer allgemeinen Lebenserfahrung, dass Schuldner – um ihr wirtschaftliches Überleben zu sichern – unter dem Druck eines Insolvenzantrages Zahlungen bevorzugt an den antragstellenden Gläubiger leisteten, um ihn zum Stillhalten zu bewegen. Diese Erfahrungswerte verböten einen Schluss des antragstellenden Gläubi-

---

317 BGH, 25.10.2001 – IX ZR 17/01, BGHZ 149, 100 = ZInsO 2001, 1150.

gers dahingehend, dass der Schuldner – nur weil er selbst Zahlungen erhalten habe – seine Zahlungen im Allgemeinen wieder aufgenommen habe.[318] Es habe auf der Hand gelegen, dass die Verbindlichkeiten gegenüber der Beklagten und der A nicht annähernd die einzigen der gewerblich tätigen Schuldnerin gewesen seien.

Eine nach außen hin in Erscheinung getretene Zahlungseinstellung wirke grds. fort. Sie könne nur dadurch wieder beseitigt werden, dass die Zahlungen im Allgemeinen wieder aufgenommen würden; allenfalls ein nicht wesentlicher Teil der fälligen Forderungen dürfe unerfüllt bleiben. Die allgemeine Wiederaufnahme der Zahlungen habe derjenige zu beweisen, der sich auf den nachträglichen Wegfall einer zuvor eingetretenen Zahlungseinstellung berufe.

359

---

318   Vgl. hierzu noch BGH, 14.10.1999 – IX ZR 142/98, ZIP 1999, 1977, 1978.

Beispielsfall 70: „Vollstreckungsdruckfall (2)"[319]

§§ 131, 133 InsO – Benachteiligungsvorsatz bei kongruentem Deckungsgeschäft

360   *Das verklagte Land hatte spätestens ab dem 06.04.2000 bei der Schuldnerin immer wieder rückständige Umsatzsteuer- und Lohnsteuerbeträge angemahnt und Vollstreckungsmaßnahmen angekündigt und eingeleitet. Auf einen Antrag der Schuldnerin vom 19.10.2000 stundete das Finanzamt die Umsatzsteuer für zwei vorangegangene Monate, lehnte aber die Stundung von Lohnsteuer ab. Am 21.10.2000 befand sich von den fälligen Forderungen ein Betrag i.H.v. ca. 230.000 DM in der Vollstreckung. Mit Schecks vom 22.10.2000 und vom 24.01.2001 zahlte die Schuldnerin ca. 320.000 DM und 165.000 DM an das Finanzamt. Auf einen Insolvenzantrag vom 04.07.2001 hin wurde am 01.09.2001 das Insolvenzverfahren über ihr Vermögen eröffnet. Mit der Anfechtungsklage verlangte der klagende Insolvenzverwalter die Rückzahlung der an die Beklagte gezahlten 485.000 DM; dessen Revision gegen die klageabweisenden vorinstanzlichen Urteile hatte Erfolg.*

361   Der BGH weist zunächst darauf hin, dass – entgegen der Auffassung des Berufungsgerichts – der Gläubigerbenachteiligungsvorsatz nach § 133 Abs. 1 Satz 1 InsO kein unlauteres Handeln voraussetze. Für den Gläubigerbenachteiligungsvorsatz reiche vielmehr auch bei kongruenten Deckungsgeschäften die Feststellung aus, der Schuldner habe sich eine Benachteiligung nur als möglich vorgestellt, sie aber in Kauf genommen, ohne sich durch die Vorstellung dieser Möglichkeit von seinem Handeln abhalten zu lassen.[320] Bei einem kongruenten Deckungsgeschäft seien allerdings erhöhte Anforderungen an die Darlegung und den Beweis des Gläubigerbenachteiligungsvorsatzes des Schuldners zu stellen. Wenn aber ein Schuldner zur Vermeidung einer unmittelbar bevorstehenden Zwangsvollstreckung an einen einzelnen Gläubiger leiste, obwohl er wisse, dass er nicht mehr alle seine Gläubiger befriedigen könne und infolge der Zahlung an einen einzelnen Gläubiger andere Gläubiger benachteiligt würden, sei in aller Regel die Annahme gerechtfertigt, dass es dem Schuldner nicht in erster Linie auf die Erfüllung seiner vertraglichen

---

319   BGH, 13.05.2004 – IX ZR 190/03, ZInsO 2004, 859.
320   BGH, 24.05.2007 – IX ZR 97/06, ZInsO 2007, 658.

Pflichten, sondern auf die Bevorzugung dieses einzelnen Gläubigers ankomme.[321]

Hinsichtlich der Kenntnis des verklagten Landes vom Gläubigerbenachteiligungsvorsatz des Schuldners betont der BGH, es sei offensichtlich gewesen, dass die Verbindlichkeiten der gewerblich tätigen Schuldnerin ihm gegenüber nicht annähernd die einzigen gewesen seien.

363

362

> Nach BGH, 17.07.2003 – IX ZR 270/02, ZInsO 2003, 850[322] kann die tatsächliche Vermutung, dass es dem Schuldner vorrangig auf die Erfüllung seiner Zahlungspflicht ankommt, auch durch andere Umstände erschüttert werden, deren Unlauterkeit zweifelhaft sein mag, etwa einen zwar gesetzmäßigen, aber massiven Druck des sodann begünstigten Gläubigers.

---

321 Vgl. BGH, 27.05.2003 – IX ZR 169/02, BGHZ 155, 75 = ZInsO 2003, 764.
322 S. dazu den nachfolgenden Beispielsfall 71.

Beispielsfall 71: „Ratenzahlungsfall (2)"[323]

§ 133 InsO – Beweiserleichterungen beim Nachweis des Gläubigerbenachteiligungsvorsatzes und der Kenntnis des anderen Teils

364 *Die Schuldnerin und das Finanzamt trafen am 18.04.2000 eine Ratenzahlungsvereinbarung über rückständige Steuern der Schuldnerin. Diese verpflichtete sich, 50.000 DM sofort, Raten i.H.v. 12.500 DM in den Monaten Mai, Juni und Juli und den Restbetrag im August 2000 zu erbringen. Die Schuldnerin zahlte am 25.04.2000 50.000 DM und am 20.05.2000 12.500 DM an das Finanzamt. Nachdem weitere Zahlungen ausblieben, erließ das Finanzamt am 01.08.2000 eine Pfändungsverfügung. Der Anwalt der Schuldnerin bat daraufhin um Vollstreckungsaufschub, der ihr am 09.08.2000 unter der Bedingung gewährt wurde, dass ab dem 15.09.2000 monatlich 7.000 DM auf die Steuerschulden der Schuldnerin und weitere 3.000 DM auf eine persönliche Steuerschuld ihres Geschäftsführers gezahlt würden. Gegen diesen hatte das Finanzamt im Dezember 1999 ebenfalls eine Pfändungsverfügung erlassen. Die Schuldnerin zahlte daraufhin am 15.09.2000 10.000 DM und am 07.11.2000 7.000 DM an das Finanzamt.*

Auf Antrag eines Dritten vom 18.12.2000 wurde am 01.03.2001 das Insolvenzverfahren über das Vermögen der Schuldnerin eröffnet. Der klagende Insolvenzverwalter verlangte wegen der genannten und weiterer Zahlungen der Schuldnerin zuletzt ca. 120.000 DM vom verklagten Land. Die Berufung des Klägers gegen das klagabweisende erstinstanzliche Urteil hatte nur hinsichtlich der Zahlung vom 07.11.2000 i.H.v. 7.000 DM Erfolg. Seine Revision führte zur Zurückverweisung an das Berufungsgericht.

365 Das Berufungsgericht war davon ausgegangen, dass eine Anfechtung nach § 133 InsO nur in Betracht komme, wenn ein unlauteres Handeln vorliege. Dazu habe der Kläger aber nichts vorgetragen.

366 Der BGH ist dieser Würdigung nicht gefolgt. Er bestätigt zunächst seine Rechtsprechung, dass Zahlungen vor dem Dreimonatszeitraum des § 131 Abs. 1 Nr. 2 und 3 InsO selbst dann nicht als inkongruent angesehen werden könnten, wenn sie zur Abwendung drohender Zwangsvollstreckungsmaß-

---

323   BGH, 17.07.2003 – IX ZR 272/02, ZInsO 2003, 850.

nahmen geleistet würden.[324] Zu Unrecht gehe das Berufungsgericht jedoch davon aus, dass es dem Kläger nicht gelungen sei, den Gläubigerbenachteiligungsvorsatz der Schuldnerin auf anderem Wege darzulegen. Insoweit genüge auch bei einer kongruenten Deckung bedingter Vorsatz; ein unlauteres Handeln sei nicht erforderlich.

Bei einer kongruenten Deckung seien zwar erhöhte Anforderungen an den   367
Nachweis des Benachteiligungsvorsatzes zu stellen. Dieser sei indes gegeben, wenn der Schuldner mit kongruenten Zahlungen zumindest mittelbar auch die Begünstigung des Gläubigers bezwecke. Dies liege insbes. dann nahe, wenn der Schuldner mit der Befriedigung gerade dieses Gläubigers Vorteile für sich erlangen oder Nachteile von sich abwenden wolle.

Ein unlauteres Zusammenwirken zwischen Gläubiger und Schuldner sei nicht   368
der einzige Fall, in dem der Schuldner die Benachteiligung der anderen Gläubiger billige. Die tatsächliche Vermutung, dass es dem Schuldner vorrangig auf die Erfüllung seiner Zahlungspflicht ankomme, könne auch durch andere Umstände erschüttert werden, deren Unlauterkeit zweifelhaft sein möge, etwa durch einen zwar gesetzmäßigen, aber massiven Druck des begünstigten Gläubigers.

Der Kläger hatte unter Beweisantritt vorgetragen, dass die Schuldnerin einem   369
Mitarbeiter des verklagten Landes erklärt habe, sie sei „illiquide" bzw. „zahlungsunfähig", und dass dieser daraufhin erklärt habe, wenn die Schuldnerin nicht bis Montag der kommenden Woche 50.000, DM bezahle, „mache er die Bude dicht". Der BGH hat dies als starkes Indiz für einen Gläubigerbenachteiligungsvorsatz der Schuldnerin gewertet. Die Erklärung, nicht zahlen zu können, bedeute eine Zahlungseinstellung[325] und indiziere damit eine Zahlungsunfähigkeit i.S.d. § 17 Abs. 2 InsO.

Der Zahlungsunfähigkeit stehe es nicht entgegen, dass der Schuldner noch   370
einzelne – sogar beträchtliche – Zahlungen leiste, sofern die unerfüllt gebliebenen Verbindlichkeiten nicht unwesentlich seien.[326] Ein Schuldner, der in Kenntnis seiner Zahlungsunfähigkeit im Allgemeinen noch einzelne Gläubiger befriedige, rechne zwangsläufig mit der dadurch eintretenden Benachtei-

---

324   BGH, 27.05.2003 – IX ZR 169/02, BGHZ 155, 75 = ZInsO 2003, 764; vgl. dazu Beispielsfall 72.
325   Vgl. BGH, 01.03.1984 – IX ZR 34/83, ZIP 1984, 809, 810, 811.
326   BGH, 25.09.1997 – IX ZR 231/96, ZIP 1997, 1926.

ligung der anderen Gläubiger, für die damit weniger übrig bleibe. Er nehme dies jedenfalls dann billigend in Kauf, wenn er damit den begünstigten Gläubiger von der Stellung eines Insolvenzantrages abhalten wolle.

371   Aus der vom Kläger behaupteten Mitteilung des Geschäftsführers der Schuldnerin über deren Zahlungsunfähigkeit gegenüber dem Mitarbeiter des verklagten Landes und der behaupteten Drohung, „die Bude dicht machen zu wollen", ergebe sich, dass dieser die Mitteilung über die Zahlungsunfähigkeit der Schuldnerin dazu genutzt habe, die Schuldnerin unter Druck zu setzen, um mit deren Einverständnis eine bevorzugte Befriedigung des verklagten Landes vor allen anderen Gläubigern zu erreichen.

Beispielsfall 72: „Teilzahlungsfall"[327]

§ 133 InsO, § 266a StGB – Benachteiligungsvorsatz des Schuldners und Kenntnis des anderen Teils bei Teilzahlungen auf rückständige Sozialversicherungsbeiträge; Zahlung mit zweckgebundenen Mitteln Dritter

Der Schuldner geriet im Sommer 1999 in wirtschaftliche Schwierigkeiten, weil sein Hauptauftraggeber die ihm gegenüber bestehenden Zahlungsverpflichtungen zunächst nur noch schleppend und später gar nicht mehr erfüllen konnte. Wegen der aufgelaufenen Beitragsrückstände bei der verklagten Krankenkasse erteilte diese am 12.08.1999 einen ersten Vollstreckungsauftrag über ca. 28.000 DM. Nachdem ein vom Schuldner begebener Scheck über 12.000 DM wegen fehlender Deckung nicht eingelöst worden war, forderte die Beklagte den Schuldner mit Schreiben vom 15. und vom 24.09.1999 erneut zur Begleichung der sich mittlerweile auf ca. 31.000 DM belaufenden Beitragsrückstände auf. Am 08.10.1999 leistete der Schuldner 12.600 DM in bar an den Gerichtsvollzieher, um Zwangsvollstreckungsmaßnahmen abzuwenden. Von dieser Zahlung wurden ca. 9.800 DM an die Beklagte abgeführt, der Rest ging an einen anderen Sozialversicherungsträger. Am 26.10.1999 erbrachte der Schuldner eine weitere Barzahlung i.H.v. 10.000 DM an den Gerichtsvollzieher.

Mit Schreiben v. 22.11.1999 forderte die Beklagte die Rückführung der zwischenzeitlich aufgelaufenen Rückstände i.H.v. erneut ca. 31.000 DM. Am 23.11.1999 zahlte der Schuldner wiederum 9.000 DM an den Gerichtsvollzieher, von denen ca. 2.300 DM der Beklagten am 28.12.1999 gutgeschrieben wurden. Laut Mahnschreiben der Beklagten vom 17.12.1999 standen ca. 35.000 DM offen. Am 24.01.2000 leistete der Schuldner eine weitere Zahlung i.H.v. ca. 15.000 DM an den Gerichtsvollzieher, die der Beklagten am 27.01.2000 gutgeschrieben wurde. Am 18.04.2000 beantragte die Beklagte die Eröffnung des Insolvenzverfahrens über das Vermögen des Schuldners. Der klagende Insolvenzverwalter verlangte von der Beklagten mit Erfolg die Rückgewähr der gezahlten ca. 37.100 DM unter dem Gesichtspunkt der Insolvenzanfechtung.

372

---

327   BGH, 27.05.2003 – IX ZR 169/02, BGHZ 155, 75 = ZInsO 2003, 764; vgl. dazu noch Beispielsfall 52.

373   Der BGH führt zunächst aus, der Umstand, dass ein Schuldner nur unter dem Druck der drohenden Zwangsvollstreckung zahle, rechtfertige keine Gleichsetzung dieser Leistungen des Schuldners mit Vermögenszugriffen, die durch die Vornahme von Zwangsvollstreckungsmaßnahmen erfolgten. Wenn es nicht nur um Zwangsvollstreckungsmaßnahmen des Gläubigers gehe, sondern auch (Mitwirkungs-) Handlungen des Schuldners in Rede stünden, erweitere § 133 InsO den Anfechtungszeitraum auf die letzten zehn Jahre vor dem Eröffnungsantrag.

374   Auch soweit der Schuldner Geldmittel zur Befriedigung der Beklagten verwendet habe, die ihm von seiner Mutter überlassen worden seien, liege die erforderliche Gläubigerbenachteiligung vor. Die Auffassung der Revision, es könne insoweit keine Gläubigerbenachteiligung eingetreten sein, da Privatvermögen eingesetzt worden sei, das den Gläubigern niemals zur Verfügung gestanden hätte, gehe schon deshalb fehl, weil die Zahlungen nicht unmittelbar aus dem Vermögen der Mutter an die Beklagte oder den Gerichtsvollzieher erfolgt seien, sondern die Geldmittel dem Schuldner von seiner Mutter darlehensweise überlassen worden seien. Ob ein Darlehen einem bestimmten Zweck dienen solle, sei anfechtungsrechtlich grds. unerheblich, solange die Zweckvereinbarung nicht aus Gründen treuhänderischer Bindung zur Unpfändbarkeit des Darlehensanspruchs und der ausgezahlten Darlehensvaluta führe.[328]

375   Inkongruente Deckungen lägen nicht vor, da die Zahlungen außerhalb des Dreimonatszeitraums des § 131 Abs. 1 Nr. 2 und 3 InsO erbracht worden seien. Aber auch ohne das Beweisanzeichen der inkongruenten Deckung sei nach den Feststellungen des Berufungsgerichts vom Gläubigerbenachteiligungsvorsatz des Schuldners auszugehen. Dieser habe gewusst, dass sein Vermögen nicht ausgereicht habe, um über Teilzahlungen hinaus alle Gläubiger befriedigen zu können. Nach seinen Angaben habe er in dem fraglichen Zeitraum von Oktober bis Dezember 1999 „immer dort bezahlt ..., wo es am dringendsten war". Einem Schuldner, der Forderungen eines Gläubigers vorwiegend deshalb zumindest teilweise erfülle, um diesen dadurch von der Stellung eines Insolvenzantrages abzuhalten, komme es nicht in erster Linie auf die Erfüllung seiner vertraglichen oder gesetzlichen Pflichten, sondern auf die Bevorzugung dieses einzelnen Gläubigers an. Damit nehme er die Benachteiligung der Gläubiger im Allgemeinen in Kauf. Für den Benachteiligungsvor-

---

328   Vgl. BGH, 07.02.2002 – IX ZR 115/99, ZIP 2002, 489, 490.

satz reiche auch bei kongruenten Deckungsgeschäften die Feststellung aus, dass der Schuldner sich eine Benachteiligung nur als möglich vorgestellt, sie aber in Kauf genommen habe, ohne sich durch die Vorstellung dieser Möglichkeit von seinem Handeln abhalten zu lassen.[329] Die bloße Hoffnung des Schuldners, er werde von seinem in wirtschaftliche Nöte geratenen Hauptauftraggeber die in erheblichem Umfang noch ausstehenden Zahlungen erhalten, schließe den Gläubigerbenachteiligungsvorsatz nicht aus.

Auch die Kenntnis der Beklagten vom Benachteiligungsvorsatz des Schuldners habe das Berufungsgericht rechtsfehlerfrei bejaht. Dass die Zahlungsunfähigkeit des Schuldners gedroht habe, habe die Beklagte bereits aus der Scheckrücklastschrift und den schleppenden Teilzahlungen des Schuldners nach dem ersten Besuch des Gerichtsvollziehers entnehmen können. Es sei offensichtlich gewesen, dass die Verbindlichkeiten des gewerblich tätigen Schuldners gegenüber der Beklagten und anderen Sozialversicherungsträgern nicht annähernd die einzigen gewesen seien. Angesichts der partiellen Strafbewehrtheit seiner Forderungen nach § 266a StGB müsse sich gerade einem Sozialversicherungsträger die allgemeine Erfahrung aufdrängen, dass seine Ansprüche oft vorrangig vor anderen befriedigt würden, deren Nichterfüllung für den insolvenzreifen Schuldner weniger gefährlich sei. Nach § 133 Abs. 1 Satz 2 InsO bestehe somit eine Vermutung für die Kenntnis der Beklagten vom Gläubigerbenachteiligungsvorsatz des Schuldners. 376

---

329 Vgl. hierzu noch BGH, 02.04.1998 – IX ZR 232/96, ZIP 1998, 830, 835.

Beispielsfall 73: „Stillhalteabkommen"[330]

§§ 17 Abs. 2, 133 InsO – Kenntnis des Gläubigerbenachteiligungsvorsatzes bei Vereinbarung von Ratenzahlungen mit dem Schuldner

377 *Nachdem der Schuldner sein Kontokorrentkonto bei der verklagten Bank überzogen und mehrere Gläubiger die ihm aus dem Kontokorrentvertrag zustehenden Ansprüche gepfändet hatten, kündigte die Beklagte am 17.04.1997 die dem Schuldner gewährten Kredite und forderte ihn auf, ihre Forderungen i.H.v. ca. 590.000 DM bis zum 30.04.1997 zu begleichen. Gleichzeitig drohte sie an, bei nicht fristgerechter Rückzahlung die ihr eingeräumten Sicherheiten zu verwerten. Auf Bitten des Schuldners erklärte sich die Beklagte im Oktober 1997 damit einverstanden, auf Zwangsvollstreckungsmaßnahmen zu verzichten, sofern ab dem 01.12.1997 monatliche Raten i.H.v. 3.000 DM gezahlt würden.*

Der Schuldner geriet mit den vereinbarten Raten wiederholt in Rückstand. Die Beklagte mahnte ihn jeweils und drohte mit der Zwangsvollstreckung. Im August 2000 beantragte sie die Zwangsversteigerung des dem Vater des Schuldners gehörenden Hausgrundstücks. Zu einer Zwangsversteigerung kam es nicht.

Auf Eigenantrag vom 24.06.2002 eröffnete das Insolvenzgericht am 07.11.2002 das Insolvenzverfahren über das Vermögen des Schuldners und bestellte den Kläger zum Verwalter. Dieser verlangte von der Beklagten die vom Schuldner in der Zeit vom 02.05.1997 bis zum 07.11.2001 geleisteten Zahlungen i.H.v. insgesamt ca. 40.000 € zurück.

Das LG gab der Klage statt, das Berufungsgericht wies sie ab. Die Revision des Klägers führte zur Wiederherstellung des erstinstanzlichen Urteils.

378 Die Zahlungen des Schuldners erfüllten nach Ansicht des BGH die Voraussetzungen des § 133 InsO. Zwar seien an den Nachweis des Gläubigerbenachteiligungsvorsatzes erhöhte Anforderungen zu stellen, wenn der Schuldner dem Gläubiger nur das gewähre, worauf dieser einen Anspruch habe, also eine kongruente Deckung.[331] Der Benachteiligungsvorsatz sei aber gleichwohl zu

---

330 BGH, 20.12.2007 – IX ZR 93/06, ZInsO 2008, 273.

331 BGH, 13.05.2004 – IX ZR 190/03, ZInsO 2004, 859.

vermuten, wenn der Schuldner zum Zeitpunkt der Zahlung zahlungsunfähig sei und seine Zahlungsunfähigkeit kenne.[332]

Nach Ablauf der im Kündigungsschreiben der Beklagten gesetzten Zahlungs-   379
frist sei der Schuldner zahlungsunfähig gewesen. Er habe seine Zahlungsfähigkeit auch nicht mit dem Abschluss der Stillhaltevereinbarung vom Oktober 1997 wiedererlangt. Eine einmal eingetretene Zahlungseinstellung wirke grds. fort. Sie könne nur dadurch wieder beseitigt werden, dass der Schuldner seine Zahlungen allgemein wieder aufnehme; dies habe derjenige darzulegen und zu beweisen, der sich auf den nachträglichen Wegfall einer zuvor eingetretenen Zahlungseinstellung berufe.[333]

Allerdings dürften Forderungen, die rechtlich oder auch nur tatsächlich gestun-   380
det seien, bei der Feststellung der Zahlungsunfähigkeit nicht berücksichtigt werden.[334] Unter eine derartige Stundung falle auch ein bloßes Stillhalteabkommen. Selbst wenn die Hauptforderung der Beklagten mit dem Abschluss der Stillhaltevereinbarung nicht mehr ernsthaft eingefordert gewesen sei, bedeute dies nicht, dass der Schuldner nunmehr zahlungsfähig gewesen sei. Denn im Oktober 1997 hätten Forderungen von mindestens drei weiteren Gläubigern i.H.v. ca. 20.000 DM bestanden. Diese Ansprüche seien im Vergleich zu den monatlich zu erbringenden Raten i.H.v. 3.000 DM durchaus bedeutsam gewesen. Diese Forderungen der anderen Gläubiger seien unerfüllt geblieben, denn sie hätten sie zur Insolvenztabelle angemeldet. Dies rechtfertige die Annahme der Zahlungsunfähigkeit.[335] Der Schuldner sei zu keinem Zeitpunkt imstande gewesen, diese Forderungen zu erfüllen; selbst die monatlich an die Beklagte zu entrichtenden Raten habe er nur unregelmäßig gezahlt.

Der Beklagten sei der Gläubigerbenachteiligungsvorsatz des Schuldners den   381
Umständen nach bekannt gewesen. Diese Kenntnis werde nach § 133 Abs. 1 Satz 2 InsO vermutet, wenn der Anfechtungsgegner gewusst habe, dass die Zahlungsunfähigkeit des Schuldners drohte und dass die angefochtene Handlung die Gläubiger benachteiligte. Der Bitte um Stundung habe die Beklagte entnehmen müssen, dass der Schuldner nicht in der Lage gewesen sei, die Kredite innerhalb von drei Wochen nach dem 30.04.1997 zurückzuführen. Sie

---

332   BGH, 13.04.2006 – IX ZR 158/05, BGHZ 167, 190, 195 = ZInsO 2006, 712.
333   BGH, 20.11.2001 – IX ZR 48/01, BGHZ 149, 178, 188 = ZInsO 2002, 29.
334   BGH, 08.10.1998 – IX ZR 337/97, ZInsO 1998, 395.
335   BGH, 12.10.2006 – IX ZR 228/03, ZInsO 2006, 1210.

habe dies auch erkannt, weil sie sich durch den Abschluss des Stillhalteab-
kommens auf die Zahlungsunfähigkeit des Schuldners eingerichtet habe. Die
Beklagte habe zudem gewusst, dass der Schuldner noch weitere Gläubiger
gehabt habe, denn diese hätten versucht, die dem Schuldner aus dem Kontokorrent zustehenden Ansprüche zu pfänden.

Beispielsfall 74: „Gläubigerwechsel (1)"[336]

§§ 131, 133, 140 InsO – Mittelbare Gläubigerbenachteiligung und Beweisanzeichen der inkongruenten Sicherung im Fall des Gläubigertauschs bei gleichzeitiger Abtretung künftiger Schuldnerforderung

Der Beklagte war an einer GmbH und diese wiederum an einer GbR beteiligt.   382
Im April 1995 gewährte der Beklagte der GbR ein Darlehen i.H.v. 250.000 DM
und die GbR der Schuldnerin ein Darlehen i.H.v. 50.000 DM. Die Darlehen
sollten dem Erwerb eines Grundstücks dienen und mit dem Verkaufserlös
getilgt werden, wozu es jedoch nicht kam. Nachdem der Beklagte der GbR
mitgeteilt hatte, dass er einer „Verlängerung" seines Darlehens nicht zustim-
me, fand am 21.04.1998 eine Gesellschafterversammlung der GbR statt. In
deren Verlauf erklärte der Geschäftsführer der Schuldnerin, dass eine Rück-
zahlung nicht möglich sei, da sich die Schuldnerin in einer sehr angespannten
finanziellen Lage befinde. Daraufhin trafen die GbR, die Schuldnerin und
der Beklagte eine Vereinbarung, wonach die GbR ihre Darlehensforderung
i.H.v. 50.000 DM mit Stichtag zum 01.05.1998 an den Beklagten abtrat. Zu-
gleich wurde zur Absicherung der Darlehensforderung die zukünftige For-
derung der Schuldnerin aus dem beabsichtigten Verkauf eines Grundstücks
an den Beklagten abgetreten. Am 01.07.1999 verkaufte die Schuldnerin das
Grundstück zum Preis von 50.000 DM. Die Käufer zahlten den Kaufpreis auf
das Konto des Beklagten.

Am 25.10.1999 wurde das Insolvenzverfahren über das Vermögen der Schuld-
nerin eröffnet. Der klagende Insolvenzverwalter verlangte vom Beklagten mit
Erfolg die Rückgewähr der empfangenen 50.000 DM unter dem Gesichtspunkt
der Insolvenzanfechtung.

Anfechtbare Rechtshandlung i.S.d. § 133 Abs. 1 InsO ist nach dem Urteil des   383
BGH die am 21.04.1998 vereinbarte Besicherung der „zum 01.05.1998" abgetretenen Darlehensforderung durch Abtretung der künftigen Kaufpreisforderung. Diese Sicherungsabtretung sei nach § 140 Abs. 1 InsO erst mit der
Entstehung der Kaufpreisforderung – also am 01.07.1999 – wirksam geworden. Es sei zwar unklar, ob die Abtretung sogleich am 21.04.1998 oder erst
zum 01.05.1998 habe erfolgen sollen. Darauf komme es jedoch im Ergebnis
nicht an. Das Berufungsgericht sei zu Recht von einer objektiven Gläubiger-

---

336   BGH, 11.03.2004 – IX ZR 160/02, ZInsO 2004, 616.

benachteiligung ausgegangen. Denn die Masse sei um den Betrag verkürzt worden, den der Beklagte aufgrund der zu seinen Gunsten vorgenommenen Sicherungsabtretung der Kaufpreisforderung vereinnahmt habe. Für § 133 Abs. 1 InsO reiche eine derartige mittelbare Gläubigerbenachteiligung aus.

384   Die Abtretung der Kaufpreisforderung stelle eine inkongruente Deckung dar. Dies gelte unzweifelhaft für den Fall, dass die Schuldnerin sogleich am 21.04.1998 die künftige Kaufpreisforderung als Sicherheit – unmittelbar zugunsten der GbR, mittelbar aber zugunsten des Beklagten – an die GbR abgetreten haben sollte. Seien hingegen die Darlehensforderung der GbR und die Kaufpreisforderung der Schuldnerin zeitgleich am 01.05.1998 abgetreten worden, habe der Beklagte die Sicherheit in demselben Zeitpunkt erlangt, in dem ihm die zu sichernde Forderung übertragen worden sei. Der Beklagte sei damit durch ein und denselben Vorgang zugleich Gläubiger und Sicherungsnehmer geworden. Entstanden sei die gesicherte Forderung schon vorher, allerdings für einen anderen Gläubiger.

385   Diese Fallgestaltung sei bislang noch nicht höchstrichterlich entschieden. Hätte die Schuldnerin am 21.04.1998 die künftige Kaufpreisforderung an die GbR zur Besicherung der bei dieser verbleibenden Kaufpreisforderung abgetreten, wäre diese Besicherung unzweifelhaft eine inkongruente Deckung gewesen. Die Inkongruenz könne aber nicht deshalb entfallen, weil gleichzeitig mit der Besicherung ein Gläubigerwechsel stattfinde. Denn entscheidend für die Inkongruenz sei das Abweichen der konkreten Deckungshandlung vom Inhalt des Schuldverhältnisses, das zwischen Insolvenzgläubiger und Schuldner bestehe.[337] Dieser Inhalt werde durch den Gläubigerwechsel allein nicht verändert.

386   Der BGH führt unter Bezugnahme auf seine ständige Rechtsprechung weiter aus, dass die Gewährung einer inkongruenten Deckung ein starkes Beweisanzeichen für den Gläubigerbenachteiligungsvorsatz des Schuldners sei. Dies setze allerdings voraus, dass die Wirkungen der Rechtshandlung zu einem Zeitpunkt eingetreten seien, als zumindest aus der Sicht des Anfechtungsgegners Anlass bestanden habe, an der Liquidität des Schuldners zu zweifeln. Für die Feststellung des Gläubigerbenachteiligungsvorsatzes und für die Kenntnis des Gläubigers hiervon komme es auf die Verhältnisse beim Wirksamwerden

---

337   Vgl. hierzu noch MünchKomm-InsO/Kirchhof, § 131 Rn. 9.

der angefochtenen Rechtshandlung – hier also zum Zeitpunkt des Entstehens der abgetretenen Kaufpreisforderung am 01.07.1999 – an.

Beispielsfall 75: „Zahlungsunfähigkeit (5)"[338]

§§ 17, 130, 133 InsO – Glaubhaftmachung der Zahlungsunfähigkeit des Schuldners bei mehr als sechsmonatigem Rückstand mit Sozialversicherungsbeiträgen

387   *Eine Krankenkasse beantragte wegen rückständiger Sozialversicherungsbeiträge für die Monate Februar bis einschließlich August 2004 sowie Zwangsvollstreckungskosten, Säumniszuschlägen und Mahngebühren i.h.v. ca. 7.500 € am 20.09.2004 die Eröffnung des Insolvenzverfahrens über das Vermögen der Schuldnerin. Zur Glaubhaftmachung legte sie einen vollstreckbaren Auszug aus dem sog. „Heberegister" vor. Mit Schriftsatz v. 1.10.2004 teilte sie dem Insolvenzgericht mit, der Schuldner habe eine Teilzahlung in Höhe von (ca.) 1.000 € erbracht. Der Rückstand belaufe sich jetzt noch auf (ca.) 6.500 €.*

Das Insolvenzgericht wies den Insolvenzantrag mangels Glaubhaftmachung eines Insolvenzgrundes als unzulässig zurück. Die hiergegen gerichtete sofortige Beschwerde der Krankenkasse blieb ohne Erfolg. Der BGH hob die angefochtenen Beschlüsse auf und wies die Rechtssache an das Insolvenzgericht zurück.

388   Nach Ansicht des BGH hat das Beschwerdegericht die Anforderungen an die Glaubhaftmachung des Insolvenzgrundes überspannt. Befinde sich der Schuldner mit fälligen Gesamtsozialversicherungsbeiträgen von insgesamt mehr als sechs Monaten im Rückstand, habe der antragstellende Gläubiger den Eröffnungsgrund der Zahlungsunfähigkeit i.d.R. glaubhaft gemacht. Die Zahlungsunfähigkeit könne – wie § 17 Abs. 2 Satz 2 InsO verdeutliche – nicht nur im Wege der Ermittlung der Unterdeckung für einen bestimmten Zeitraum, sondern auch mithilfe von Indiztatsachen festgestellt werden.[339] Nach der Rechtsprechung des Senats stelle bei Anwendung dieser Methode die Nichtabführung von Sozialversicherungsbeiträgen ein starkes Indiz dar, welches für den Eintritt der Zahlungsunfähigkeit spreche, da diese Forderungen i.d.R. wegen der drohenden Strafbarkeit nach § 266a StGB bis zuletzt bedient würden.[340]

---

338   BGH, 13.06.2006 – IX ZB 238/05, ZInsO 2006, 827.
339   Vgl. hierzu ferner BGH, 10.07.2003 – IX ZR 89/02, ZInsO 2003, 755.
340   BGH, 20.11.2001 – IX ZR 48/01, BGHZ 149, 178, 187 = ZInsO 2002, 29.

Im Fall eines Beitragsrückstandes von sieben Monaten und fehlenden substanziierten Einwänden des Schuldners gegen die Beitragsschuld sei dessen Zahlungsunfähigkeit wahrscheinlich, wenn nicht sogar zwingend. Für die vom LG geforderte „Gesamtschau", zu der es sich ohne Beibringung weiterer Mittel der Glaubhaftmachung außerstande gesehen habe, sei kein Raum.

389

Nach BGH, 09.01.2003 – IX ZR 175/02, WM 2003, 400 ff. kennt die Finanzverwaltung regelmäßig Umstände, die zwingend auf die Zahlungsunfähigkeit des Schuldners schließen lassen (§ 130 Abs. 2 InsO), wenn der Schuldner, der mit seinen laufenden steuerlichen Verbindlichkeiten mehrere Monate in Rückstand geraten ist, lediglich eine Teilzahlung leistet und keine konkreten Anhaltspunkte dafür bestehen, dass er in Zukunft die fälligen Forderungen alsbald erfüllt.

390

Beispielsfall 76: „Gläubigerwechsel (2)"[341]

§§ 130, 133 InsO – Fehlendes starkes Beweisanzeichen für Gläubigerbenachteiligungsvorsatz bei Sicherungsabtretung des Hauptunternehmers zugunsten des Subunternehmers

391 *Der Beklagte war aufgrund eines Vertrages vom 10.09.1996 als Subunternehmer der Schuldnerin mit Elektroarbeiten für eine Gebäudemodernisierung der AOK beschäftigt. Mit privatschriftlicher Urkunde vom 17.02.1997 trat die Schuldnerin dem Beklagten aus einem Werklohnanspruch gegen die AOK einen Forderungsteil i.H.v. ca. 110.000 DM ab. Die AOK stimmte der Abtretung durch Vermerk auf der Urkunde zu. Noch im selben Monat überwies sie aufgrund Auszahlungsanordnung vom 25.02.1997 den abgetretenen Betrag auf ein Konto des Beklagten.*

Am 21.03.1997 beantragte die Schuldnerin die Eröffnung des Gesamtvollstreckungsverfahrens. Der klagende Insolvenzverwalter focht die Abtretungsvereinbarung an und verlangte Wertersatz i.H.d. an den Beklagten überwiesenen Betrages.

Die Vorinstanzen wiesen die Klage ab. Die Revision des Klägers führte zur Aufhebung und Zurückverweisung.

392 Nach der Würdigung des Berufungsgerichts hatte der Beklagte aufgrund seiner Absprachen mit der Schuldnerin Anspruch auf die angefochtene Abtretung. Es habe daher eine kongruente Deckung vorgelegen. Der BGH bezeichnet dies als ungenau, da die angeblich geschuldete Abtretung dem Gläubiger erst im Sicherungsfall ein Befriedigungsrecht gewährt hätte. Dieser Fall sei jedoch mit der Eröffnung des Gesamtvollstreckungsverfahrens eingetreten. Die allenfalls infrage kommende Inkongruenz der Abtretung vom 17.02.1997 sei danach so schwach, dass daraus – anders als in Regelfällen der Inkongruenz – kein starkes Beweisanzeichen für eine Gläubigerbenachteiligungsabsicht der Schuldnerin abgeleitet werden könne.[342] Die Erfahrung, dass ein Schuldner im Geschäftsverkehr regelmäßig nicht bereit sei, etwas anderes oder mehr zu gewähren als das, wozu er vertraglich verpflichtet sei, treffe nicht zu, wenn die Schuldnerin am 17.02.1997 i.H.d. möglicherweise schon erfüllungshalber er-

---

341 BGH, 18.11.2004 – IX ZR 299/00, ZInsO 2005, 439.
342 Vgl. zu dieser Abhängigkeit BGH, 30.09.1993 – IX ZR 227/92, BGHZ 123, 320, 327 = ZIP 1993, 1653.

klärten Abtretung den Beklagten ohnehin durch die fragliche Abtretung habe sichern müssen.

Ob ein inkongruentes Deckungsgeschäft vorliege, weil die Vereinbarung über die künftige Abtretung von Teilen des Werklohnanspruchs erst im Zusammenhang mit Nachtragsaufträgen zustandegekommen sei und auch den Stammwerklohn besichert habe, könne dahingestellt bleiben. Sei der Bauhauptunternehmer dem Sicherungsverlangen eines Subunternehmers nach § 648a BGB nachgekommen, indem er sich dem Subunternehmer gegenüber in der Höhe von dessen Forderung zur Abtretung von Teilen seines Werklohnanspruchs gegen den Bauherrn verpflichtet habe, sei die Inkongruenz der Sicherungsvereinbarung ebenfalls so schwach, dass daraus kein starkes Beweisanzeichen für eine Gläubigerbenachteiligungsabsicht des Schuldners abgeleitet werden könne. § 648a BGB habe zwar mangels hinreichend konkretisierter Sicherungspflicht noch nicht bewirkt, dass eine anlässlich von Nachtragsaufträgen zustandegekommene, erst am 17.02.1997 von der Schuldnerin erfüllte Abtretungsvereinbarung als kongruente Sicherungshandlung erscheine.[343] Die Schuldnerin habe aber nur die Wahl des Sicherungsmittels gehabt. Diese schwache Inkongruenz genüge nicht, um von der Sicherheitenbestellung auf die Gläubigerbenachteiligungsabsicht des Schuldners zu schließen.

Für den Vorsatz des § 133 Abs. 1 Satz 1 InsO reiche es auch bei kongruenten Deckungsgeschäften aus, wenn der Schuldner sich eine Benachteiligung der anderen Gläubiger nur als möglich vorgestellt, sie aber in Kauf genommen habe, ohne sich durch die Vorstellung dieser Möglichkeit von seinem Handeln abhalten zu lassen.[344] Das Berufungsgericht habe jedoch nicht festgestellt, dass bei der Schuldnerin z.Zt. der angefochtenen Abtretung eine Zahlungsschwäche bestanden habe, aufgrund derer sich eine Gefährdung der anderen Gläubiger aufgedrängt hätte.

393

394

---

343   Vgl. hierzu noch BGH, 04.12.1997 – IX ZR 47/97, DZWIR 1998, 284.

344   Vgl. hierzu ferner BGH, 27.05.2003 – IX ZR 169/02, BGHZ 155, 75, 84 = ZInsO 2003, 764.

Beispielsfall 77: „Sanierungsbemühungsfall (1)"[345]

§§ 129, 133 InsO – Ernsthafte Sanierungsbemühungen als Beweisanzeichen gegen Gläubigerbenachteiligungsvorsatz

395   *Die Gemeinschuldnerin (GmbH) stand in ständiger Geschäftsbeziehung zur klagenden Bank, von der sie einen Barkredit i.h.v. 125.000 DM erhalten hatte. Im April 1994 befand sich die Schuldnerin in einer angespannten finanziellen Situation; den Kreditrahmen hatte sie im Einverständnis mit der Klägerin überzogen. Sie erhielt sodann von der Klägerin einen vorübergehend auf insgesamt 225.000 DM erhöhten Kredit. Am 26.04.1994 vereinbarten die Gemeinschuldnerin und die Klägerin u.a. die Sicherungsübereignung des Maschinenparks der Gemeinschuldnerin. Dies geschah durch Raumsicherungsvertrag vom 22.06.1994.*

Am 22.08.1994 beantragte der Gesellschafter und Geschäftsführer der Gemeinschuldnerin die Eröffnung des Konkursverfahrens über ihr Vermögen. An diesem Tag betrug der Sollsaldo gegenüber der Klägerin ca. 165.000 DM. Der verklagte Konkursverwalter veräußerte den Maschinenpark für 130.000 DM. Die Klägerin verlangte vom Beklagten die Auszahlung dieses Betrages.

Die Vorinstanzen wiesen die Klage ab. Die hiergegen gerichtete Revision der Klägerin führte zur Aufhebung und Zurückverweisung.

396   Der BGH weist zunächst darauf hin, dass es hinsichtlich der neu zugesagten Krediterhöhung keine förmliche Beweiserleichterung zugunsten des Beklagten gebe. Da es sich nicht um ein Deckungs-, sondern um ein neues Verpflichtungsgeschäft handle, greife das Kriterium, ob eine kongruente oder eine inkongruente Sicherung vorliege, nicht ein. Der Vertrag habe selbst den Sicherungsanspruch geschaffen. Der Umstand, dass die Klägerin ohne diesen Vertrag keinen Anspruch auf Sicherung gehabt hätte, werde insoweit ausgeglichen, als der GmbH gerade infolge des Vertrages eine ausgleichende zusätzliche Gegenleistung zugeflossen sei. Auf eine Gläubigerbenachteiligungsabsicht könnte es also allenfalls hinweisen, wenn die gewährte Krediterhöhung erkennbar keine vollwertige Gegenleistung für das bewilligte Sicherungseigentum gewesen wäre.

---

345   BGH, 04.12.1997 – IX ZR 47/97, DZWIR 1998, 284.

Die Krediterhöhung habe nur 100.000 DM betragen, während das Siche- **397**
rungsgut 130.000 DM wert gewesen sei. Jedenfalls i.H.v. 30.000 DM seien
daher die übrigen Gläubiger rein objektiv benachteiligt. Dies sei jedoch allein
eine Folge des verhältnismäßig hohen Marktwerts der übereigneten Maschi-
nen, der erfahrungsgemäß kaum sicher vorauszuschätzen sei. Derartigen Un-
sicherheiten in Bewertungsfragen sei im subjektiven Tatbestand des § 31 KO
Rechnung zu tragen. Der bloße Umstand, dass ein Rechtsgeschäft die Gläubiger unmittelbar benachteilige, begründe – wie § 30 Nr. 1 Fall 1 KO (vgl.
jetzt § 130 Abs. 1 Satz 1 Nr. 2 InsO) zeige – noch keine Beweislastumkehr
zulasten des Anfechtungsgegners.

Allerdings sei dem Berufungsgericht darin zu folgen, dass die Klägerin eine **398**
Gläubigerbenachteiligungsabsicht der Schuldnerin nicht von vornherein durch
den Hinweis auf das gemeinsame Sanierungsbemühen ausschließen könne.
Insoweit sei vielmehr zu unterscheiden. Ein ernsthafter Sanierungsversuch
könne u.U. eine unmittelbare Gläubigerbenachteiligung objektiv sogar dann
ausschließen, wenn er letztlich scheitere. Ein derartiger Sanierungsversuch
setze jedoch mindestens ein in sich schlüssiges Konzept voraus, das von den
erkannten und erkennbaren tatsächlichen Gegebenheiten ausgehe und nicht
offensichtlich undurchführbar sei.[346]

Eine Gläubigerbenachteiligungsabsicht des Schuldners und eine entspre- **399**
chende Kenntnis des Anfechtungsgegners könnten indes auch dann ausgeschlossen sein, wenn lediglich ein Überbrückungskredit gewährt worden sei,
der nicht die Qualität eines Sanierungsversuchs erreicht habe. Jene subjektiven Anfechtungsvoraussetzungen dürften nicht schon deshalb bejaht werden,
weil ein Sanierungsversuch objektiv nicht hinreichend fachgerecht vorbereitet
worden sei. Sogar Fahrlässigkeit genüge nicht für eine Anwendung des § 31
Nr. 1 KO. Beteiligte, die ernsthaft und mit aus ihrer Sicht tauglichen Mitteln
die Sanierung anstrebten, handelten subjektiv redlich. Sei der Gemeinschuldner im Zeitpunkt der Vollendung der anfechtbaren Rechtshandlung aufgrund
konkreter Vorstellungen davon überzeugt, in absehbarer Zeit alle seine Gläubiger befriedigen zu können, handle er nicht mit Gläubigerbenachteiligungsabsicht.[347]

---

346 Vgl. BGH, 12.11.1992 – IX ZR 236/91, ZIP 1993, 276.
347 BGH, 12.07.1990 – IX ZR 245/89, BGHZ 112, 136 = ZIP 1990, 1088.

400   In dem zu entscheidenden Fall habe der Gesellschafter und Geschäftsführer der Gemeinschuldnerin im Zusammenhang mit der Kreditausweitung nicht nur aus eigenen Mitteln das Stammkapital um 50.000 DM aufgestockt, sondern auch seine persönliche Lebensversicherung gekündigt und den Rückkaufswert von fast 56.000 DM zur Rückführung des Schuldsaldos verwendet. So verhalte sich erfahrungsgemäß kein Schuldner, der sein Geschäft als verloren ansehe.

Beispielsfall 78: „Unternehmensgründungsfall"[348]

§§ 129, 133 InsO – Anfechtbarkeit von Sicherheitenbestellungen im Rahmen einer Unternehmensgründung

Die neu gegründete Schuldnerin hatte von der Beklagten erhebliche Kre-   401
dite und darüber hinaus öffentliche Fördermittel zugesagt bekommen, um ihren Geschäftsbetrieb aufnehmen zu können. Das Eigenkapital betrug mit 175.000 DM ca. 10 % der gesamten Kapitalausstattung. Die Beklagte ließ sich als Sicherheit eine den Wert des Grundstücks der Schuldnerin weit übersteigende Grundschuld einräumen, die Geschäftsausstattung zur Sicherheit übereignen und die künftigen Forderungen der Schuldnerin aus Warenlieferungen zur Sicherheit abtreten. Die Schuldnerin erzielte im ersten Jahr statt der angenommenen Umsätze i.H.v. ca. 3,6 Mio. DM nur Umsätze i.H.v. ca. 124.000 DM und wurde alsbald insolvent. Der Insolvenzverwalter klagte auf Feststellung, dass der Beklagten keine Rechte an dem Erlös aus der Verwertung der Sicherheiten zustünden.

Das LG wies die Klage ab. Auf die Berufung des Klägers änderte das OLG das erstinstanzliche Urteil ab und gab der Klage statt.

Nach Ansicht des OLG Dresden war die Bestellung der Sicherheiten nach   402
§ 133 Abs. 1 InsO anfechtbar. Dem stehe nicht entgegen, dass z.Zt. der Vornahme der anfechtbaren Rechtshandlungen noch keine Gläubiger vorhanden gewesen seien, die hätten benachteiligt werden können. Da § 133 Abs. 1 InsO keine unmittelbare Gläubigerbenachteiligung verlange, komme es nicht darauf an, ob jemand bei Vornahme der Rechtshandlungen Gläubiger des Schuldners gewesen sei. Es genüge vielmehr, dass die Benachteiligung zum Zeitpunkt der mündlichen Verhandlung vorliege.

Die Schuldnerin habe mit dem Vorsatz gehandelt, ihre Gläubiger zu benach-   403
teiligen. Die Benachteiligung der Gläubiger könne auch dann billigend in Kauf genommen werden, wenn sie sich als unvermeidliche Nebenfolge eines an sich erstrebten und durchaus billigenswerten anderen Vorteils darstelle. Mit der Umsetzung ihres Finanzierungskonzepts habe die Schuldnerin ihren späteren Gläubigern nahezu jegliche Haftungsmasse entzogen, auf die diese zur Befriedigung ihrer Forderungen hätten zurückgreifen können. Das Un-

---

348   OLG Dresden, 29.03.2007 – 13 U 1132/06, ZInsO 2007, 497; krit. dazu Edelmann, WuB
       VI A § 133 InsO 1.08.

ternehmenskonzept habe keine derart günstige Gewinnerwartung zugelassen, dass neben der Tilgung der Kreditverbindlichkeiten auch die Annahme einer ausreichenden Haftungsmasse zur Befriedigung der Gläubiger gerechtfertigt gewesen wäre.

404   Ein Vergleich mit der Rechtslage bei Unternehmenssanierungen zeige, dass das Konzept nicht ausgereicht habe, um den Gläubigerbenachteiligungsvorsatz der Schuldnerin auszuräumen. Zwar weiche die Ausgangssituation der Finanzierung bei einer Unternehmenssanierung von derjenigen einer Unternehmensgründung ab, da in dem zuerst genannten Fall eine Krise notwendig bereits eingetreten sei. Dies rechtfertige es jedoch nicht, die Frage der Insolvenzfestigkeit von Sicherheitenbestellungen bei der Finanzierung von Unternehmensgründungen nach anderen Kriterien zu beurteilen. In beiden Fällen habe die Realisierbarkeit des Konzepts für den Gläubigerbenachteiligungsvorsatz die gleiche Bedeutung. Gewährleiste bereits das Gründungskonzept ersichtlich nicht das Überleben des Unternehmens, stelle sich die Befriedigungsaussicht der Gläubiger nicht günstiger dar als bei einem von vornherein untauglichen Sanierungsversuch. Daran vermöge auch die zunächst unterschiedlich erscheinende Motivationslage des Unternehmensgründers einerseits und des Sanierers andererseits nichts zu ändern.

405   Die Entscheidung des OLG Dresden dürfte nach den Maßstäben des im Beispielsfall 77 wiedergegebenen Urteils des BGH v. 04.12.1997[349] auf einer unzutreffenden Abgrenzung zwischen grober Fahrlässigkeit und bedingtem Vorsatz beruhen. Wer im Rahmen einer Unternehmensgründung in beträchtlichem Umfang Eigenkapital in das Unternehmen einbringt, vertraut in aller Regel – wenngleich evtl. grob fahrlässig – darauf, dass schon alles gut gehen werde und nimmt das Scheitern des Vorhabens nicht billigend in Kauf. Insoweit sind eine Unternehmensgründung und eine Unternehmenssanierung eben doch nicht grds. gleichzustellen. Das OLG Dresden misst der subjektiven Komponente des Gläubigerbenachteiligungsvorsatzes zu geringe Bedeutung bei. Nach dem Urteil des BGH vom 04.12.1997 dürfen die subjektiven Anfechtungsvoraussetzungen nicht schon deshalb bejaht werden, weil ein Sanierungsversuch objektiv nicht hinreichend fachgerecht vorbereitet wurde. Umso mehr muss dies im Fall der Unternehmensgründung gelten.

---

349   BGH, 04.12.1997 – IX ZR 47/97, DZWIR 1998, 284.

Beispielsfall 79: „Aufsummierungsfall"[350]

§§ 129, 133 InsO – Problem des „Aufsummierens" angefochtener Zahlungen über einen langen Zeitraum hinweg

In den Jahren 1999 bis 2004 hatten Vollstreckungsbeamte des Finanzamt re-   406
gelmäßig bei der Schuldnerin wegen fälliger Steuerzahlungen vorgesprochen.
Infolgedessen war es in diesem Zeitraum zu Steuerzahlungen der Schuldne-
rin i.H.v. ca. 234.000 € gekommen. Am 30.09.1999, am 30.08.2000 und am
22.01.2004 hatte die AOK Anträge auf Eröffnung des Insolvenzverfahrens über
das Vermögen der Schuldnerin gestellt. Die Insolvenzeröffnung wurde von der
Schuldnerin jeweils durch Zahlungen an die AOK abgewendet. Aufgrund des
Insolvenzantrages der Schuldnerin vom 08.10.2004 wurde am 01.12.2004 das
Insolvenzverfahren eröffnet.

Der klagende Insolvenzverwalter verlangte vom verklagten Land die im Zeit-
raum vom 18.05.1999 bis zum 19.02.2004 empfangenen Zahlungen i.H.v.
ca. 234.000 € unter dem Gesichtspunkt der Insolvenzanfechtung zurück.

Das LG wies die Klage ab; das OLG gab ihr auf die Berufung des Klägers
hin statt.

Das OLG München geht von willensgeleiteten Rechtshandlungen der Schuld-   407
nerin i.S.d. § 133 Abs. 1 InsO aus. Diese sei noch in der Lage gewesen, über
den angeforderten Betrag nach eigenem Belieben zu verfügen. Sie habe, statt
ihn im Ganzen an den Vollstreckungsbeamten zu bezahlen, auch nur teilweise
zahlen, ihn selbst verbrauchen, ihn Dritten zuwenden oder Insolvenzantrag
stellen können. Die sofortige Vollstreckung durch die bereits anwesende Vollziehungsperson habe in keinem Fall gedroht. Die Möglichkeit zu selbstbe-
stimmtem Handeln sei damit noch gegeben gewesen.[351]

Am Vorliegen einer zumindest mittelbaren Gläubigerbenachteiligung, die für   408
§ 133 Abs. 1 InsO genüge, bestehe kein Zweifel. Für diese reiche es aus, wenn
sich der Nachteil erst nach dem Abschluss der Rechtshandlungen durch das
Hinzutreten weiterer Umstände bis zum maßgeblichen Zeitpunkt der letzten

---

350   OLG München, 28.03.2007 – 20 U 4101/06, EWiR 2007, 407; die Nichtzulassungsbe-
      schwerde des verklagten Landes wurde durch Beschl. des BGH v. 17.04.2008 – IX ZR
      77/07 zurückgewiesen.
351   BGH, 08.12.2005 – IX ZR 182/01, ZInsO 2006, 94.

mündlichen Verhandlung in der Tatsacheninstanz verwirklicht habe. Durch die Zahlungen der Schuldnerin an das verklagte Land sei dem Unternehmen über Jahre hinweg Liquidität entzogen worden, sodass sich die Befriedigungsmöglichkeiten der anderen Gläubiger sowohl zum Zeitpunkt der Zahlungen, vor allem aber im Insolvenzverfahren, verschlechtert hätten. Auch die Beeinträchtigung durch das spätere Hinzutreten weiterer Gläubiger sei für die mittelbare Gläubigerbenachteiligung ausreichend.

409 Es sei zwar ausschließlich von kongruenten Deckungsgeschäften auszugehen, bei deren Vorliegen erhöhte Anforderungen an die Darlegung und den Beweis des Gläubigerbenachteiligungsvorsatzes zu stellen seien.[352] Einem Schuldner, der wisse, dass er nicht alle seine Gläubiger befriedigen oder vollständig befriedigen könne, und der Forderungen eines einzelnen Gläubigers vorwiegend deshalb erfülle, um ihn von Vollstreckungsmaßnahmen oder gar der Stellung eines Insolvenzantrages abzuhalten, komme es aber nicht in erster Linie auf die Erfüllung seiner gesetzlichen oder vertraglichen Pflichten, sondern auf die Bevorzugung dieses einzelnen Gläubigers an; damit nehme er die Benachteiligung der Gläubiger im Allgemeinen in Kauf.

410 Die vernommene Zeugin habe bestätigt, an den Beklagten in dem fraglichen Zeitraum jeweils nur auf Vollstreckungstitel hin gezahlt zu haben, und zwar jeweils nur solche Teilbeträge, deren Zahlung gerade möglich gewesen sei. Dabei sei ihr bewusst gewesen, dass sie weitere Mittel auch noch für andere Ausgaben benötigen würde.

411 Das OLG München hat sich mit einem wesentlichen Problem des Falls nicht befasst. Grundsätzlich hat der Insolvenzverwalter nach den §§ 129 Abs. 1, 133 Abs. 1 InsO bzgl. jeder einzelnen angefochtenen Rechtshandlung darzulegen und ggf. zu beweisen, dass die Gläubiger durch die Rechtshandlung benachteiligt wurden, der Schuldner mit entsprechendem Vorsatz handelte und der andere Teil diesen Vorsatz kannte.[353] Für jede einzelne Zahlung in der Zeit vom 18.05.1999 bis zum 19.02.2004 musste der Kläger daher grds. darlegen und ggf. beweisen, dass die Schuldnerin zu jedem Zahlungszeitpunkt nicht in der Lage war, den wesentlichen Teil ihrer zu diesem konkreten Zeitpunkt bestehenden und fälligen Verbindlichkeiten zu begleichen. Bei strikter Anwendung dieses Rechtsgrundsatzes

---

352 BGH. 17.07.2003 – IX ZR 272/02, ZInsO 2003, 850.
353 OLG München, 22.06.2006 – 6 U 5448/05, ZInsO 2007, 219.

kann es nicht dazu kommen, dass der Anfechtungsgegner ein Vielfaches des Betrages zurückzugewähren hat, der zu jedem einzelnen Zahlungszeitpunkt – und vielleicht sogar letztlich im Insolvenzverfahren – zur Befriedigung sämtlicher vorhandener Gläubiger benötigt worden wäre.

In dem vom OLG München entschiedenen Fall ist es der Schuldnerin immerhin gelungen, ihren Geschäftsbetrieb nach der ersten angefochtenen Zahlung noch fast fünf Jahre lang aufrechtzuerhalten. Schon dies spricht gegen die Annahme einer durchgängig bestehenden Zahlungseinstellung. Die Würdigung des OLG München überzeugt jedenfalls für den Fall nicht, dass nicht von einem kontinuierlichen Ansteigen der unbeglichenen Verbindlichkeiten ausgegangen werden kann, sondern die Schuldnerin über einen längeren Zeitraum nur einen relativ konstanten unbeglichenen „Spitzenbetrag" vor sich hergeschoben hat.

412

Der BGH hat zwar den Rechtsgrundsatz aufgestellt, dass eine einmal eingetretene Zahlungseinstellung nur dadurch wieder beseitigt werden könne, dass der Schuldner seine Zahlungen im Allgemeinen wieder aufnehme, wobei dies derjenige zu beweisen habe, der sich hierauf berufe.[354] Er war sich dabei jedoch bewusst, dass diese Umkehr der Darlegungs- und Beweislast sehr weit geht, weitreichende Konsequenzen haben kann und daher mit Vorsicht zu handhaben ist. In seinem Urt. v. 25.10.2001[355] hat er daher betont, dass es um einen verhältnismäßig kurzen Zeitraum seit der festgestellten Zahlungseinstellung gehe. Im Urt. v. 12.10.2006[356] hat er hervorgehoben, dass die Schuldnerin nach dem Vorbringen des Klägers zu einem bestimmten Zeitpunkt Verbindlichkeiten in bestimmter Höhe gehabt habe, die bis zuletzt unbedient geblieben und deshalb zur Tabelle angemeldet worden seien; er hat zugleich darauf hingewiesen, dass die Verbindlichkeiten kontinuierlich angestiegen seien.

413

---

354 BGH, 12.10.2006 – IX ZR 228/03, ZInsO 2006, 1210.
355 BGH, 25.10.2001 – IX ZR 17/01, BGHZ 149, 100 = ZInsO 2001, 1150.
356 BGH, 12.10.2006 – IX ZR 228/03, ZInsO 2006, 1210.

VII. § 134 InsO – Anfechtbarkeit unentgeltlicher Leistungen des Schuldners

§ 134 InsO erleichtert die Anfechtung unentgeltlicher Leistungen des Schuld-   414
ners und ist damit Ausprägung des Grundsatzes, dass unentgeltliche Zuwendungen geringeren Schutz verdienen. Anders als noch in § 32 KO ist in § 134
Abs. 1 InsO nicht mehr von unentgeltlichen Verfügungen, sondern von unentgeltlichen Leistungen die Rede, um den erweiterten Anwendungsbereich der
Bestimmung zu verdeutlichen.[357] Der Begriff der „unentgeltlichen Leistung"
ist nach der Rechtsprechung des BGH weit zu verstehen.[358] Entscheidend sind
nicht die subjektiven Vorstellungen des Schuldners, sondern allein die objektive Wertrelation zwischen der Leistung des Schuldners und der Gegenleistung des Empfängers.

Gegenüber der Vorgängerbestimmung des § 32 KO wurde die Anfechtungs-   415
frist auf vier Jahre verlängert. Eine erhebliche Ausweitung seines Anwendungsbereichs hat § 134 InsO dadurch erfahren, dass der BGH in mehrseitigen Leistungsbeziehungen von einer unentgeltlichen Zuwendung ausgeht,
wenn der Zuwendungsempfänger durch den fraglichen Vorgang nur eine
wertlose Forderung gegen einen Dritten verloren hat.[359] Damit ist allerdings
eine Abkehr von dem Grundsatz verbunden, dass sich die Bestimmung des
Anfechtungsgegners nach den Grundsätzen des bereicherungsrechtlichen
Leistungsbegriffs richte.[360]

---

357 Vgl. hierzu BT-Drucks. 12/2443, S. 160.
358 BGH, 28.02.1991 – IX ZR 74/90, BGHZ 113, 393, 396 = ZIP 1991, 454.
359 BGH, 04.03.1999 – IX ZR 63/98, BGHZ 141, 96 = ZInsO 1999, 286.
360 Vgl. dazu die Beispielsfälle 80 und 81.

Beispielsfall 80: „Cash – Pool (1)"[361]

§ 134 InsO – „Cash-Pool"; Anfechtungsgegner bei unentgeltlicher Zuwendung im mehrseitigen Rechtsverhältnis; Abweichung von der Maßgeblichkeit bereicherungsrechtlicher Wertungen?

416 *Die Schuldnerin gehörte zu einem Unternehmensverbund, in dem ein sog. „Cash-Pool" praktiziert wurde, wonach fällige Verbindlichkeiten jeweils von dem Unternehmen beglichen wurden, das gerade über die erforderliche Liquidität verfügte. Am 14.04.1997 vereinbarte die Gemeinschuldnerin mit der L-GmbH, dass sie deren Verbindlichkeit gegenüber der Beklagten übernehme, und kündigte gegenüber der Beklagten die Begleichung der Forderung für die L-GmbH an. Sie überwies daraufhin am 23.06.1997 100.000 DM an die Beklagte. Am 17.10.1997 wurde über das Vermögen der L-GmbH das Gesamtvollstreckungsverfahren eröffnet.*

Der Kläger hat als Verwalter über das Vermögen der Gemeinschuldnerin deren Zahlung an die Beklagte angefochten und Rückzahlung verlangt. Die Revision des Klägers gegen das klageabweisende Urteil des Berufungsgerichts hatte Erfolg.

417 Nach Ansicht des Berufungsgerichts stellte die Zahlung der Gemeinschuldnerin keine unentgeltliche Verfügung i.S.d. § 32 Nr. 1 KO (vgl. jetzt § 134 Abs. 1 InsO) dar.

418 Der BGH ist dem nicht gefolgt. Werde in den Zuwendungsvorgang eine dritte Person eingeschaltet, komme es nicht entscheidend darauf an, ob der Gemeinschuldner selbst einen Ausgleich für seine Verfügung erhalten habe. Maßgebend sei vielmehr, ob der Empfänger seinerseits eine Gegenleistung habe erbringen müssen. Die Gegenleistung des Empfängers liege i.d.R. darin, dass er eine werthaltige Forderung gegen seinen Schuldner verliere. Grundsätzlich sei deshalb nicht der Leistungsempfänger, sondern dessen Schuldner der richtige Beklagte für eine Anfechtung wegen unentgeltlicher Zuwendung.[362]

---

361 BGH, 03.03.2005 – IX ZR 441/00, BGHZ 162, 276 = ZInsO 2005, 431 – fortgeführt für § 134 Abs. 1 InsO in: BGH, 30.03.2006 – IX ZR 84/05, ZIP 2006, 957.

362 Vgl. BGH, 15.12.1982 – VIII ZR 264/81, ZIP 1983, 32 und BGH, 15.04.1964 – VIII ZR 232/62, BGHZ 41, 298, 302.

Dies gelte jedoch dann nicht, wenn die Forderung des Zuwendungsempfän-   419
gers gegenüber seinem Schuldner wertlos gewesen sei. Eine Kenntnis des
Leistungsempfängers von der Wertlosigkeit seiner Forderung sei entgegen der
Auffassung des Berufungsgerichts nicht ausschlaggebend. Der anfechtungsrechtliche Begriff der unentgeltlichen Verfügung sei wegen der Belange des
Gläubigerschutzes weit auszulegen und setze eine Einigung über die Unentgeltlichkeit als solche nicht voraus. Maßgebend sei in erster Linie der objektive Sachverhalt.[363]

Ob der Leistungsempfänger im Verhältnis zu seinem Schuldner zu einem   420
früheren Zeitpunkt eine Leistung erbracht habe, sei für die Anfechtung nicht
von Bedeutung. Es werde zwar teilweise die Auffassung vertreten, dass die
Entgeltlichkeit der Leistung bereits dann zu bejahen sei, wenn deren Empfänger seinerseits Leistungen an seinen Schuldner erbracht habe, deren Gegenleistung die Zuwendung darstelle, denn die Unentgeltlichkeit der Leistung
könne wegen der Abstraktheit von Verfügungen auch im Drei-Personen-Verhältnis nur aus den Kausalbeziehungen erschlossen werden.[364] Dies stehe jedoch nicht im Einklang mit der Rechtsprechung des Senats.

Die Leistung des Gemeinschuldners sei auch nicht deshalb entgeltlich, weil   421
er sich gegenüber dem Schuldner der Forderung zu deren Tilgung verpflichtet
habe. Entgeltlich wäre die Zuwendung nur dann gewesen, wenn die Beklagte
einen Anspruch auf Leistung gegenüber der Gemeinschuldnerin gehabt hätte.
Dass i.R.d. zentralisiert geführten Zahlungsverkehrs womöglich auch Eingänge für die L-GmbH auf dem Konto der Gemeinschuldnerin verbucht worden
seien, schließe die gläubigerbenachteiligende Wirkung der erfolgten Zahlung
i.H.v. 100.000 DM nicht aus. Eingehende Zahlungen für die L-GmbH hätten
mit der unentgeltlichen Verfügung zugunsten der Beklagten in keinem rechtlichen Zusammenhang gestanden.

---

363   BGH, 29.11.1990 – IX ZR 29/90, BGHZ 113, 98, 102 = ZIP 1991, 35.
364   Vgl. OLG Koblenz, 13.05.2004 – 5 U 1539/03, ZInsO 2004, 552; Henckel, ZIP 2004 1671,
       1674; Jaeger/Henckel, KO, § 32 Rn. 17.

Beispielsfall 81: „Cash – Pool (2)"[365]

§§ 130 Abs. 1, 134 InsO – Unentgeltliche Zuwendung im mehrseitigen Rechtsverhältnis; Vorrang der Deckungsanfechtung vor der Schenkungsanfechtung

422   *Die Schuldnerin war eine Tochtergesellschaft im Konzern der V-GmbH. Diesem gehörten u.a. auch die H-GmbH und die I-GmbH an. Die V-GmbH hielt 85 % der Geschäftsanteile der H-GmbH und 76 % der Geschäftsanteile der Schuldnerin. Diese war wiederum 100 %ige Gesellschafterin der I-GmbH. Nachdem über das Vermögen der V-GmbH und der H-GmbH am 01.06.2002 das Insolvenzverfahren eröffnet worden war, wurde auf Antrag vom 05.06.2002 am 16.09.2002 auch über das Vermögen der Schuldnerin das Insolvenzverfahren eröffnet und der Kläger zum Insolvenzverwalter bestellt. Am 16.05.2002, als bereits die Eröffnung des Insolvenzverfahrens über die Vermögen der V-GmbH und der H-GmbH beantragt worden war, hatte die Schuldnerin von ihrem Geschäftskonto zur Erbringung fälliger Sozialversicherungsbeiträge für die V-GmbH 45.000.00 €, für die H-GmbH 36.000 € und für die I-GmbH 70 € an die Beklagte überwiesen. Nach der Behauptung der Beklagten stammten die dafür erforderlichen Mittel ursprünglich aus dem Vermögen der V-GmbH und der H-GmbH.*

    Der Kläger verlangte von der Beklagten die Rückzahlung der empfangenen Beträge. Das LG wies die Klage ab. Das OLG verurteilte die Beklagte zur Rückzahlung des für die I-GmbH gezahlten Betrages. Die Revision des Klägers führte zur Aufhebung und Zurückverweisung.

423   Nach Ansicht des Berufungsgerichts lagen keine unentgeltlichen Zuwendungen der Schuldnerin i.S.d. § 134 InsO vor. Diese habe sich gegenüber der V-GmbH und der H-GmbH verpflichtet, deren Verbindlichkeiten zu tilgen. Bei einer derartigen Konstellation sei eine Anfechtung nur in der jeweiligen Leistungsbeziehung statthaft. Aus der Sicht der Beklagten hätten Leistungen der V-GmbH und der H-GmbH vorgelegen.

424   Der BGH hat diese Würdigung als rechtsfehlerhaft angesehen. Er bekräftigt unter Berufung auf BGHZ 162, 276 ff.,[366] dass bei Zuwendungen im Mehr-

---

365   BGH, 16.11.2007 – IX ZR 194/04, BGHZ 174, 228 = ZInsO 2008, 106; krit. dazu v. Mettenheim, ZInsO 2008, 110 und Bork, ZIP 2008, 1041, 1048.

366   Vgl. hierzu Beispielsfall 80.

personenverhältnis für die Frage der Unentgeltlichkeit maßgebend sei, ob der Zuwendungsempfänger seinerseits eine Gegenleistung zu erbringen habe. Begleiche der Zuwendende die gegen einen Dritten gerichtete Forderung des Zuwendungsempfängers, sei dessen Gegenleistung i.d.R. darin zu sehen, dass er eine werthaltige Forderung gegen den Dritten verliere. Sei diese Forderung hingegen wertlos, verliere der Zuwendungsempfänger wirtschaftlich nichts, was als Gegenleistung für die Zuwendung angesehen werden könnte.

Im konkreten Fall seien die Beitragsforderungen der Beklagten gegen die V-GmbH und die H-GmbH wirtschaftlich wertlos gewesen, da bereits die Eröffnung des Insolvenzverfahrens über deren Vermögen beantragt gewesen sei. Es sei unerheblich, ob die Schuldnerin gegenüber der V-GmbH und der H-GmbH verpflichtet gewesen sei, deren Verbindlichkeiten gegenüber der Beklagten zu tilgen, und ob zwischen den konzernverbundenen Unternehmen ein sog. „Cash-Pool" bestanden habe.   425

Die erforderliche Gläubigerbenachteiligung sei gegeben. Selbst wenn die Schuldnerin die zur Zahlung verwendeten Mittel von der V-GmbH und der H-GmbH erhalten habe, ändere dies nichts daran, dass die Überweisungen vom Geschäftskonto der Schuldnerin – und damit aus deren Vermögen – ihre Gläubiger benachteiligt hätten; eine treuhänderische Bindung habe nicht vorgelegen.[367]   426

Obwohl somit die Voraussetzungen des § 134 InsO vorlägen, könne der Revision nicht stattgegeben werden. Denn auf der Grundlage des bestrittenen Vorbringens der Beklagten greife die Anfechtung des Klägers möglicherweise deshalb nicht durch, weil der Streithelfer der Beklagten (der Insolvenzverwalter über die Vermögen der V-GmbH und der H-GmbH) die Zuwendungen an die Beklagte ebenfalls anfechten könne und dieser Anfechtung der Vorrang gebühre. Im Verhältnis der V-GmbH und der H-GmbH zur Beklagten könne eine nach § 130 Abs. 1 Satz 1 Nr. 1 InsO anfechtbare mittelbare Zuwendung vorliegen. Nach ständiger höchstrichterlicher Rechtsprechung seien solche Rechtshandlungen als mittelbare Zuwendungen anfechtbar, bei denen eine unmittelbare Leistung an den Empfänger, die ohne Weiteres anfechtbar wäre, durch Einschalten eines Leistungsmittlers umgangen werde. Davon sei insbes. dann auszugehen, wenn der Schuldner einen Drittschuldner anweise, die von   427

---

367   Vgl. hierzu Beispielsfälle 34 und 36.

diesem geschuldete Leistung nicht ihm, sondern einem Gläubiger des Schuldners zu erbringen.[368]

428   Eine solche mittelbare Zuwendung sei sowohl dann gegeben, wenn die V-GmbH und die H-GmbH zum Zwecke der Befriedigung der Beklagten an die Schuldnerin Geld überwiesen hätten, als auch dann, wenn die V-GmbH und die H-GmbH Gegenstände an die Schuldnerin verkauft und diese angewiesen haben sollten, den Kaufpreis zur Tilgung ihrer Verbindlichkeiten bei der Beklagten zu verwenden.

429   Es lägen somit möglicherweise konkurrierende Anfechtungsansprüche für verschiedene Insolvenzmassen vor. In diesem Fall gehe die Anfechtung durch den Insolvenzverwalter des Leistenden der Anfechtung durch den Insolvenzverwalter des Leistungsmittlers vor. Die Deckungsanfechtung des Insolvenzverwalters der V-GmbH und der H-GmbH schließe somit die Schenkungsanfechtung des Klägers aus. Die Beklagte, die unter Hinweis auf den konkurrierenden Anfechtungsanspruch des Streithelfers die Sachbefugnis des Klägers bestreite, habe darzulegen und zu beweisen, dass der konkurrierende, vorrangige Anfechtungsanspruch erhoben sei und dass seine Voraussetzungen erfüllt seien.

430   Dieser Fall zeigt, dass die von den bestehenden Leistungsbeziehungen losgelöste Bestimmung der Unentgeltlichkeit einer Zuwendung erhebliche Probleme bereitet.[369] Der BGH muss die „Schenkungsanfechtung" des Klägers im Interesse einer möglichen Deckungsanfechtung des Streithelfers der Beklagten zurückdrängen. Dies ist jedoch nicht ohne Schwierigkeiten möglich. Hat der Streithelfer noch nicht gegenüber der Beklagten angefochten, kann auch der Kläger nicht verlässlich anfechten. Ob etwa die Beklagte zum Zeitpunkt der Zuwendung die Zahlungsunfähigkeit oder den Insolvenzantrag der V-GmbH kannte, kann der Kläger nicht wissen. Ficht der Streithelfer später an, geht seine Anfechtung jener des Klägers vor. Die Beklagte muss auf eine Schenkungsanfechtung des Klägers hin an diesen zahlen, obwohl sie nicht weiß, ob sie auch vom Streithelfer noch im Wege der (vorrangigen) Anfechtung in Anspruch genommen wird.

---

368   BGH, 16.09.1999 – IX ZR 204/98, BGHZ 142, 284, 287 = ZInsO 1999, 640.
369   Vgl. dazu Henckel, ZIP 2004, 1671 sowie Häsemeyer, Insolvenzrecht, Rn. 21.92.

M. Huber[370] weist i.Ü. zu Recht darauf hin, dass der BGH im Verhältnis der V-GmbH und der H-GmbH zur Beklagten zu Unrecht eine Anfechtung nach § 130 Abs. 1 Satz 1 Nr. 1 InsO als möglich ansieht. Durch die Leistung der Schuldnerin erhielt die Beklagte keine kongruente, sondern eine inkongruente Befriedigung i.S.d. § 131 InsO, da sie Erfüllung nur von ihren Schuldnern (V-GmbH und H-GmbH), nicht aber von der Schuldnerin zu beanspruchen hatte.[371]

431

Ein weiterer Aspekt der Entscheidung des BGH gibt zum Nachdenken Anlass. Er verneint eine treuhänderische Überlassung der (angeblich) der Schuldnerin von den verbundenen Unternehmen überlassenen Mittel. Zugleich nimmt er an, dass dem Insolvenzverwalter über das Vermögen der verbundenen Unternehmen auch ein Anfechtungsanspruch gegen die Schuldnerin zustehen könne, dem in deren Insolvenz Aussonderungskraft zukomme.[372] Anfechtungsrechtlich werden somit die von den verbundenen Unternehmen überlassenen Mittel nicht als Vermögen der Schuldnerin angesehen.

432

---

370   M. Huber, NZI 2008, 149.

371   Vgl. hierzu BGH, 08.12.2005 – IX ZR 182/01, ZInsO 2006, 94 sowie Beispielsfall 59.

372   Vgl. BGH, 23.10.2003 – IX ZR 252/01, BGHZ 156, 350 = ZInsO 2003, 1096.

Beispielsfall 82: „Auftragsübernahmefall"[373]

§ 134 InsO – „Schenkungsanfechtung" der aufgrund eines „letter of intent" erbrachten Schuldnerleistungen bei Auftragsübernahme durch Dritten

433   *Am 23.05.2001 unterbreitete die Schuldnerin der C ein Angebot über die Verkabelung einer Niederlassung zum Preis von ca. 500.000 € netto. Die C antwortete mit Schreiben v. 31.05.2001, sie nehme das Angebot an und werde einen Vertrag ausarbeiten. Bis der Vertrag unterschrieben sei, solle die Absichtserklärung („letter of intent") der C als Nachweis zur Weiterführung der Arbeiten dienen. Am 31.05. und am 15.06.2001 stellte die Schuldnerin zwei Abschlagsrechnungen über ca. 340.000 € und bat um Bezahlung der Rechnungen unabhängig vom endgültigen Vertragschluss. Die C, die am 02.07.2001 einen Vertragsentwurf übersandt hatte, teilte der Schuldnerin am 03.07.2001 mit, dass beide Rechnungen nach Eingang des unterzeichneten Vertrages zur Anweisung gebracht würden. Am 05.07.2001 stellten die Gesellschafter der Schuldnerin eine aktuelle Unterdeckung i.H.v. ca. 400.000 € fest. Sie beschlossen, dass die Beklagte den Auftrag übernehmen könne, da die Liquiditätsausstattung der Schuldnerin derzeit einen Auftrag dieser Größenordnung nicht zulasse.*

Die C schloss daraufhin den Vertrag mit der Beklagten, die nach Abschluss des Vorhabens die vereinbarte Vergütung in Höhe von ca. 500.000 € netto erhielt. Am 31.07.2001 stornierte die Schuldnerin die beiden Rechnungen, nachdem am 26.07.2001 der Kläger zum vorläufigen Insolvenzverwalter bestellt worden war. Am 03.09.2001 wurde das Insolvenzverfahren eröffnet. Der Kläger verlangte von der Beklagten die Zahlung des Gegenwerts der stornierten Rechnungen i.H.v. ca. 340.000 € mit der Begründung, die Schuldnerin habe bis zum 12.07.2001 mindestens 60 % der vertraglichen Leistungen erbracht gehabt.

Die Vorinstanzen wiesen die Klage ab. Die hiergegen gerichtete Revision des Klägers führte zur Aufhebung und Zurückverweisung.

434   Der BGH bestätigt zunächst die Annahme des Berufungsgerichts, dass die Schuldnerin der Beklagten keinen Anspruch auf Zahlung von 60 % der Ver-

---

373   BGH, 19.04.2007 – IX ZR 79/05, ZInsO 2007, 598.

tragssumme unentgeltlich zugewandt habe, da es nicht zum Abschluss eines Werkvertrages zwischen der Schuldnerin und der C gekommen sei. Das Unterlassen der Vertragsunterzeichnung stelle keine anfechtbare Rechtshandlung dar. Vielmehr fehle es selbst dann an einer durch dieses Unterlassen verursachten objektiven Gläubigerbenachteiligung, wenn die Schuldnerin allein durch die Unterzeichnung des Vertrages einen Anspruch auf 60 % der Vertragssumme erhalten hätte. Denn die Schuldnerin habe sich nicht in der Lage gesehen, den Auftrag auszuführen. Mit dem Abschluss des Vertrages hätte sie sich schadensersatzpflichtig gemacht.

Das Berufungsgericht hätte jedoch den Sachvortrag des Klägers zu den von der Schuldnerin bis zum 12.07.2001 erbrachten Werkleistungen prüfen müssen. Sehe der Schuldner davon ab, das erzielbare Entgelt für Dienste eines Arbeitnehmers zu verlangen, vermindere er die Haftungsmasse, aus der die Gläubigergesamtheit befriedigt werden solle.[374]   435

Die Beklagte sei auch die richtige Anfechtungsgegnerin. Die fraglichen Leistungen hätten zwar ein Gebäude der C betroffen. Empfänger der Leistung i.S.d. § 134 InsO sei jedoch die Beklagte gewesen. Diese habe den vollständigen Werklohn erhalten, obwohl sie nach dem Sachvortrag des Klägers nur Teile des Werkes selbst erstellt habe, während sie i.Ü. auf die Vorarbeiten der Schuldnerin habe zurückgreifen können. Damit habe sie auf Kosten der Schuldnerin einen geldwerten Vorteil erlangt. Im Verhältnis zur Beklagten sei die Leistung der Schuldnerin unentgeltlich gewesen. In einem Drei-Personen-Verhältnis komme es für die Frage der Unentgeltlichkeit einer Leistung des Schuldners nicht darauf an, ob er selbst einen Ausgleich für seine Leistung erhalten habe; maßgebend sei vielmehr, ob der Empfänger seinerseits eine Gegenleistung habe erbringen müssen.[375] In dem zu entscheidenden Fall habe weder die Schuldnerin einen Gegenwert erhalten noch die Beklagte einen solchen erbracht.   436

---

374   Vgl. BGH, 11.12.2003 – IX ZR 336/01, ZInsO 2004, 149.
375   BGH, 04.03.1999 – IX ZR 63/98, BGHZ 141, 96, 99 f. = ZInsO 1999, 286.

Beispielsfall 83: „Nachbesicherung (1)"[376]

§ 134 InsO – Unentgeltliche Zuwendung bei nachträglicher Besicherung einer fremden Schuld im Konzernverbund

437 *Die klagende Bank räumte einer Unternehmensgruppe einen Kontokorrentkredit i.H.v. 3 Mio. € zur Finanzierung des Börsengangs der Muttergesellschaft ein. Die Vorstandsmitglieder der AG übernahmen Bürgschaften. Die Bank behielt sich vertraglich vor, weitere Sicherheiten zu verlangen. Der geplante Börsengang fand nicht statt. Ende August 2000 drohte die Klägerin bei einem Sollstand von ca. 2,5 Mio. € die sofortige Kündigung des Kredits an, falls dieser nicht vollständig besichert werde. Daraufhin verpfändete die Schuldnerin als Tochtergesellschaft der AG der Klägerin am 09.10.2000 ihre Internet-Domain.*

Am 23.11.2000 wurde das Insolvenzverfahren über das Vermögen der Schuldnerin eröffnet; der Beklagte wurde zum Insolvenzverwalter bestellt. Auch die anderen Gesellschaften der Unternehmensgruppe waren insolvent. Der Beklagte veräußerte die Internet-Domain mit Zustimmung der Klägerin für ca. 380.000 €. Diesen Erlös verlangte die Klägerin aufgrund ihres Pfandrechts heraus.

Das LG wies die Klage ab, das Berufungsgericht gab ihr statt. Die Revision des Beklagten führte zur Aufhebung des Berufungsurteils und zur Wiederherstellung des landgerichtlichen Urteils.

438 Nach Ansicht des BGH war die Besicherung der fremden Schuld durch die Insolvenzschuldnerin als unentgeltliche Leistung nach § 134 Abs. 1 InsO anfechtbar. Von der Schenkungsanfechtung freigestellt sei allerdings ein Empfänger, der für die Zuwendung des Schuldners eine ausgleichende Gegenleistung an diesen oder einen Dritten erbringe. In Rechtsprechung und Schrifttum werde die Ansicht vertreten, das Stehenlassen einer gekündigten oder kündbaren Forderung könne ein ausgleichender Gegenwert für die Besicherung sein, wenn der Gläubiger zu dieser Zeit noch die Rückzahlung hätte verlangen können.[377] Diese Frage könne im vorliegenden Fall dahingestellt bleiben, da das Berufungsgericht festgestellt habe, dass der Darlehensanspruch nicht

---

376   BGH, 01.06.2006 – IX ZR 159/04, ZInsO 2006, 771.

377   Vgl. MünchKomm-InsO/Kirchhof, § 134 Rn. 17, 25, 29, 33; Ganter, WM 1998, 2084; Jaeger/Henckel, KO, § 32 Rn. 18.

ohne Weiteres hätte durchgesetzt werden können, wenn er mangels Besicherung fällig gestellt worden wäre. Sei der Darlehensrückzahlungsanspruch im Zeitpunkt der Besicherung nicht durchsetzbar, also wirtschaftlich wertlos gewesen, habe die Klägerin mit dem Stehenlassen des Darlehens kein Vermögensopfer erbracht.

Anzumerken ist, dass der Darlehensrückzahlungsanspruch der Beklagten   439
wirtschaftlich betrachtet möglicherweise nicht völlig wertlos war, nämlich dann, wenn sie als Insolvenzgläubigerin eine – wenngleich geringfügige – Quote auf ihre Forderung erlangt hätte. Es lässt sich nicht ohne Weiteres sagen, dass die klagende Bank mit dem Stehenlassen des Darlehens kein Vermögensopfer erbracht habe. Denn sie hat mit diesem Stehenlassen u.U. eine – nach der Lebenserfahrung sogar wahrscheinliche, wenngleich möglicherweise unbewusste – Verschlechterung ihrer Quote in Kauf genommen.

Beispielsfall 84: „Nachbesicherung (2)"[378]

§ 134 InsO – Anfechtbarkeit einer nachträglichen Besicherung als unentgeltliche Leistung?

440 *Die Beklagte gewährte der Schuldnerin am 30.07.1998 ein Darlehen über 1,9 Mio. DM zur Finanzierung eines Grundstückskaufs. Zur Sicherheit bestellte die Schuldnerin der Beklagten eine Gesamtgrundschuld. Durch weiteren Vertrag vom 02.08.1999 räumte die Beklagte der Schuldnerin einen weiteren Kredit über ca. 1,9 Mio. DM ein, welcher der Finanzierung eines Neubaus auf einem Grundstück der Schuldnerin dienen sollte. Zugleich wurde eine Globalabtretung aller der Schuldnerin gegenwärtig und künftig zustehenden Kaufpreisforderungen aus dem Verkauf des Neubaus vereinbart. Die abgetretenen Forderungen sollten der Sicherung aller bestehenden und künftigen Forderungen der Beklagten gegen die Schuldnerin dienen. Dieses Darlehen wurde in der Folgezeit nicht valutiert und das geplante Wohngebäude nicht errichtet.*

Am 18.12.2000 verkaufte die Schuldnerin die unbebauten Grundstücke. Sie stellte am 22.02.2001 Insolvenzantrag. Am selben Tag kündigte die Beklagte die Kredite. Die Käuferin zahlte am 06.06.2001 den Kaufpreis an den klagenden Insolvenzverwalter, dem unstreitig hieraus 9 % nach den §§ 170 Abs. 1, 171 InsO zustanden. Der Kläger begehrte mit seiner Klage die Feststellung, dass er nicht verpflichtet sei, den überschießenden Betrag an die Beklagte auszuzahlen. Werde eine Sicherheit für eine Forderung gewährt, die in der Krise des Unternehmens bereits wertlos sei, und ermögliche sie dadurch eine Befriedigung, fließe dem Gläubiger ein neuer Vermögensvorteil zu. Deshalb dürfe die Gewährung der Sicherheit nur als entgeltlich angesehen werden, wenn sie für eine selbstständige werthaltige Gegenleistung vereinbart werde.

Die Klage blieb in allen Instanzen erfolglos.

441 Im Schrifttum wird auch heute noch die Auffassung vertreten, dass § 134 InsO anwendbar sei, wenn ein ungekündigter Kredit nachträglich besichert werde, ohne dass dem eine vereinbarte Gegenleistung des Sicherungsnehmers gegenüberstehe.[379] Dem könne nicht entgegengehalten werden, dass der Sicherungs-

---

378 BGH, 22.07.2004 – IX ZR 183/03, ZInsO 2004, 967.
379 Vgl. Ganter, WM 2006, 1081, 1084.

nehmer doch Anspruch auf Erfüllung habe, also mehr als nur Sicherstellung verlangen könne. Der Anspruch auf Besicherung sei gegenüber dem Anspruch auf Leistung kein minus, sondern ein aliud. Die Erfüllung einer eigenen Schuld sei entgeltlich, weil der Gläubiger seine Forderung verliere; darin liege seine „Gegenleistung". Demgegenüber verliere der Gläubiger (Sicherungsnehmer) bei der nachträglichen Besicherung nichts, er gewinne nur.

Der BGH ist dieser Auffassung nicht gefolgt. Nach dem Leitsatz seines Urteils ist die Bestellung einer Sicherheit für eine eigene, durch eine entgeltliche Gegenleistung begründete Verbindlichkeit nicht nach § 134 InsO als unentgeltliche Verfügung anfechtbar.   442

Beispielsfall 85: „Anteilsveräußerungsfall"[380]

§ 134 InsO – Bestimmung der Unentgeltlichkeit einer Leistung nach objektiven Maßstäben

443 *Die Schuldnerin veräußerte durch notariell beurkundeten Vertrag vom 14.11.1988 mit der Beklagten zu 2), die persönlich haftende Gesellschafterin der Beklagten zu 1) war, Geschäftsanteile an der S-ProduktionsGmbH von insgesamt 1.020.000 DM an die erstbeklagte KG. In dem Vertrag hieß es u.a.:*

„Der Kaufpreis für die Geschäftsanteile von 50.000 DM und 40.000 DM und 210.000 DM und 45.000 DM und 5.000 DM und 40.000 DM und 150.000 DM beträgt 1 DM. Der Kaufpreis für den Geschäftsanteil von 480.000 DM beträgt 100.000 DM. Beide vorstehenden Kaufpreise sind bereits bezahlt. Der Empfang wird hiermit bestätigt".

Am 04.10.1989 wurde das Konkursverfahren über das Vermögen der Schuldnerin eröffnet. Der klagende Konkursverwalter verlangte im Wege der Konkursanfechtung Rückgewähr der Geschäftsanteile.

Das LG wies die Klage ab. Im Berufungsverfahren forderte der Kläger in erster Linie Zahlung des vereinbarten Kaufpreises i.H.v. 100.000 DM, hilfsweise die Rückgewähr der Geschäftsanteile, hatte damit jedoch vor dem OLG keinen Erfolg. Seine Revision führte zur Aufhebung und Zurückverweisung.

444 Der BGH führt zunächst aus, die Beklagten trügen die Beweislast für die Tilgung des Klageanspruchs. Indem sie selbst vorgetragen hätten, der Kaufpreis sei nicht bezahlt, sondern mit einer Gegenforderung verrechnet worden, sei die Überzeugungskraft der Zahlungsquittung in der Vertragsurkunde zumindest erschüttert worden, sodass die Beklagten wieder die Schuldtilgung zu beweisen hätten. Daran ändere die mit einer notariellen Urkunde verbundene erhöhte Beweisstärke nichts, da diese sich nur auf die Abgabe der niedergelegten Erklärungen, nicht aber auf deren inhaltliche Richtigkeit erstrecke.

445 Die Revision beanstande ferner zu Recht die Abweisung des Hilfsantrages auf Rückgewähr der veräußerten Geschäftsanteile an der S-ProduktionsGmbH. Eine unentgeltliche Verfügung liege vor, wenn ein Vermögenswert des Verfügenden zugunsten einer anderen Person aufgegeben werde, ohne dass der

---

380 BGH, 24.06.1993 – IX ZR 96/92, ZIP 1993, 1170.

Empfänger eine ausgleichende Gegenleistung an den Verfügenden oder mit dessen Einverständnis an einen Dritten erbringe. Ob eine solche Gegenleistung erbracht worden sei, bestimme sich in erster Linie nach dem objektiven Sachverhalt. Erst wenn feststehe, dass der Empfänger eine Gegenleistung erbracht habe, sei zu prüfen, ob die Beteiligten diese als Entgelt angesehen hätten oder ob gleichwohl der Hauptzweck des Geschäfts die Freigebigkeit gewesen sei. Dabei verlange der anfechtungsrechtliche Begriff der unentgeltlichen Verfügung zum Schutz der Gläubiger eine weitgehende Ausdeutung und setze keine Einigung über die Unentgeltlichkeit voraus. Einseitige Vorstellungen des Schuldners über mögliche Vorteile, die nicht in rechtlicher Abhängigkeit zu seiner Zuwendung stünden, könnten deren Entgeltlichkeit nicht begründen.[381]

Entgegen der Ansicht des Berufungsgerichts habe der Kläger die Unentgeltlichkeit der Übertragung der zurückgeforderten Geschäftsanteile – und damit eine objektive Gläubigerbenachteiligung – schlüssig dargelegt. Für die Richtigkeit seines Vorbringens spreche der Umstand, dass für Anteile an ein und derselben Gesellschaft, deren Wert nur gleichmäßig gestiegen oder gefallen sein könne, unterschiedlich hohe Preise vereinbart worden seien. Dieses Beweisanzeichen werde nicht von vornherein entkräftet, weil veräußerte Geschäftsanteile zwei Jahre zuvor billig erworben worden seien. Das Geschäft könne zumindest eine gemischte Schenkung und insoweit unentgeltlich gewesen sein, als Geschäftsanteile im Wert von insgesamt 540.000 DM zum Gesamtpreis von 1 DM übertragen worden seien.

                                    446

---

381   Vgl. hierzu noch BGH, 29.11.1990 – IX ZR 29/90, BGHZ 113, 98 = ZIP 1991, 35.

Beispielsfall 86: „Personalüberlassungsfall"[382]

§ 134 InsO – Überlassung von Personal des Schuldners als unentgeltliche Zuwendung; Unbeachtlichkeit hypothetischer Geschehensabläufe

447 *Als die Schuldnerin in finanzielle Schwierigkeiten geriet, wurden die Beklagte und eine weitere GmbH als Auffanggesellschaften gegründet. Durch Vereinbarung vom 15.05.1997 stellte die Schuldnerin der Beklagten wesentliche Teile ihres Betriebsinventars zur entgeltlichen Nutzung zur Verfügung. Die Beklagte führte drei von der Schuldnerin begonnene Bauvorhaben fort. Auf den Insolvenzantrag der Schuldnerin vom 29.05.1997 wurde am gleichen Tage die Sequestration angeordnet. Die Gemeinschuldnerin war in der Folgezeit nicht mehr in der Lage, die Arbeiter zu entlohnen. Die nach der Zahlung von Konkursausfallgeld auf die Bundesanstalt für Arbeit übergegangenen Lohnansprüche wurden zur Tabelle angemeldet und vom klagenden Verwalter anerkannt.*

Der Kläger machte geltend, die Schuldnerin habe der Beklagten die Arbeitskräfte in der Zeit vom 29.05. bis zum 01.07.1997 unentgeltlich überlassen. Die Bruttolohnforderungen für den Monat Juni 1997 hätten (ca.) 150.000 DM betragen. Die Zahlung dieses Betrages verlangte er von der Beklagten unter dem Gesichtspunkt der ungerechtfertigten Bereicherung.

In den Vorinstanzen hatte die Klage keinen Erfolg. Die Revision des Klägers führte zur Aufhebung und Zurückverweisung.

448 Die Arbeitnehmerüberlassung geschah nach Ansicht des BGH unentgeltlich, da die Beklagte hierfür keine Gegenleistung habe erbringen müssen.[383] Sie sei insbes. nicht verpflichtet gewesen, durch Fortsetzung der von der Schuldnerin begonnenen Bauarbeiten Zahlungen der Auftraggeber an die Schuldnerin zu bewirken. Jeder Gegenstand, mit dem der Schuldner persönlich nichts anzufangen wisse, den er jedoch einem Dritten zur entgeltlichen Nutzung zur Verfügung stellen könne, besitze einen Vermögenswert im anfechtungsrechtlichen Sinne.

449 Eine Gläubigerbenachteiligung sei nicht deshalb zu verneinen, weil der Anspruch auf die Dienste der Arbeitnehmer im Zweifel nicht übertragbar (§ 613

---

382 BGH, 11.12.2003 – IX ZR 336/01, ZInsO 2004, 149.
383 BGH, 04.03.1999 – IX ZR 63/98, BGHZ 141, 96, 99 f. = ZInsO 1999, 286.

Abs. 2 BGB) und deshalb weder abtretbar noch pfändbar sei (§§ 399, 400 BGB, 851 ZPO). Die gesetzliche Regelung schließe nicht aus, dass der Arbeitgeber einem anderen für begrenzte Zeit den Arbeitnehmer zur Dienstleistung überlasse, sofern dieser zustimme. Die dem Arbeitgeber gegen den Dritten aus einer solchen Vereinbarung zustehende Forderung gehöre zur Masse, denn sie werde von dem durch die §§ 613 Satz 2 BGB, 851 ZPO bewirkten Pfändungsschutz nicht erfasst. Nur die zum Schutz des Schuldners von der Pfändung ausgenommenen Ansprüche seien nicht Bestandteil der Insolvenzmasse.[384]

Es komme nicht darauf an, ob durch die Fertigstellung der Bauvorhaben umfangreiche Schadensersatzansprüche der Bauherren gegen die Schuldnerin abgewendet worden seien. Anfechtungsrechtlich sei nicht darauf abzustellen, wie die Schuldnerin stünde, wenn die angefochtene Rechtshandlung unterblieben wäre und die Beklagte die überlassenen Arbeitskräfte deshalb nicht erhalten hätte. Maßgebend sei vielmehr ausschließlich der tatsächlich eingetretene Geschehensablauf.[385]

450

---

384 BGH, 07.02.2002 – IX ZR 115/99, ZInsO 2002, 276.
385 BGH, 07.06.1988 – IX ZR 144/87, BGHZ 104, 355, 360 = ZIP 1988, 1060.

Beispielsfall 87: „Steuererstattungsfall"[386]

§§ 129, 134 InsO – Hälftige Steuererstattung bei Zusammenveranlagung von Ehegatten als unentgeltliche Zuwendung

451 *In den Jahren 2003 und 2004 hatte sich der Beklagte im Wesentlichen um den Haushalt und die Familie gekümmert, während die Schuldnerin – seine Ehefrau – weitgehend allein den Unterhalt bestritten hatte. Steuerlich waren sie stets gemeinsam veranlagt worden. Am 16.05.2006 wurde das Insolvenzverfahren über das Vermögen der Schuldnerin eröffnet und der Kläger zum Insolvenzverwalter bestellt.*

Durch Steuerbescheide vom 02.10. und vom 09.11.2006 setzte das Finanzamt für die Jahre 2003 und 2004 eine Steuererstattung i.H.v. insgesamt ca. 81.000 € fest und überwies den beiden Ehegatten den Erstattungsbetrag entsprechend § 37 Abs. 2 Satz 1 AO jeweils zur Hälfte. Der Kläger verlangte von dem Beklagten die Herausgabe der auf diese Weise empfangenen ca. 40.500 €.

Das LG wies die Klage ab, da das Finanzamt dem Beklagten gem. § 37 Abs. 2 Satz 1 AO den halben Steuererstattungsanteil überwiesen habe und dieser daher nicht rechtsgrundlos bereichert sei. Auf die Berufung des Klägers gab das OLG der Klage statt.

452 Nach Ansicht des OLG Oldenburg stand dem Kläger gegen den Beklagten ein Anspruch aus ungerechtfertigter Bereicherung gem. § 812 Abs. 1 Satz 1, 2. Alt. BGB zu. Die Steuerrückzahlung habe materiell – rechtlich allein der Schuldnerin zugestanden, da diese die Vorauszahlungen aus ihrem Vermögen geleistet habe. Dem stehe nicht entgegen, dass das Finanzamt den hälftigen Erstattungsanteil an den Beklagten ausgezahlt habe. Dies sei auf der Grundlage des § 37 Abs. 2 Satz 1 AO geschehen, der allein das Außenverhältnis zwischen den steuerpflichtigen Ehegatten und dem Finanzamt betreffe.

453 Nach der ständigen Rechtsprechung des BFH[387] dürfe die Steuerbehörde grds. schematisch davon ausgehen, dass in einer intakten Ehe derjenige Ehegatte, der die Zahlung auf die gemeinsame Steuerschuld bewirkt habe, gleichsam auch den Partner von dessen Steuerschuld befreien wolle, mit der Folge, dass

---

386   OLG Oldenburg, 27.11.2007 – 9 U 43/07, ZInsO 2008, 460.
387   BFH, 04.04.1995 – VII R 82/94, BFHE 177, 224.

bei der Erstattung beide Ehegatten zu gleichen Teilen erstattungsberechtigt
seien.

Ein Rechtsgrund für das Behaltendürfen der anteiligen Rückerstattung kön-   454
ne sich somit nur aus dem Innenverhältnis der Eheleute ergeben. Insoweit
sei jedoch im Zweifelsfall davon auszugehen, dass demjenigen, der allein die
Vorauszahlungen geleistet habe, auch die Überschüsse allein zustehen sollten.
Daran ändere es nichts, dass der Beklagte sich um Haushalt und Familie gekümmert habe.

Aber selbst wenn zugunsten des Beklagten unterstellt würde, er hätte mit der   455
Schuldnerin ehebedingt eine hälftige Teilung der Steuererstattung vereinbart,
wäre nach Ansicht des OLG Oldenburg der Rückforderungsanspruch des Klägers nach § 134 InsO begründet. Der Beklagte habe – im Wege der zunächst
steuerlichen Voraus- und später Rückzahlung – von der Schuldnerin einen Betrag i.H.d. Klageforderung erhalten, ohne dafür eine adäquate Gegenleistung
zu erbringen. Ob eine Leistung unentgeltlich sei, entscheide sich nach dem
objektiven Vergleich der ausgetauschten Werte. Dabei sei der Begriff der Unentgeltlichkeit zum Schutz der Gläubiger grds. weit auszulegen. Das Wesen
des gesetzlichen Güterstandes bestehe darin, dass jeder Ehegatte allein Eigentümer seines Vermögens bleibe. Selbst wenn es daher zwischen den Eheleuten
eine Vereinbarung über die Teilung der Kosten der gemeinsamen Haushalts-
und Lebensführung gegeben haben sollte, sei nicht ansatzweise erkennbar,
wofür dem Beklagten eine derart werthaltige, über die Unterhaltsversorgung
hinausgehende „Sondergratifikation" hätte zustehen sollen.

Es sei daher allenfalls von einer unbenannten Zuwendung auszugehen, die –   456
auch wenn sie gem. § 1360 BGB im Verhältnis der Ehegatten zueinander
keine Schenkung dargestellt haben sollte – jedenfalls als unentgeltlich i.S.d.
§ 134 InsO anzusehen sei.[388]

Die Entscheidung des OLG Oldenburg hätte sich wohl auch auf eine an-   457 dere Begründung stützen lassen. Unterstellt, der Beklagte hätte mit der Schuldnerin vereinbart, dass ihm für seine ehebedingten Leistungen die Hälfte der Steuererstattung zustehe, hätte sich die Schuldnerin des Finanz- amts als Leistungsmittler bedient, um diesen Anspruch des Beklagten zu erfüllen. Es läge daher eine mittelbare Zuwendung im Dreiecksverhält-

---

388   Vgl. BGH, 21.01.1999 – IX ZR 429/97, ZInsO 1999, 163.

nis vor. Die durch die Zahlung des Finanzamt bewirkte Zuwendung der Schuldnerin an den Beklagten wäre nach der Rechtsprechung des BGH als unentgeltlich i.S.d. § 134 InsO anzusehen, wenn die Forderung des Beklagten gegen die Schuldnerin auf Überlassung der hälftigen Steuerrückerstattung wegen deren Insolvenz als wertlos anzusehen war.

Beispielsfall 88: „Einstellungsauflagenfall"[389]

§§ 129, 130, 133, 134 InsO – Anfechtbarkeit einer Einstellungsauflage nach § 153a StPO?

Durch Beschl. v. 19.09.2002 wurde mit Zustimmung des späteren Insolvenz-   458
schuldners und der Staatsanwaltschaft ein gegen ihn laufendes Strafverfahren nach § 153a Abs. 2 StPO vorläufig eingestellt. Die endgültige Einstellung wurde dem späteren Insolvenzschuldner für den Fall der Zahlung einer „Geldbuße" i.H.v. insgesamt 2.400 € in Aussicht gestellt, zahlbar in sechs monatlichen Raten zu je 400 €, beginnend am 01.10.2002. Dieser zahlte am 01.10.2002, am 15.01.2002 und am 05.02.2003 Raten i.H.v. 400 € sowie weitere drei Raten bis zum 11.03.2003. Durch Beschl. v. 20.03.2003 wurde das Strafverfahren endgültig eingestellt.

Am 03.12.2002 stellte der Schuldner Insolvenzantrag, worauf durch Beschl. v. 08.10.2003 das Insolvenzverfahren eröffnet wurde. Mit Schreiben v. 06.05.2004 erklärte der klagende Insolvenzverwalter die Insolvenzanfechtung und verlangte vom verklagten Land die Rückzahlung der vom Schuldner geleisteten 2.400 €.

Das AG hat die Klage abgewiesen. Die hiergegen gerichtete Berufung des Klägers hat das Landgericht zurückgewiesen und die Revision zugelassen.

Der Begriff der Rechtshandlung gem. § 129 Abs. 1 InsO ist nach der Recht-   459
sprechung des BGH weit auszulegen.[390] Rechtshandlung i.S.d. § 129 Abs. 1
InsO ist jedes rechtlich erhebliche Handeln, d.h. jedes Handeln, das eine rechtliche Wirkung auslöst.[391] Die Ratenzahlungen des Schuldners auf die Einstellungsauflage nach § 153a StPO hatten zumindest die rechtliche Wirkung, dass mit der jeweiligen, vom BGH als freiwillig angesehenen Zahlung[392] ein Behaltensgrund für die Staatskasse begründet wurde.

Das Insolvenzanfechtungsrecht kennt nur die Unterscheidung zwischen ei-   460
ner entgeltlichen und einer unentgeltlichen Leistung. Auch bei Zahlungen des

---

389   LG Würzburg, 17.01.2007 – 43 S 541/06; BGH, 05.06.2008 – IX ZR 17/07, ZInsO 2008, 738.

390   Vgl. BGH, 12.02.2004 – IX ZR 98/03, ZInsO 2004, 342.

391   BGH, 27.09.2001 – IX ZR 471/00, ZIP 2004, 917, 918.

392   Vgl. BGH, 13.11.1978 – AnwSt (R) 13/78, BGHSt 28, 174 = NJW 1979, 770.

Schuldners an den Staat ist diese Unterscheidung zu treffen. Eine Sonderbe-
handlung des strafenden Staates im Insolvenzverfahrens des Beschuldigten
gibt es nach dem Gesetz nicht, wie die Existenz des § 39 Abs. 1 Nr. 3 InsO
zeigt. Ist die Einstellungsauflage keine Geldbuße i.S.d. § 39 Abs. 1 Nr. 3 InsO,
weil es sich um keine Sanktion mit strafähnlichem Charakter handelt, so ist
sie doch wegen ihrer Ähnlichkeit zu dieser gesetzessystematisch in die Rang-
klasse des § 39 Abs. 1 Nr. 4 InsO (Forderungen auf eine unentgeltliche Leistung des Schuldners) einzuordnen. Auch für sie gilt die gesetzgeberische Erwägung, dass sie – wie Strafmaßnahmen – nur den Schuldner persönlich und
nicht die Insolvenzgläubiger durch Verminderung der Quote belasten soll.[393]

461   Unentgeltlich ist die Leistung des Schuldners, wenn der Empfänger für sie
keine ausgleichende Gegenleistung zu erbringen hat. Dies ist der Fall, wenn
ein Vermögenswert des Schuldners zugunsten einer anderen Person aufgegeben wird, ohne dass dem Schuldner ein entsprechender Gegenwert zufließen
soll.[394] Die Einstellung des gegen den Schuldner laufenden Strafverfahrens
kann nicht als Gegenleistung für die Zahlung in Befolgung der Einstellungsauflage angesehen werden, andernfalls läge ein „Freikaufen" vor. Das Strafverfahren darf jedoch allein aufgrund der Erwägung eingestellt werden, dass
eine Auflage oder Weisung geeignet ist, das öffentliche Interesse an der Straf-
verfolgung zu beseitigen, und dass die Schuld des Beschuldigten im Fall seiner Verurteilung als gering anzusehen wäre (§ 153a Abs. 1 Satz 1 StPO). Es
ist daher von einer unentgeltlichen Leistung i.S.d. § 134 InsO auszugehen.[395]

462   Ein unlösbarer Interessenkonflikt des Schuldners, der eine Gesetzeskorrektur
möglicherweise rechtfertigen könnte, dürfte nicht gegeben sein. Der Beschul-
digte kann die Einstellungsauflage erfüllen und führt damit die Verfahrensein-
stellung herbei. Diese wird nicht dadurch infrage gestellt, dass der Staat nach
einer Anfechtung zur Rückgewähr des Empfangenen verpflichtet ist. Durfte
der Staat die Zahlungsauflage wegen der Insolvenzreife des Schuldners nicht
erteilen, dürfen diesem daraus im Ergebnis keine Nachteile entstehen. Die Erwägung, dass die Erteilung einer Zahlungsauflage für den strafenden Staat un-
interessant ist, wenn er befürchten muss, diese nach einer Anfechtung zurück-
zahlen zu müssen, dürfte keine Gesetzeskorrektur rechtfertigen. Nach § 153a

---

393   Vgl. MünchKomm-InsO/Ehricke, § 39 Rn. 19 sowie Häsemeyer, Insolvenzrecht, Rn. 17.15.
394   Vgl. BGH, 29.11.1990 – IX ZR 29/90, BGHZ 113, 98, 101 = ZIP 1991, 35.
395   Vgl. hierzu Brömmekamp, ZIP 2001, 951.

StPO kommen auch noch andere Auflagen als eine gläubigerbenachteiligende Geldzahlung in Betracht.

Sollte der Gesetzgeber das Problem der Anfechtbarkeit einer Zahlung auf eine   463
Einstellungsauflage nach § 153a StPO nicht bedacht haben, so mag er eine gesetzliche Regelung schaffen und begründen, weshalb sich die Gläubiger des Schuldners eine weitere Schmälerung des ihnen haftenden Vermögens gefallen lassen müssen. Die Zahlungsauflage soll i.Ü. wohl unzweifelhaft zumindest eine gewisse spürbare Wirkung für den Beschuldigten entfalten. Eine solche spürbare Wirkung ist aber jedenfalls bei dem Schuldner nicht gegeben, der weiß, dass der von ihm gezahlte Betrag ohnehin alsbald in die Insolvenzmasse gefallen wäre.

VIII. § 135 InsO – Anfechtung der Befriedigung oder Sicherung bei eigenkapitalersetzenden Gesellschafterleistungen

§ 135 InsO regelt die Anfechtung einer Rechtshandlung, die für die Forderung   464
eines Gesellschafters auf Rückgewähr eines eigenkapitalersetzenden Darlehens oder für eine gleichgestellte Forderung Sicherung oder Befriedigung
gewährt hat. Die Vorschrift passt die Vorgängerbestimmung des § 32a KO
der Konzeption an, den Anfechtungszeitraum einheitlich an den Antrag auf
Eröffnung des Insolvenzverfahrens zu knüpfen. Soweit es um die Anfechtung
von Sicherungen geht, wurde auch hier eine Zehnjahresfrist anstelle der 30-
jährigen Frist des § 41 Abs. 1 Satz 3 KO in den Tatbestand übernommen.[396]
Befriedigungen auf eigenkapitalersetzende Gesellschafterleistungen sind anfechtbar, soweit sie im letzten Jahr vor dem Eröffnungsantrag oder danach
vorgenommen wurden.

---

396   Vgl. Begründung zum RegE, abgedruckt bei Kübler/Prütting, Das neue Insolvenzrecht,
     RWS – Dokumentation 18, S. 349.

Beispielsfall 89: „Automatenfall"[397]

§ 135 InsO, § 32a GmbHG – Qualifizierung eines Gesellschafterdarlehens als Eigenkapitalersatz; Einwand des Rückgewährverbots gem. § 32a GmbHG

465   *Die Klägerin war alleinige Gesellschafterin der Gemeinschuldnerin. Die K-GmbH hatte der Gemeinschuldnerin für vier Bestückungsautomaten am 23./24.05.1993 insgesamt ca. 350.000 DM in Rechnung gestellt. Sie machte die Auslieferung der letzten zwei Automaten davon abhängig, dass die Gemeinschuldnerin diese Rechnung bezahlte oder eine Bürgschaft stellte. Da die Gemeinschuldnerin selbst nur 100.000 DM aufzubringen vermochte, vereinbarte sie mit der Klägerin am 04.06.1993, dass diese den Restbetrag von ca. 250.000 DM an die Lieferantin überweisen solle. Zugleich trat die Gemeinschuldnerin auf Verlangen der Klägerin in dieser Höhe eine Forderung gegen die A-GmbH ab, die einen der Automaten erhalten sollte.*

Die Klägerin unterrichtete die A-GmbH von der Abtretung und bezahlte am 02.07.1993 den Restbetrag an die Lieferantin. Bereits einen Tag zuvor hatte die Gemeinschuldnerin Konkursantrag gestellt. Sie erhielt die zwei Automaten und belieferte am 02.08.1993 die A-GmbH. Diese zahlte am 17.08.1993 insgesamt ca. 290.000 DM, davon den streitbefangenen Teil, im Einvernehmen mit den Parteien auf ein Anderkonto des Beklagten, der mit der Eröffnung des Konkursverfahrens am 31.08.1993 zum Verwalter bestellt wurde.

Die Klägerin verlangte vom Beklagten die Auszahlung von ca. 250.000 DM. Dieser erhob den Einwand des Eigenkapitalersatzes. Er focht die Abtretung nach den §§ 30, 31 und 32a KO (vgl. jetzt §§ 130, 131, 135 InsO) an.

Das LG wies die Klage ab; das Berufungsgericht gab ihr statt. Die hiergegen gerichtete Revision des Beklagten hatte Erfolg.

466   Der BGH bejaht zunächst den eigenkapitalersetzenden Charakter der Leistung der Klägerin. Nach § 32a Abs. 1 GmbHG dürfe der Gesellschafter im Konkurs der Gesellschaft den Anspruch auf Rückgewähr eines Darlehens nicht geltend machen, welches er der Gesellschaft im Zustand der Kreditunwürdigkeit gegeben habe. Bei endgültiger Überschuldung der Gesellschaft sei der Zeitpunkt,

---

397   BGH, 19.09.1996 – IX ZR 249/95, BGHZ 133, 298 = ZIP 1996, 1829.

zu dem der Kredit haftendes Eigenkapital ersetze, stets eingetreten.[398] Könne die Gesellschaft ohne weitere Unterstützung ihres Gesellschafters nicht
mehr am Leben erhalten werden, müsse er ihr entweder jede Hilfe versagen
und die Liquidation herbeiführen, oder er habe, wenn er ihr statt des objektiv
gebotenen Eigenkapitals eine andere Finanzierungshilfe gewähre, diese den
Gläubigern bis zur anderweitigen Deckung des Stammkapitals zu belassen.[399]
Beim Abschluss der Vereinbarung vom 04.06.1993 sei die Gemeinschuldnerin
nach den Feststellungen des Berufungsgerichts zahlungsunfähig gewesen.

Maßgebender Zeitpunkt für die Beurteilung des eigenkapitalersetzenden   467
Charakters des Darlehens sei der Zeitpunkt der Eingehung der Verpflichtung
durch die Klägerin, nicht derjenige der Zahlung am 02.07.1993. Denn schon
die bindende Zusage, die kurzfristig benötigten Mittel zur Verfügung zu stellen, ermögliche es der Gesellschaft, den Geschäftsbetrieb vorläufig aufrechtzuerhalten, statt sogleich die Liquidation einzuleiten. Voraussetzung sei allerdings, dass die Finanzierungshilfe auch tatsächlich zugunsten der Gesellschaft
geflossen sei. Denn § 32a GmbHG begründe ein Rückzahlungsverbot, nicht
aber ein Zuführungsgebot. Habe die Gesellschaft dagegen die Zuwendung
erhalten, sei deren Zeitpunkt nicht maßgebend, da es nach dem Zweck der
Eigenkapitalersatzregeln darauf ankomme, ab wann der Gesellschafter durch
ein ihm zuzurechnendes Handeln den Anschein ausreichender Kapitalausstattung hervorgerufen habe. Daher griffen die Rechtsfolgen des § 32a GmbHG
durch, obwohl die Klägerin die am 04.06.1993 vereinbarte Erfüllung des Lie-
ferantenanspruchs erst nach dem Eingang des Konkursantrages getätigt habe.

Sei der Konkurs unvermeidbar, begründe selbst ein der Deckung eines ledig-   468
lich vorübergehenden Geldbedarfs dienender Überbrückungskredit zur Finanzierung eines bestimmten Geschäfts keinen Rückforderungsanspruch.[400]

Der Gesellschafter könne auf die ihm zur Sicherheit abgetretene Forderung   469
nicht zugreifen, wenn die Forderung, deren Durchsetzung die Abtretung dienen solle, nicht begründet sei. Der Konkursverwalter könne dem Gesellschafter den Eigenkapitalersatzeinwand unmittelbar aus der Sicherungsabrede,
zumindest aber aus ungerechtfertigter Bereicherung, entgegenhalten. Diese
Verteidigung gegen den Absonderungsanspruch greife durch, ohne dass der

---

398   BGH, 16.10.1989 – II ZR 307/88, BGHZ 109, 55, 59 = ZIP 1989, 1542.
399   BGH, 13.07.1981 – II ZR 256/79, BGHZ 81, 252, 257 = ZIP 1981, 974.
400   Vgl. BGH, 17.03.1980 – II ZR 11/79, BGHZ 76, 320, 330 = ZIP 1980, 366.

Konkursverwalter die Sicherung anfechten oder sich im Wege der Einrede auf die Anfechtbarkeit nach § 32a KO berufen müsse.[401]

---

401   BGH, 19.12.1994 – II ZR 10/94, ZIP 1995, 280, 282; vgl. dazu Beispielsfall 99.

Beispielsfall 90: „Nutzungsüberlassungsfall"[402]

§§ 135, 140, 145 InsO – Anfechtung eigenkapitalersetzender Gesellschafterleistungen eines GmbH- Gesellschafters; Wirkung gegenüber Grundstückserwerber

Der Mehrheitsgesellschafter der Schuldnerin vermietete dieser im Mai 1995   470
ein ihm gehörendes Grundstück. Die Schuldnerin nutzte das Grundstück für den Betrieb eines Möbelhauses. Im Dezember 1996 verkaufte der Gesellschafter das Grundstück an die Klägerin, zu deren Gunsten am 13.12.1996 eine Auflassungsvormerkung eingetragen wurde. Die Eigentumsumschreibung erfolgte am 28.02.2000. Der Gesellschafter hatte die Mietzinsansprüche bereits im notariellen Kaufvertrag an die Klägerin abgetreten und sich verpflichtet, die Klägerin so zu stellen, als ob der Mietvertrag bereits mit Abschluss des Kaufvertrages auf die Klägerin übergegangen wäre. Die Schuldnerin zahlte daraufhin den Mietzins an die Klägerin.

Am 04.08.1999 wurde ein Antrag auf Eröffnung des Insolvenzverfahrens über das Vermögen der Schuldnerin gestellt. Das Insolvenzverfahren wurde am 01.11.1999 eröffnet. Der verklagte Insolvenzverwalter zeigte am 31.07.2000 Masseunzulänglichkeit an, kündigte den Mietvertrag mit Schreiben v. 27.09.2000 und nutzte das vermietete Objekt weiter.

Mit ihrer Klage verlangte die Klägerin den Mietzins für die Zeit v. 01.11.1999 bis zum 31.03.2001. Der Beklagte verlangte mit seiner Widerklage die Rückzahlung der für die Monate März bis Mai und Oktober 1999 erbrachten Mietzahlungen unter dem Gesichtspunkt der eigenkapitalersetzenden Gebrauchsüberlassung.

Das LG gab der zuletzt auf den Mietzins bis 30.11.2000 beschränkten Klage im Wesentlichen statt und wies die Widerklage ab. Dagegen legten beide Parteien Berufung ein. Das Berufungsgericht gab der Klage für die Zeit ab dem 01.03.2000 statt und wies sie i.Ü. ab. Der Widerklage gab es insgesamt statt. Die hiergegen gerichtete Revision des Beklagten hatte keinen Erfolg. Die Revision der Klägerin führte zur Aufhebung und Zurückverweisung.

Der BGH unterstellt zugunsten des Beklagten, dass die mietweise Überlas-   471
sung von Anfang an eine eigenkapitalersetzende Gesellschafterleistung dar-

---

402   BGH, 02.02.2006 – IX ZR 67/02, BGHZ 166, 125 = ZInsO 2006, 322.

stellte. Habe der Gesellschafter Ansprüche abgetreten, die mit dem Einwand des Eigenkapitalersatzes belastet seien, könne dieser Einwand zwar auch dem Rechtsnachfolger gem. § 404 BGB entgegengehalten werden.[403] Der Eigenkapitalersatzeinwand bestehe aber nicht gegenüber dem Erwerber fort, der gem. § 571 BGB a.f. bzw. § 566 BGB n.f. kraft Gesetzes in das Mietverhältnis eintrete. Denn diese Bestimmungen bewirkten, dass im Augenblick des Eigentumsübergangs durch Eintragung kraft Gesetzes ein neues Mietverhältnis zwischen dem Erwerber des Grundstücks und dem Mieter entstehe. Der Erwerber trete jedoch nur in solche Rechte und Pflichten ein, die sich aus dem Mietverhältnis ergäben oder die auf einer Zusatzvereinbarung beruhten, die in einem unlösbaren Zusammenhang mit dem Mietvertrag stehe.[404] Vereinbarungen, die lediglich aus Anlass des Mietvertrages getroffen worden seien oder in wirtschaftlichem Zusammenhang mit ihm stünden, reichten dagegen nicht.[405] Der Eigenkapitalersatzeinwand hafte nicht am Grundstück. Die Rechtsfolgen der eigenkapitalersetzenden Nutzungsüberlassung gingen daher nur dann auf den Grundstückserwerber über, wenn dieser Gesellschafter sei oder nach § 32a Abs. 3 GmbHG oder den Rechtsprechungsregeln zum Eigenkapitalersatz einem Gesellschafter gleichstehe.

472   Könne der Gesellschafter den Anspruch der Gesellschaft auf unentgeltliche Nutzungsüberlassung nicht mehr erfüllen, habe die Gesellschaft bzw. der Insolvenzverwalter einen Ersatzanspruch gegen ihn.[406]

473   Der Beklagte könne das Erlöschen des Eigenkapitalersatzeinwandes auch nicht gegenüber der Klägerin nach den §§ 135 Nr. 2, 145 Abs. 2 Nr. 1 InsO unter dem Gesichtspunkt der Sonderrechtsnachfolge anfechten. Es könne dahingestellt bleiben, ob das Erlöschen des Eigenkapitalersatzeinwandes infolge des Verkaufs des Grundstücks als Befriedigung der Forderung des Gesellschafters auf Rückgewähr der eigenkapitalersetzenden Nutzungsüberlassung i.S.d. § 135 Nr. 2 InsO angesehen werden könne. Hierfür könnte nach Ansicht des BGH sprechen, dass andernfalls das Eingreifen der Vorschrift umgangen werden könnte, wenn das Grundstück an den Gesellschafter zurückgegeben und anschließend an den Dritten verkauft würde. Eine Anfechtung scheide jedenfalls deshalb aus, weil die Rechtshandlung nicht innerhalb der Anfech-

---

403   Vgl. dazu noch BGH, 05.12.2007 – XII ZR 183/05, ZInsO 2008, 35.

404   BGH, 24.03.1999 – XII ZR 124/97, BGHZ 141, 160, 165 = ZIP 1999, 970.

405   Vgl. hierzu noch BGH, 21.09.1965 – V ZR 65/63, WM 1965, 1064, 1066.

406   Vgl. hierzu BGH, 28.02.2005 – II ZR 103/02, ZInsO 2005, 653.

tungsfrist von einem Jahr nach § 135 Nr. 2 InsO vorgenommen worden sei. Entsprechend § 140 Abs. 2 Satz 2 InsO komme als frühester Zeitpunkt der Handlung der Antrag auf Eintragung einer Vormerkung in Betracht. Voraussetzung hierfür sei allerdings, dass die Klägerin den Antrag selbst oder durch den Notar gestellt habe. Spätestens mit der Eintragung der Vormerkung am 13.12.1996 habe die Klägerin aber jedenfalls die von § 140 Abs. 2 Satz 2 InsO geforderte gesicherte Rechtsposition innegehabt.

IX. § 142 InsO – Bargeschäft

Nach § 142 InsO ist eine Leistung des Schuldners, für die unmittelbar eine   474
gleichwertige Gegenleistung in sein Vermögen gelangt, nur anfechtbar, wenn
die Voraussetzungen des § 133 Abs. 1 InsO gegeben sind. Der Rechtsgrund
für die anfechtungsrechtliche Privilegierung des Bargeschäfts ist, dass ein
Schuldner, der sich in der Krise befindet, praktisch vom Rechtsverkehr ausgeschlossen würde, wenn selbst die von ihm abgeschlossenen wertäquivalenten
Bargeschäfte der Anfechtung unterlägen.[407] Beispiele für Bargeschäfte sind
in engem zeitlichem Zusammenhang (nicht unbedingt Zug-um-Zug) abgewi-
ckelte gegenseitige Verträge,[408] etwa Dienstleistungen gegen Entgelt[409] oder
Krediterweiterungen gegen Sicherung,[410] jedoch nicht bei gleichzeitiger Besicherung von Altverbindlichkeiten.[411] Jegliche Kreditgewährung durch ver-
zögerte Geschäftsabwicklung schließt allerdings nach dem Normzweck des
§ 142 InsO die Annahme eines Bargeschäfts aus.[412] So ist etwa im Fall der
Stundung einer Forderung die Annahme eines unmittelbaren Leistungsaus-
tauschs ausgeschlossen, wenn die Stundung darauf beruht, dass der Schuldner
zum Zeitpunkt der Fälligkeit der Forderung nicht zahlen kann.[413]

Ein Bargeschäft i.S.d. § 142 InsO kommt nach der Rechtsprechung des BGH   475
nur bei vereinbarungsgemäß erfolgenden (kongruenten) Rechtshandlungen
und nicht auch bei inkongruenten Deckungen in Betracht.[414] Sind die Voraussetzungen des § 133 Abs. 1 InsO gegeben, ist nach § 142 InsO auch ein
Bargeschäft anfechtbar.

---

407 Vgl. hierzu Kreft in: Heidelberger Kommentar zur InsO, § 142 Rn. 2.
408 BGH, 13.04.2006 – IX ZR 158/05, BGHZ 167, 190 = ZInsO 2006, 712.
409 BGH, 18.07.2002 – IX ZR 480/00, ZInsO 2002, 876.
410 BGH, 21.12.1977 – VIII ZR 255/76, BGHZ 74, 177, 186.
411 BGH, 12.11.1992 – IX ZR 237/91, ZIP 1993, 271.
412 Vgl. MünchKomm-InsO/Kirchhof, § 142 Rn. 15.
413 BGH, 19.12.2002 – IX ZR 377/99, ZIP 2003, 488, 493.
414 BGH, 30.09.1993 – IX ZR 227/92, BGHZ 123, 320 = ZIP 1993, 1653; BGH, 07.03.2002 –
     IX ZR 223/01, BGHZ 150, 122, 130 = ZInsO 2002, 426.

Beispielsfall 91: „Kundenscheckfall"[415]

§ 133 Abs. 1, § 142 InsO – Rechtsgrund, Voraussetzungen und Grenzen der Privilegierung des Bargeschäfts; Erfordernis der mittelbaren Gläubigerbenachteiligung

476   *Die Schuldnerin betrieb einen Großhandel mit Obst und Gemüse. Die Beklagte zu 2) war in demselben Gewerbe tätig; der Beklagte zu 1) war ihr Gesellschafter. Die Beklagte zu 2) erwarb im September 1988 40 % der Geschäftsanteile der Schuldnerin. Im November 1988 erhielt der Beklagte zu 1) für diese Handlungsvollmacht einschließlich der Befugnis zu „geschäftsführenden Entscheidungen". Die Beklagte zu 2) lieferte der Schuldnerin Waren. Zur Tilgung von Kaufpreisforderungen übersandte der Beklagte zu 1) in der Zeit vom 01. bis zum 09.12.1988 namens der Schuldnerin acht bei dieser eingegangene Kundenschecks über insgesamt ca. 74.000 DM an die Beklagte zu 2). Diese löste die Schecks ein. Am 19.12.1988 wurde ein Antrag auf Eröffnung des Konkursverfahrens über das Vermögen der Schuldnerin gestellt. Das Konkursverfahren wurde am 23.03.1989 eröffnet.*

Mit seiner Klage verlangte der Konkursverwalter die Erstattung von 74.000 DM.

Das Berufungsgericht wies die in erster Instanz erfolgreiche Klage als unbegründet zurück. Die Hingabe der Kundenschecks könne nicht angefochten werden, da der Kläger eine unmittelbare Gläubigerbenachteiligung nicht dargetan habe. Die Schuldnerin habe für die weggegebenen Schecks eine vollwertige Gegenleistung erhalten. Die Revision des Klägers führte zur Aufhebung und Zurückverweisung.

477   Der BGH beanstandet, das Berufungsgericht habe nicht hinreichend beachtet, dass der Kläger ein Anfechtungsrecht nach § 31 Nr. 1 KO (vgl. jetzt § 131 Abs. 1 InsO) schlüssig dargelegt habe. § 31 Nr. 1 KO sei nach allgemeiner Meinung schon beim Vorliegen einer mittelbaren Gläubigerbenachteiligung anzuwenden. Es werde also nicht vorausgesetzt, dass die Benachteiligung gerade durch den Abschluss des Rechtsgeschäfts selbst eintrete. Vielmehr genüge es, wenn sich diese durch das Hinzutreten weiterer Umstände bis zum maßgebenden Zeitpunkt der letzten mündlichen Tatsachenverhandlung verwirkliche.

---

415   BGH, 30.09.1993 – IX ZR 227/92, BGHZ 123, 320 = ZIP 1993, 1653.

Die Bedeutung der Bardeckung liege darin, die Anfechtung nach § 30 Nr. 1,   **478**
2. Alt. KO (vgl. jetzt § 130 Abs. 1 Satz 1 InsO) – für die an sich ebenfalls
eine mittelbare Gläubigerbenachteiligung ausreiche – in einem für erforderlich gehaltenen Maße einzuschränken und damit an § 30 Nr. 1, 1. Alt. KO
anzupassen. Rechtsgeschäfte, die gem. § 30 Nr. 1, 1. Alt. KO unanfechtbar
abgeschlossen werden dürfen, müssten auch erfüllbar bleiben. Insbesondere
dürfe ihre kongruente Deckung nicht der Anfechtung nach § 30 Nr. 1, 2. Alt.
KO unterliegen. Dies werde dadurch sichergestellt, dass durch die Herausnah-
me von Bardeckungen aus dem Anwendungsbereich dieser Norm eine dem
Erfordernis der unmittelbaren Gläubigerbenachteiligung in § 30 Nr. 1, 1. Alt.
KO vergleichbare Voraussetzung geschaffen werde.

Der Rechtsgrund für die anfechtungsrechtliche Begünstigung von Bargeschäf-   **479**
ten werde darin gesehen, dass wegen des ausgleichenden Gegenwerts keine
Vermögensverschiebung zulasten der Schuldnerin, sondern eine bloße Vermö-
gensumschichtung vorliege.[416] Ohne die Begünstigung würde ein Schuldner
in der wirtschaftlichen Krise praktisch von allen – auch verkehrsüblichen –
Umsatzgeschäften ausgeschlossen. § 30 Nr. 1 KO, der allein an den Eintritt
der wirtschaftlichen Krise anknüpfe und den Grundsatz der Gleichbehandlung aller Gläubiger schon für diesen Zeitpunkt durchsetzen solle,[417] verdiene
bei wertender Betrachtungsweise keinen Vorrang vor dem Sicherungs- oder
Befriedigungsinteresse des einzelnen Gläubigers, der seinerseits in unmittelbarem zeitlichem Zusammenhang mit der empfangenen Leistung dem Schuldner vereinbarungsgemäß eine gleichwertige Gegenleistung erbracht habe.

§ 31 Nr. 1 KO beruhe dagegen auf der Erwägung, dass Rechtshandlungen, die   **480**
in einer dem Geschäftsgegner bekannten Gläubigerbenachteiligungsabsicht
vorgenommen würden, gegenüber den anderen Gläubigern keinen Schutz
verdienten.[418] Dies gelte grds. auch im Zusammenhang mit Bardeckungen,
soweit hierbei eine Gläubigerbenachteiligung wenigstens mittelbar eintreten
könne. Insbesondere sei derjenige nicht schutzbedürftig, der dem Schuldner
einen Vermögensgegenstand zu einem angemessenen Preis, aber in dem Wissen abkaufe, dass der Schuldner den Erlös seinen Gläubigern entziehen wolle.
Ebenso wenig verdiene derjenige Gläubiger Schutz, der mit dem Schuldner
ein alsbald zu erfüllendes Umsatzgeschäft abgeschlossen habe und sich eine

---

416   Vgl. BGH, 26.01.1977 – VIII ZR 122/75, WM 1977, 254, 255.
417   BGH, 15.03.1972 – VIII ZR 159/70, BGHZ 58, 240, 242 f.
418   Vgl. hierzu noch Jaeger/Henckel, KO, § 31 Rn. 1.

inkongruente Erfüllungsleistung in dem Wissen gewähren lasse, dass der Schuldner ihm – wie vielen anderen Gläubigern, die sich in einer gleichartigen Lage befänden – die an sich geschuldete Leistung nicht mehr erbringen könne. Gerade eine derartige bewusste und erkannte Bevorzugung Einzelner solle zugunsten des Grundsatzes der Gleichbehandlung aller Gläubiger verhindert werden.

481 § 31 Nr. 1 KO sei nach den Feststellungen des Berufungsgerichts erfüllt. Danach habe die Beklagte Anfang Dezember 1988 fällige Ansprüche auf Zahlung von (ca.) 74.000 DM gegen die Schuldnerin gehabt; erfüllungshalber habe die Beklagte Kundenschecks angenommen und sie eingelöst. Auf diese Art der Erfüllung habe die Beklagte keinen Anspruch gehabt. Die Gewährung von Kundenschecks – im Gegensatz zu eigenen Schecks – sei regelmäßig eine inkongruente Erfüllungshandlung.[419]

482 Infolge der Rechtshandlung seien die Konkursgläubiger zumindest mittelbar benachteiligt worden, da die Schuldnerin unstreitig die Kundenschecks – wie üblich – bei ihrer Hausbank zum Einzug eingereicht hätte, wenn sie sie nicht der Beklagten gegeben hätte. Die Bank hätte der Schuldnerin eine entsprechende Gutschrift erteilt; deren Ausbleiben habe die Zugriffsmöglichkeit von Gläubigern vereitelt. Ob die Bank gegen das Guthaben möglicherweise mit eigenen Forderungen unanfechtbar hätte aufrechnen können oder ob die Schuldnerin über das Guthaben anderweitig verfügt hätte, sei unerheblich. Denn als Ursachen für den Eintritt einer Gläubigerbenachteiligung seien grds. nur reale Gegebenheiten zu berücksichtigen.[420]

483 Eine Bardeckung sei eine Leistung des Schuldners, für die unmittelbar eine Gegenleistung in sein Vermögen gelange. Durch die Worte „für die" werde ausgedrückt, dass eine Bardeckung nur vorliege, wenn Leistung und Gegenleistung durch Parteivereinbarung miteinander verknüpft seien.[421] Eine Leistung, die nicht der Parteivereinbarung entspreche, stelle keine Bardeckung dar, da weder rechtlich noch wirtschaftlich ein Anlass bestehe, Umsatzgeschäfte des Schuldners in der Krise zu begünstigen, soweit sie anders abgewickelt würden als vereinbart.

---

419 Vgl. ferner Jaeger/Henckel, KO, § 30 Rn. 212.

420 BGH, 07.06.1988 – IX ZR 144/87, BGHZ 104, 355, 360 = ZIP 1988, 1060.

421 Vgl. amtliche Begründung der Bundesregierung zum Entwurf einer Insolvenzordnung, BT-Drucks. 12/2443, S. 167.

Beispielsfall 92: „Direktversicherungsfall"[422]

§ 142 InsO – Direktversicherung zugunsten Arbeitnehmer; unanfechtbares Bargeschäft bzgl. der in der Krise an den Lebensversicherer erbrachten Prämienzahlungen

Die insolvente GmbH hatte bei der verklagten Lebensversicherung Direktver-   484
sicherungen zugunsten ihrer Arbeitnehmer abgeschlossen und diesen von Beginn an ein unwiderrufliches Bezugsrecht eingeräumt. Die Prämien wurden im Wege der Gehaltsumwandlung finanziert und von der Versicherung aufgrund einer Einzugsermächtigung bei der Schuldnerin eingezogen. Am 02.11.2005 stellte die Schuldnerin Insolvenzantrag. Mit Beschluss vom gleichen Tag wurde der Kläger zum vorläufigen Insolvenzverwalter unter Anordnung eines Zustimmungsvorbehalts gem. § 21 Abs. 2, 2. Alt. InsO bestellt.

In der Zeit vom 08.07. bis zum 20.10.2005 wurden dem debitorisch geführten Konto der Schuldnerin Versicherungsprämien belastet und der Beklagten – zunächst unter Vorbehalt – gutgeschrieben. Eine Genehmigung dieser Abbuchungen hat die Schuldnerin nicht erklärt; der Kläger hat ihnen nicht widersprochen. Der Kläger verlangte in seiner Eigenschaft als Insolvenzverwalter die Rückzahlung der in dem genannten Zeitraum abgebuchten Prämien im Wege der Insolvenzanfechtung.

Das LG hat die Klage abgewiesen. Auf die Berufung des Klägers hat das OLG das erstinstanzliche Urteil abgeändert und der Klage stattgegeben.

Im Fall der Einräumung eines anfechtungsfesten unwiderruflichen Bezugs-   485
rechts gehört die Versicherungssumme nach der Rechtsprechung des BGH[423]
nicht zur Insolvenzmasse, sondern steht dem Begünstigten direkt aus dem
Vermögen des Versicherers zu. Es erscheint fraglich, ob dieses Aussonderungsrecht des Arbeitnehmers dadurch infrage gestellt werden kann, dass der
Insolvenzverwalter als berechtigt angesehen wird, jene Prämienzahlungen anzufechten, mit denen die Versicherungsleistung in dem kritischen Zeitraum
des § 130 InsO werthaltig gemacht wurde.

---

422   OLG Karlsruhe, 18.01.2007 – 12 U 185/06, ZIP 2007, 286; Revision zugelassen, jedoch
        nach Einlegung zurückgenommen; vgl. dazu ausführlich Schäfer, NZI 2008, 151.

423   BGH, 23.10.2003 – IX ZR 252/01, BGHZ 156, 350 ff. = ZInsO 2003, 1096.

486 Das OLG Karlsruhe geht davon aus, dass nicht der jeweilige Arbeitnehmer, sondern die Lebensversicherung als Anfechtungsgegner in Betracht komme. Greift man jedoch mit der Rechtsprechung des BGH bei der Ermittlung des „richtigen" Anfechtungsgegners auf Zuordnungskriterien zurück, die denen des Leistungsbegriffs im bereicherungsrechtlichen Sinne entsprechen,[424] erscheint dies zweifelhaft:

487 Mit der Zahlung der Versicherungsbeiträge verfolgt der Arbeitgeber vorrangig den Zweck, den entsprechenden Teil der Forderung des Arbeitnehmers auf Zahlung des Arbeitsentgelts zu befriedigen. Er verfolgt zwar zugleich auch den Zweck, die gegen ihn gerichtete Forderung der Versicherung auf Prämienzahlung zum Erlöschen zu bringen; dieser Zweck ist jedoch dem gegenüber dem Arbeitnehmer verfolgten Zweck untergeordnet. Die Beteiligten sehen die Direktversicherung als Lebensversicherung des Arbeitnehmers an, die nur aus steuerlichen Gründen direkt zwischen dem Arbeitgeber und der Versicherung abgeschlossen wird. Da die Beiträge zudem aus dem dem Arbeitnehmer zustehenden Arbeitsentgelt geleistet werden, liegt eine Versicherung vor, die einer Versicherung im eigenen Namen für fremde Rechnung (vgl. § 43 VVG – „Versicherung für fremde Rechnung") zumindest nahesteht. Direktansprüche des Versicherungsnehmers gegen den Versicherer bestehen in diesem Fall nicht (vgl. § 44 Abs. 1 VVG). Dementsprechend kann der Insolvenzverwalter über das Vermögen des Arbeitgebers auch keinen Anfechtungsanspruch gegenüber der Versicherung geltend machen.

488 Eine Insolvenzanfechtung kommt somit nur gegenüber dem Arbeitnehmer in Betracht. Insoweit wird man jedoch nicht an der Erwägung vorbeikommen, dass ein Arbeitnehmer, der einen Teil des ihm zustehenden Arbeitsentgelts durch Entgeltumwandlung im Wege der verkürzten Zahlung für Zwecke der Altersversorgung einsetzt, anfechtungsrechtlich nicht schlechter gestellt sein darf als jener Arbeitnehmer, der sich die entsprechenden Entgeltteile als Arbeitsentgelt auszahlen lässt. Im letzteren Fall scheidet eine Anfechtung unter dem Gesichtspunkt des Bargeschäfts gem. § 142 InsO aus, da im Gegenzug für das Arbeitsentgelt die Arbeitsleistung des Arbeitnehmers in das Vermögen des Arbeitgebers gelangt ist.

---

424 Vgl. BGH, 16.09.1999 – IX ZR 204/98, BGHZ 142, 284, 287 = ZInsO 1999, 640.

Der BFH[425] dürfte dies im Ergebnis zutreffend erkannt haben, soweit es die   **489**
Abführung von Lohnsteuer betrifft. Seiner Auffassung nach ist ein Bargeschäft gegeben, da die Lohnsteuerabzugsbeträge zum Arbeitslohn gehörten.
Die Lohnsteuer stelle ein aufgrund der steuerrechtlichen Bestimmungen nicht
direkt an die Arbeitnehmer auszuzahlendes Entgelt für die erbrachte Arbeitsleistung dar, sodass die Entrichtung an das Finanzamt ebensowenig wie die
Auszahlung des Nettolohnes an die Arbeitnehmer als eine objektive Benachteiligung der übrigen Gläubiger des Arbeitgebers angesehen werden könne.
Im Schrifttum[426] wird zu Recht darauf hingewiesen, dass die Regelungen über
die Abführung der Lohnsteuer und der Arbeitnehmeranteile an den Sozialversicherungsbeiträgen an den Fiskus und die Sozialversicherungsträger aus
Gründen der Verwaltungsvereinfachung und der Sicherung des Steuer- und
Beitragsaufkommens eine Verkürzung des Zahlungsweges bezweckten, der
ohne diese Regelungen vom leistenden Arbeitgeber über den Arbeitnehmer
zum Fiskus und zu den Sozialversicherungsträgern führen würde. Dies könnte
es nahelegen, unter Heranziehung der Rechtsfigur der mittelbaren Zuwendung mit dem BFH darauf abzustellen, ob sich der Arbeitnehmer, wenn die
Arbeitnehmeranteile (zunächst) unmittelbar an ihn geflossen wären, auf ein
Bargeschäft berufen könnte. Davon sei hinsichtlich der laufenden Lohn- und
Beitragszahlungen auszugehen.

---

425   BFH, 11.08.2005 – VII B 244/04, ZInsO 2005, 1105 sowie zuvor schon BFH/NV 1999, 745;
     a.A. Kayser, ZIP 2007, 49.
426   Vgl. Kreft in: Heidelberger Kommentar zur InsO, § 142 Rn. 4.

Beispielsfall 93: „Frachtführerfall"[427]

§§ 131, 142 InsO – Kongruenz und Bargeschäft bei Zahlungen an Gläubiger eines Frachtführerpfandrechts durch Empfänger auf Veranlassung des Schuldners

490   *Die Schuldnerin beauftragte die Beklagte – ein Fuhrunternehmen – laufend mit der Durchführung von Transporten. Am 07.10.2001 erteilte sie der Beklagten einen Auftrag zur Beförderung eines – von der Schuldnerin hergestellten – Schiffsruders zur Schiffswerft S. Auf den Bruttofrachtlohn i.H.v. 4.988 DM bezahlte die Schuldnerin vorab 4.300 DM. Am 08.10.2001 verließ die Beklagte mit der Ladung das Betriebsgelände der Schuldnerin. Danach unterbrach sie den Transport und machte die Weiterbeförderung von einer Regelung über die Begleichung offener Forderungen aus früheren Transporten abhängig, die sich auf ca. 135.000 DM beliefen. Mit Zustimmung der S vereinbarte die Schuldnerin daraufhin mit der Beklagten, dass S – in Anrechnung auf den an die Schuldnerin zu zahlenden Werklohn – den offenstehenden Forderungsbetrag an die Beklagte zahle und diese im Gegenzug das Ruder an S ausliefere. Dies geschah noch am 08.10.2001. Am 10.10.2001 kündigte die Hausbank die Geschäftsbeziehung zur Schuldnerin. Auf deren Antrag vom 12.10.2001 wurde am 03.12.2001 das Insolvenzverfahren eröffnet. Der klagende Insolvenzverwalter verlangte von der Beklagten die Rückzahlung der empfangenen 135.000 DM.*

Die Revision der Beklagten gegen das der Klage stattgebende Urteil des OLG hatte Erfolg.

491   Der BGH weist zunächst darauf hin, dass die Beklagte mit der Übernahme des Frachtguts nach § 441 Abs. 1 Satz 1 HGB ein Pfandrecht auch für die inkonnexen Altforderungen erlangt habe. Der Erwerb des Pfandrechts sei nicht nach den §§ 130, 132 InsO anfechtbar, weil in den Tatsacheninstanzen nichts zu einer Zahlungsunfähigkeit der Schuldnerin und einer Kenntnis der Beklagten hiervon vorgetragen worden sei.

492   Auch § 131 InsO sei nicht anwendbar. Der Senat habe bereits im Urt. v. 18.04.2002[428] darauf hingewiesen, dass das – nach der Gesetzesbegründung zum Transportrechtsreformgesetz auch für inkonnexe Forderungen

427   BGH, 21.04.2005 – IX ZR 24/04, ZInsO 2005, 648.
428   BGH, 18.04.2002 – IX ZR 219/01, BGHZ 150, 326, 332 f. = ZInsO 2002, 670.

bestehende – Frachtführerpfandrecht leer liefe, wenn man die Überlassung des Frachtguts an den Frachtführer, die dessen Pfandrecht zur Entstehung bringe, als inkongruente Deckung qualifizierte. Zwar gehe das Berufungsgericht im Ausgangspunkt zu Recht davon aus, dass ein Gläubiger grds. nicht die Bezahlung einer Schuld durch einen Dritten verlangen könne. Erfülle ein Dritter in der kritischen Zeit die Verbindlichkeit des Schuldners, ohne dass eine insolvenzfeste Vereinbarung zwischen dem Gläubiger und dem Dritten vorgelegen habe, sei die Befriedigung inkongruent.

In dem zu entscheidenden Fall habe jedoch der Beklagten der von S gezahlte Betrag unter dem Gesichtspunkt des Bargeschäfts zugestanden; zumindest habe sie das Recht gehabt, sich aus diesem Betrag zu befriedigen. Die Beteiligten hätten eine Vereinbarung über die Ablösung des Pfandrechts der Beklagten an dem Frachtgut getroffen. Der Abschluss der Ablösungsvereinbarung sei zwar ebenfalls eine Rechtshandlung, deren Anfechtbarkeit selbstständig geprüft werden müsse. Sie sei jedoch deshalb nicht anfechtbar, weil sie als Bargeschäft nach § 142 InsO anzusehen sei. Die Schuldnerin und die Beklagte hätten in unmittelbarem zeitlichem Zusammenhang gleichwertige Gegenleistungen ausgetauscht, sodass es an einer Gläubigerbenachteiligung fehle. Der Wert des Pfandes, das abgelöst worden sei, habe denjenigen der Forderung, welche die Schuldnerin übertragen oder verpfändet habe, zumindest erreicht.

493

Beispielsfall 94: „Zahlstellenfall (2)"[429]

§ 142 InsO – Verrechnungen der Bank im Kontokorrent als Bargeschäft; Bank als bloße „Zahlstelle" des Schuldners

494 *Die Schuldnerin unterhielt bei der verklagten Bank ein Kontokorrentkonto, auf dem ihr ein Kreditrahmen i.H.v. 500.000 DM eingeräumt war. Am 05.03.2000 war der Kredit i.H.v. ca. 325.000 DM in Anspruch genommen. Am 04.04.2000 beantragte die Schuldnerin die Eröffnung des Insolvenzverfahrens. Die Beklagte kündigte daraufhin mit Schreiben vom selben Tag den Kreditvertrag mit sofortiger Wirkung. Zum 05.04.2000 betrug der Sollsaldo ca. 240.000 DM. Im letzten Monat davor waren Einzahlungen i.H.v. ca. 400.000 DM und Auszahlungen i.H.v. ca. 320.000 DM vorgenommen worden. Die Beklagte erstattete dem Kläger den Differenzbetrag i.H.v. 80.000 DM, um den der Saldo seit dem 05.03.2000 zurückgeführt worden war. Mit seiner Klage verlangte der Insolvenzverwalter weitere ca. 175.000 DM als den Betrag, in dessen Höhe die Schuldnerin die Kreditlinie am 05.03.2000 nicht ausgenutzt hatte.*

Das LG wies die Klage ab. Die hiergegen gerichtete Sprungrevision des Klägers hatte keinen Erfolg.

495 Der BGH betont zunächst, eine frühere pauschale Einigung dahingehend, dass sämtliche künftig in den Besitz der Bank gelangenden Sachen oder für den Kunden entstehenden Ansprüche gegen sie verpfändet werden sollten, genüge nicht, um im Voraus eine kongruente Sicherung zu begründen. Solange es Absprachen dem Ermessen der Beteiligten oder dem Zufall überließen, welche konkrete Sicherheit erfasst würde, seien sie nicht geeignet, die Besserstellung einzelner Gläubiger in der Insolvenz unter Durchbrechung des Gleichbehandlungsgrundsatzes zu rechtfertigen.[430] Das Pfandrecht nach Nr. 14 Abs. 1 Satz 2 AGB-Banken sei daher nicht geeignet, in der kritischen Zeit vor der Stellung des Insolvenzantrages eine kongruente Sicherung zu begründen.

496 Der BGH führt in dieser Grundsatzentscheidung zur Anfechtbarkeit von Verrechnungen der Bank im Kontokorrent weiter aus, dass solche Verrechnungen kongruent seien, soweit die Bank ihren Kunden (den späteren Insolvenzschuldner) vereinbarungsgemäß wieder über die Eingänge verfügen lasse, insbes.

---

429 BGH, 07.03.2002 – IX ZR 223/01, BGHZ 150, 122 = ZInsO 2002, 426; vgl. zuvor schon BGH, 25.02.1999 – IX ZR 353/98, ZInsO 1999, 289.

430 Vgl. hierzu noch Beispielsfall 46.

eine Kreditlinie offenhalte. Aufgrund der Giroabrede sei die Bank berechtigt und verpflichtet, für den Kunden bestimmte Geldeingänge entgegenzunehmen und gutzuschreiben.[431] Aus der Giroabrede folge regelmäßig zugleich das Recht der Bank, bei einem debitorischen Girokonto den Sollsaldo zu verringern. Umgekehrt verpflichte sich die Bank, Überweisungsaufträge des Kunden zulasten seines Girokontos auszuführen, sofern es eine ausreichende Deckung aufweise. Indem die Bank diese Absprachen einhalte und den Giroverkehr fortsetze, handle sie vertragsgemäß, also kongruent. Erst wenn die Bank Verfügungen des Kunden nicht mehr in der vereinbarten Weise zulasse, könne sie mit Verrechnungen vertragswidrig, also inkongruent handeln.

Selbst im Fall der Verwirklichung des Tatbestandes des § 130 Abs. 1 Nr. 1 InsO wäre nach Ansicht des BGH aufgrund der Bestimmung des § 142 InsO eine Anfechtbarkeit der Verrechnung zu verneinen. Die Verrechnung stelle nämlich ein Bargeschäft im Sinne dieser Bestimmung dar. § 142 InsO solle es dem Schuldner ermöglichen, auch in der wirtschaftlichen Krise noch Rechtsgeschäfte, welche die Insolvenzgläubiger nicht unmittelbar benachteiligten, zeitnah abzuwickeln. Die vom klagenden Insolvenzverwalter vertretene Auffassung bewirke hingegen das Gegenteil. Es könne bei keinem Kreditinstitut die Bereitschaft unterstellt werden, bei nicht voll ausgeschöpfter Kreditlinie weitere Verfügungen des Schuldners über sein Konto zuzulassen, wenn es damit das Risiko eingehe, Überweisungen des Schuldners an Dritte später aus eigenen Mitteln an die Insolvenzmasse erstatten zu müssen. Mit Kenntnis auch nur der Gefahr einer wirtschaftlichen Krise des Schuldners werde es dann erfahrungsgemäß den eingeräumten Kredit sofort fristlos kündigen.[432] Damit würde aber dem Schuldner im Ergebnis schon die Chance genommen, in einer zwar riskanten, aber noch nicht aussichtslosen Lage planmäßig weiteren Kredit in Anspruch zu nehmen, sogar wenn eingehende Gutschriften wieder einen gewissen Spielraum bis zur Kreditobergrenze eröffneten.

497

Ein Zeitraum von zwei Wochen zwischen den Ein- und Auszahlungen übersteige jedenfalls nicht den Rahmen des engen zeitlichen Zusammenhangs. Der BGH betont zugleich, ein solches Bargeschäft könne nur bei vereinbarungsgemäß erfolgenden, also kongruenten Rechtshandlungen gegeben sein.

498

431　BGH, 06.12.1994 – XI ZR 173/94, BGHZ 128, 135, 139 = ZIP 1995, 109.
432　Vgl. Zuleger, ZInsO 2002, 49, 52.

Beispielsfall 95: „Zahlstellenfall (3)"[433]

§§ 96 Abs. 1 Nr. 3, 131, 139 Abs. 2, 142 InsO – Maßgeblichkeit des ersten, mangels Masse abgewiesenen Insolvenzantrages; Maßgeblichkeit der Differenz zwischen Ein- und Auszahlungen im Anfechtungszeitraum

499 *Die Beklagte war die Hausbank des Schuldners. Sie hatte ihm einen Dispositionskredit i.H.v. 10.000 DM eingeräumt. Am 14.03.2000 wies das Girokonto des Schuldners ein Guthaben aus. Am 14.04.2000 beantragte die Innungskrankenkasse wegen eines Rückstandes i.H.v. ca. 57.000 DM die Eröffnung des Insolvenzverfahrens. Diesen Antrag wies das AG am 28.06.2000 mangels einer die Kosten deckenden Masse zurück. Im April, im Mai und nochmals am 06.07.2000 geriet das Konto des Schuldners mit mehr als 11.000 DM ins Soll. Zwischen dem 17.05. und dem 10.07.2000 waren nicht unerhebliche Zahlungseingänge, aber auch Zahlungsausgänge zu verzeichnen. Bei Auflösung des Kontos am 16.08.2000 befand es sich im Haben. Nach Aufgabe seiner unternehmerischen Tätigkeit bezog der Schuldner Arbeitslosengeld. Im Jahr 2003 stellte der Schuldner Insolvenzantrag, der zur Verfahrenseröffnung führte.*

Die klagende Insolvenzverwalterin machte geltend, die Beklagte habe im Anfechtungszeitraum des § 131 Abs. 1 Nr. 1 InsO den an den Schuldner ausgereichten Dispositionskredit i.H.v. umgerechnet 5.112,92 € durch Verrechnung von Eingängen in inkongruenter Weise zurückgeführt.

Das LG wies die Klage ab; das OLG gab ihr statt. Die Revision der Beklagten führte zur Wiederherstellung des erstinstanzlichen Urteils.

500 Der BGH weist zunächst darauf hin, dass es nach der Bestimmung des § 139 Abs. 2 Satz 2 InsO bei mehreren Insolvenzanträgen auf den ersten Antrag ankomme, wenn dieser zwar rechtskräftig abgewiesen worden, die Abweisung aber lediglich mangels Masse erfolgt sei. Dabei wäre bei wortlautgemäßer Anwendung der Bestimmung der erste Antrag maßgebend, ohne dass es auf eine „einheitliche Insolvenz" oder einen näher zu bestimmenden zeitlichen Zusammenhang ankäme. Nach der im Schrifttum einhellig vertretenen Auffassung, die sich auf die Entstehungsgeschichte stützen könne,[434] sei die Bestimmung jedoch einschränkend auszulegen. Sie gelte nur innerhalb dersel-

---

433 BGH, 15.11.2007 – IX ZR 212/06, ZInsO 2008, 159.
434 BT-Drucks. 12/2443, S. 163.

ben Insolvenz des Schuldners. Sei der Insolvenzgrund nach der Abweisung des Antrages behoben worden und später erneut eingetreten, könne der erste Antrag nicht mehr ausschlaggebend sein.[435] Liege – wie im vorliegenden Fall – aber eine einheitliche Insolvenz vor, sei § 139 Abs. 2 InsO grds. zeitlich unbeschränkt anzuwenden. Ob sich in Ausnahmefällen zeitliche Schranken ergeben könnten, müsse nicht entschieden werden, da der hier gegebene Zeitraum von drei bis vier Jahren von der Bestimmung eindeutig noch erfasst werde.

Der von der Beklagten erhobene Bargeschäftseinwand sei begründet. Nach der gefestigten Rechtsprechung des Senats könne im ungekündigten Kontokorrentverhältnis unter näher bestimmten Voraussetzungen die Herstellung der Aufrechnungslage als kongruente Erfüllung der Kontokorrentabrede zu werten sein.[436] Dies eröffne auf entsprechenden Einwand des Anfechtungsgegners den Weg zum Bargeschäft, welches nur bei kongruenten Rechtshandlungen in Betracht komme.[437] Der Bargeschäftseinwand greife durch, soweit die Bank dem Schuldner aufgrund der Kontokorrentabrede allgemein gestatte, den durch die Gutschriften eröffneten Liquiditätsspielraum wieder in Anspruch zu nehmen, und der Schuldner den ihm schuldrechtlich versprochenen Kredit abrufe. Diene die erneute Inanspruchnahme des Kredits der fremdnützigen Erfüllung von Vertragspflichten gegenüber sachlich betroffenen Auftraggebern,[438] sei die Deckungsanfechtung einzelner Gutschriften ausgeschlossen. Anfechtbar sei dann nur die Rückführung des ausgereichten Dispositionskredits, zu der es komme, wenn die Summe der in das Kontokorrent eingestellten Einzahlungen die der fremdnützigen Auszahlungen übersteige. 501

Die Klägerin stelle darauf ab, dass die Kreditlinie im Anfechtungszeitraum des § 131 Abs. 1 Nr. 1 InsO voll ausgeschöpft worden und der ausgereichte Kredit „am Ende" zurückgeführt gewesen sei. Diese Betrachtungsweise sei jedoch rechtlich nicht haltbar und widerspreche der Rechtsprechung des Senats. Die Frage der Inkongruenz der Rückführung eines Darlehens könne für den Zeitraum der Anfechtbarkeit nur einheitlich bestimmt werden. Für eine Anfechtung nach § 131 Abs. 1 Nr. 1 InsO komme es deshalb auf den Betrag 502

---

435   Vgl. hierzu Henckel in: Kölner Schrift zur InsO, S. 813, 847; Uhlenbruck/Hirte, InsO, § 139 Rn 12; Kübler/Prütting/Paulus, InsO, § 139 Rn. 4.

436   Vgl. BGH, 07.03.2002 – IX 223/01, BGHZ 150, 122, 127 ff. sowie Beispielsfall 94.

437   BGH, 13.04.2006 – IX ZR 158/05, BGHZ 167, 190, 199 = ZInsO 2006, 712.

438   BGH, 11.10.2007 – IX ZR 195/04, ZInsO 2008, 163.

an, um den die verrechneten Einzahlungen **in diesem Zeitraum** die Auszahlungen überstiegen hätten. Die Klage sei daher abzuweisen, da das Kontokorrentkonto des Schuldners zu Beginn des Anfechtungszeitraums am 14.03.2000 und an dessen Ende – bei der Kontoschließung am 16.08.2000 – ein Guthaben ausgewiesen habe.

Beispielsfall 96: „Sanierungsbemühungsfall (2)"[439]

§§ 130, 142 InsO – Späte Honorarzahlung für Sanierungsbemühungen in der Krise

Die Gemeinschuldnerin beauftragte den verklagten Rechtsanwalt am   503
01.10.1996, ihr bei der Sanierung behilflich zu sein. Sie sagte ihm hierfür ein
Pauschalhonorar i.h.v. 63.250 DM zu, das am 30.07.1997 fällig sein sollte.
Die vom Beklagten bis zum 20.09.1997 entfalteten Sanierungsbemühungen
scheiterten an diesem Tage. Am 22.09.1997 zahlte die Gemeinschuldnerin das
vereinbarte Honorar an den Beklagten. Am darauffolgenden Tag stellte sie
wegen Zahlungsunfähigkeit und Überschuldung Konkursantrag, der zur Er-
öffnung des Verfahrens führte.

Der klagende Konkursverwalter verlangte vom Beklagten unter dem Gesichts-
punkt der Konkursanfechtung die Rückzahlung des empfangenen Honorars.

Das LG und das OLG wiesen die Klage ab. Die Revision des Klägers führte
zur antragsgemäßen Verurteilung des Beklagten.

Der BGH verneint zunächst in Übereinstimmung mit dem Berufungsgericht   504
das Vorliegen einer inkongruenten Deckung. Entgegen der Ansicht des Berufungsgerichts sei jedoch eine objektive Gläubigerbenachteiligung gegeben.
Eine mittelbare Gläubigerbenachteiligung, die für eine Anfechtung nach § 30
Nr. 1 Fall 2 KO genüge (Gleiches gilt für § 130 InsO), liege vor, weil die Masse um das Honorar verkürzt worden sei.

Es treffe zwar zu, dass die Zahlung eines der Höhe nach angemessenen Hono-   505
rars für ernsthafte und nicht von vornherein aussichtslos erscheinende Sanierungsbemühungen selbst dann, wenn diese letztlich scheiterten, entsprechend
den Grundsätzen über das Bargeschäft einer Deckungsanfechtung entzogen
seien. Insbesondere sei dem Erfordernis eines unmittelbaren Leistungsaus-
tauschs, mit dem das Bargeschäft zum – grds. als gläubigerschädigend angesehenen – Kreditgeschäft abgegrenzt werden solle, u.U. auch dann noch gedient, wenn der Anfechtungsgegner – wie hier – als Geschäftsbesorger gem.
§ 675 BGB i.V.m. § 614 BGB vorleistungspflichtig gewesen und die Zahlung
unmittelbar nach Abschluss der Geschäftsbesorgung oder zum vertraglich
festgelegten Fälligkeitszeitpunkt erfolgt sei.

---

439   BGH, 18.07.2002 – IX ZR 480/00, ZInsO 2002, 876.

506   In dem zu entscheidenden Fall sei aber der erforderliche unmittelbare zeit-
       liche Zusammenhang bereits deshalb nicht mehr gegeben, weil die Zahlung,
       obwohl bereits am 30.07.1997 fällig, erst am 22.09.1997 erfolgt sei. Dass die
       Sanierungsbemühungen des Beklagten am 30.07.1997 noch nicht abgeschlos-
       sen gewesen seien, rechtfertige nicht die Annahme, die Gemeinschuldnerin
       und der Beklagte hätten die Fälligkeit des Honoraranspruchs nachträglich bis
       zum Abschluss dieser Bemühungen hinausgeschoben.

Beispielsfall 97: „Honorarvorschussfall (2)"[440]

§§ 130, 142 InsO – Vorschusszahlungen an Rechtsanwalt für Beratung im Vorfeld der Insolvenz

Nachdem die Wirtschaftsprüfungsgesellschaft der Schuldnerin und ihrer   507
Tochtergesellschaft (GmbH) mitgeteilt hatte, es lasse sich nicht ausschlie-
ßen, dass alsbald Zahlungsunfähigkeit drohe, bat der Vorstandsvorsitzende
der Schuldnerin den verklagten Rechtsanwalt, ein Insolvenzplanverfah-
ren für die Schuldnerin vorzubereiten. Der Beklagte bot daraufhin in zwei
gleichlautenden Schreiben v. 21.05.2002 der Schuldnerin und der GmbH die
„insolvenzrechtliche Beratung und Begleitung" hinsichtlich eines erforder-
lich werdenden Insolvenzverfahrens für eine Pauschalvergütung von jeweils
100.000 € nebst 16 % USt an und bat um Überweisung. Am 28.05.2002 fand
eine Besprechung statt, an der u.a. der Beklagte, die Vorstandsmitglieder der
Schuldnerin und Vertreter mehrerer Gläubigerbanken teilnahmen. Noch am
selben Tag überwies die Schuldnerin 232.000 € an den Beklagten.

Am 29.05.2002 erteilten die Schuldnerin und die GmbH dem Beklagten je-
weils Vollmacht zur Wahrnehmung ihrer Interessen. Der Beklagte beantragte
am 30.05.2002 für beide Gesellschaften die Eröffnung des Insolvenzverfah-
rens wegen Zahlungsunfähigkeit.

Der klagende Insolvenzverwalter verlangte die gezahlten Beträge für die
Schuldnerin und die GmbH vom Beklagten zurück. Die Vorinstanzen gaben
der Klage statt. Die Revision des Beklagten hatte keinen Erfolg.

Der BGH sah die von der Schuldnerin für die GmbH erbrachte Zahlung nach   508
den §§ 134 Abs. 1, 143 Abs. 1 InsO als anfechtbar an, da die Honorarforde-
rungen des Beklagten gegen die GmbH wegen deren Zahlungsunfähigkeit
wirtschaftlich wertlos gewesen seien.[441]

Hinsichtlich der von der Schuldnerin auf eigene Schuld geleisteten Zahlung   509
i.H.v. 116.000 € sei die Klage jedenfalls nach § 130 Abs. 1 Satz 1 Nr. 1 InsO
begründet. Dabei könne zugunsten des Beklagten unterstellt werden, dass bereits vor der Zahlung ein Vertragsverhältnis mit der Schuldnerin bestanden
habe und dass diese vorleistungspflichtig gewesen sei. Denn die Schuldnerin

---

440   BGH, 06.12.2007 – IX ZR 113/06, ZInsO 2008, 101.
441   Vgl. hierzu Beispielsfall 80.

sei zum Zeitpunkt der Zahlung zahlungsunfähig gewesen, was dem Beklagten auch bekannt gewesen sei.

510 Die Voraussetzungen eines Bargeschäfts seien nicht erfüllt. Bei länger währenden Vertragsbeziehungen sei dafür zu verlangen, dass die jeweiligen Leistungen und Gegenleistungen zeitlich oder gegenständlich teilbar und zeitnah – entweder in Teilen oder abschnittsweise – ausgetauscht würden. Wenn zwischen dem Beginn der anwaltlichen Tätigkeit und der Erbringung einer Gegenleistung mehr als 30 Tage lägen, sei ein Bargeschäft zu verneinen. Rechtsanwälte würden dadurch nicht unangemessen benachteiligt. Denn sie könnten jederzeit Vorschüsse verlangen. Allerdings seien die Voraussetzungen eines Bargeschäfts nicht erfüllt, wenn der Rechtsanwalt einen Vorschuss in einer Höhe geltend mache, der die wertäquivalente Vergütung für die nächsten 30 Tage überschreite. Es sei einem Rechtsanwalt, der in den Genuss der anfechtungsrechtlichen Bargeschäftsausnahme kommen wolle, möglich und zumutbar, in regelmäßigen Abständen Vorschüsse einzufordern, die in etwa dem Wert seiner inzwischen entfalteten oder der in den nächsten 30 Tagen noch zu erbringenden Tätigkeit entsprächen. Ferner könne vereinbart werden, Teilleistungen gegen entsprechende Vergütung zu erbringen.[442]

511 In dem konkret entschiedenen Fall hatte das vom Beklagten innerhalb von 30 Tagen nach dem Erhalt der Vergütung vorgelegte Konzeptpapier eines künftigen Sanierungsplanes nach den Feststellungen der Vorinstanzen keinen praktischen Nutzen. Die von den Vorinstanzen erwogene Aufrechnung des Beklagten mit einem etwaigen Teilvergütungsanspruch aus § 628 Abs. 1 Satz 1 BGB gegenüber dem Rückgewähranspruch gem. § 143 InsO wäre nach dem Urteil des BGH bereits an § 96 Abs. 1 Nr. 1 InsO gescheitert, da der Rückgewähranspruch originär mit und deshalb nach der Insolvenzeröffnung entsteht.[443]

---

442 BGH, 13.04.2006 – IX ZR 158/05, BGHZ 167, 190, 199 ff. = ZInsO 2006, 712; vgl. hierzu Beispielsfall 60.

443 BGH, 29.11.1990 – IX ZR 29/90, BGHZ 113, 98, 105 = ZIP 1991, 35.

X.   § 143 InsO – Wesen, Wirkung und Rechsfolgen der Insolvenzanfechtung

Nach § 143 Abs. 1 InsO muss zur Insolvenzmasse zurückgewährt werden,   512
was durch die anfechtbare Handlung aus dem Vermögen des Schuldners veräußert, weggegeben oder aufgegeben wurde. Dabei gelten nach § 143 Abs. 1
Satz 2 InsO die Vorschriften über die Rechtsfolgen einer ungerechtfertigten
Bereicherung, bei der dem Empfänger der Mangel des rechtlichen Grundes
bekannt ist, entsprechend. Für den Fall der unentgeltlichen Leistung enthält
§ 143 Abs. 2 InsO eine spezielle Regelung.

Beispielsfall 98: „Witweninsolvenzfall"[444]

§§ 134, 140, 143, 145 Abs. 1 InsO – Rechtsnatur des Anfechtungsanspruchs (dingliche, haftungsrechtliche oder schuldrechtliche Theorie); Vollendung der Rechtshandlung bei widerruflichem Bezugsrecht in Lebensversicherungsvertrag

513 *Der Erblasser hatte im Jahre 1986 einen Lebensversicherungsvertrag abgeschlossen und seiner Schwester ein widerrufliches Bezugsrecht eingeräumt. Am 08.02.1999 trat er die Ansprüche aus dem Vertrag zur Sicherung von Kreditforderungen an die C ab. Mit Schreiben v. 15.06.1999 änderte er das widerrufliche Bezugsrecht und räumte es nunmehr seiner Ehefrau ein. Die Versicherungssumme wurde nach dem Todesfall (10.11.1999) an die C ausbezahlt, die sich daraus wegen ihrer Forderungen befriedigte. Es verblieb ein Überschuss von ca. 100.000 DM, der beim AG hinterlegt wurde.*

Der klagende Nachlassverwalter focht die der Ehefrau erteilte Bezugsberechtigung an und verlangte von ihr die Freigabe der hinterlegten Summe. Das LG gab der Klage nur i.h.d. in den letzten vier Jahren vor dem Insolvenzantrag geleisteten Versicherungsprämien i.H.v. ca. 26.000 DM statt. Die hiergegen gerichtete Berufung des Klägers wies das OLG zurück. Nach der Revisionseinlegung durch den Kläger wurde über das Vermögen der Witwe des Erblassers das Insolvenzverfahren eröffnet und der Beklagte zum Treuhänder bestellt. Die Revision des Klägers hatte Erfolg.

514 Der BGH folgt dem Berufungsgericht zunächst darin, dass der Anspruch auf die Versicherungssumme in dem nach der Befriedigung des Sicherungszessionars verbliebenen Umfang nicht in den Nachlass gefallen sei, sondern der Witwe zugestanden habe. Werde in einem Lebensversicherungsvertrag die Leistung an einen Dritten nach dem Tode desjenigen vereinbart, welchem sie versprochen sei, so erwerbe der Dritte nach den §§ 328, 330, 331 Abs. 1 BGB grds. unmittelbar das Recht, die Leistung nach dem Eintritt des Versicherungsfalles vom Versicherer zu fordern. Das widerrufliche Bezugsrecht sei mit dem Tode des Versicherungsnehmers unwiderruflich geworden. Die Versicherungssumme gehöre daher nicht zum Nachlass; sie stehe dem Begünstigten direkt aus dem Vermögen des Versicherers zu.

---

444   BGH, 23.10.2003 – IX ZR 252/01, BGHZ 156, 350 = ZInsO 2003, 1096.

Die Witwe habe die Versicherungssumme durch eine unentgeltliche Leistung   515
des Erblassers i.S.d. § 134 Abs. 1 InsO erlangt. Der noch vom Reichsgericht
vertretenen und auch im Schrifttum verbreiteten Auffassung,[445] wonach nur
die im Anfechtungszeitraum geleisteten Prämienzahlungen zurückzugewähren seien, ist der BGH nicht gefolgt, da sie den Gegenstand des Anfechtungsanspruchs bei einer mittelbaren Zuwendung unzutreffend bestimme. Mittelbare Zuwendungen seien so zu behandeln, als hätte die zwischengeschaltete
Person an den Schuldner geleistet und dieser sodann den Dritten befriedigt.
Folglich komme es anfechtungsrechtlich grds. nicht darauf an, welche Mittel der Schuldner als Versprechensempfänger aufgebracht, sondern welche
Leistungen der Versprechende nach dem Inhalt seiner Vertragsbeziehung zum
Schuldner bei Eintritt der Fälligkeit habe erbringen müssen, mit anderen Wor-
ten, welche Zuwendung an den Dritten der Versprechensempfänger mit den
von ihm aufgewendeten Vermögenswerten „erkauft" habe. Diese sei durch
die Leistung an den Dritten der Masse entzogen worden. Übertragen auf den
Lebensversicherungsvertrag bedeute dies, dass die anfechtbare Leistung nicht
in der Summe der vom Versicherungsnehmer aufgebrachten Prämien, sondern
in der dem Dritten ausbezahlten Versicherungssumme zu sehen sei.

Der Versicherungsnehmer habe sich durch die Erteilung einer widerruflichen   516
Bezugsberechtigung noch keiner Rechte aus dem Versicherungsvertrag begeben. Der widerruflich Bezugsberechtigte verfüge über keine gesicherte
Rechtsposition; ihm stehe vielmehr nur eine mehr oder weniger starke tatsächliche Aussicht auf den Erwerb eines zukünftigen Anspruchs zu. Demzufolge
sei anfechtungsrechtlich bei lediglich widerruflicher Benennung des Dritten
als Bezugsberechtigten auf den Eintritt des Versicherungsfalls abzustellen.
Nach § 140 Abs. 1 InsO gelte eine Rechtshandlung als in dem Zeitpunkt vorgenommen, in dem ihre rechtlichen Wirkungen einträten, sie also die Gläubigerbenachteiligung bewirke. Da der Versicherungsnehmer die widerrufliche
Bezugsberechtigung jederzeit beseitigen könne, träten die Rechtswirkungen
seiner Verfügung erst mit seinem den Versicherungsfall auslösenden Tod ein.

Der BGH hatte schließlich zu prüfen, inwieweit sich die Insolvenz der Witwe   517
auf den Anfechtungsanspruch des Klägers auswirkte. Es stellt sich damit die
grds. Frage nach dem Wesen und der Wirkung der Insolvenzanfechtung, von
deren Beantwortung es abhängt, ob der Anfechtungsanspruch im Insolvenz-

---

445   Vgl. RGZ 51, 404; 61, 217, 219 f. sowie Kilger/K. Schmidt, Insolvenzgesetze, § 32 KO
      Rn. 9; Uhlenbruck/Hirte, InsO, § 134 Rn. 15.

verfahren des Anfechtungsgegners nur als Insolvenzforderung zu behandeln ist oder aber zur Aussonderung berechtigt. Hierzu werden im Wesentlichen die sog. „Dinglichkeitstheorie", die „haftungsrechtliche" und die „schuldrechtliche" Theorie vertreten.[446] Die Revision hatte in dem vom BGH entschiedenen Fall auf § 7 AnfG a.F. hingewiesen, wonach der Gläubiger beanspruchen konnte, dass dasjenige, was durch die anfechtbare Handlung aus dem Vermögen des Schuldners veräußert, weggegeben oder aufgegeben wurde, „als noch zu demselben gehörig" von dem Empfänger zurückzugewähren war. Dies spreche für die „dingliche Theorie", die der Gesetzgeber nur deshalb nicht in reiner Form umgesetzte habe, weil eine rückwirkende Änderung der dinglichen Zuordnung aus seiner Sicht nicht in Betracht gekommen sei.

518 Der BGH hat dies dahingestellt sein lassen. Er ist jedoch von seiner früheren Rechtsprechung abgerückt, wonach der Anfechtungsanspruch in der Insolvenz des Anfechtungsgegners nur als Konkursforderung geltend gemacht werden könne. Unabhängig davon, ob man den Anfechtungsanspruch als obligatorischen Rückgewähranspruch verstehe, seien insoweit die Wertungen der einschlägigen gesetzlichen Bestimmungen entscheidend. Danach sei grds. ein Aussonderungsrecht des Insolvenzverwalters nach § 47 InsO in der Insolvenz des Anfechtungsgegners zu bejahen. Auch schuldrechtliche Ansprüche könnten bei einer den Normzweck beachtenden Betrachtungsweise zu einer vom dinglichen Recht abweichenden Vermögenszuordnung führen. Diese Wertung finde ihre Bestätigung auch in § 145 Abs. 1 InsO. Mit der dort vorgeschriebenen Erstreckung des Anfechtungsrechts auf Gesamtrechtsnachfolger jeglicher Art habe der Gesetzgeber zum Ausdruck gebracht, dass die Zuordnung zur Haftungsmasse sich im Allgemeinen unabhängig von der Wirksamkeit des Erwerbsvorgangs durchsetzen solle.

---

446 Vgl. dazu Häsemeyer, Insolvenzrecht, Rn. 21.12 ff.

Beispielsfall 99: „Computeranlagenfall (2)"[447]

§ 143 InsO – Kein Erfordernis der Berufung auf die Anfechtbarkeit einer Rechtshandlung

Die Schuldnerin sollte im Laufe des Jahres 1994 still liquidiert werden. Sie verkaufte daher der Beklagten eine Computeranlage zum Gesamtpreis von ca. 12.000 DM zuzüglich USt. In einer späteren Absprache vereinbarten die Vertragsparteien, dass die Beklagte bestimmte Verbindlichkeiten der Schuldnerin gegenüber Dritten begleiche und dass der Kaufpreis in entsprechender Höhe verrechnet werde.   519

Der klagende Insolvenzverwalter hatte die Verrechnungsabrede nur nach § 30 KO (vgl. jetzt §§ 130, 131 InsO) angefochten. Nach Ansicht des BGH war eine Anfechtbarkeit nach dieser Bestimmung nicht gegeben. Dabei war in der Revisionsinstanz von der Richtigkeit der Behauptung der Beklagten auszugehen, wonach der Kaufvertrag durch Gläubiger der Gemeinschuldnerin erfüllt werden sollte.   520

Nach der Behauptung des Klägers betraf die Verrechnungsabrede nicht gegen die Gemeinschuldnerin gerichtete Forderungen, sondern Ansprüche von Gläubigern der Beklagten. Traf dies zu, so hatte die Beklagte nach Auffassung des BGH eine unentgeltliche Zuwendung erhalten, die gem. § 32 Nr. 1 KO (vgl. jetzt § 134 InsO) anfechtbar war. Dass der Kläger sich nur auf § 30 KO berufen habe, schade ihm nicht, denn die Klage aus § 37 KO (vgl. jetzt § 143 InsO) sei schon dann begründet, wenn der Konkursverwalter den seinen Antrag rechtfertigenden Sachverhalt vorgetragen habe.   521

Es ist daher nicht erforderlich, dass sich der Insolvenzverwalter überhaupt auf einen bestimmten Anfechtungstatbestand berufen hat, vielmehr genügt es, dass der dem Gericht unterbreitete Sachverhalt einen Anfechtungstatbestand erfüllt. Das Gericht ist von Amts wegen verpflichtet, den Sachverhalt auch unter dem Gesichtspunkt der Insolvenzanfechtung zu prüfen (Grundsatz „jura novit curia").   522

---

447   BGH, 16.09.1999 – IX ZR 204/98, BGHZ 142, 284 = ZInsO 1999, 640 – wie Beispielsfall 17.

Beispielsfall 100: „Rechtswegfall"[448]

§§ 96 Abs. 1 Nr. 3, 130, 131, 143 Abs. 1 InsO – Rechtsweg im Fall der Geltendmachung der Unzulässigkeit der Aufrechnung

523 *Der klagende Insolvenzverwalter verlangte von der verklagten Krankenkasse nach § 89 SGB XI Bezahlung von Leistungen, welche die Schuldnerin an Mitglieder der Beklagten erbracht hatte. Die Beklagte hatte nach der Stellung des Insolvenzantrages das offenstehende Honorar mit Beitragsrückständen aus der gesetzlichen Sozialversicherung gem. §§ 51, 52 SGB I verrechnet. Der Kläger hielt die Verrechnung nach den §§ 96 Abs. 1 Nr. 3, 130, 131 InsO für unwirksam und erhob Klage vor dem LG.*

Das LG hielt den Rechtsweg zu den ordentlichen Gerichten nicht für gegeben und verwies den Rechtsstreit an das Sozialgericht. Die hiergegen gerichtete sofortige Beschwerde und die anschließende Rechtsbeschwerde des Klägers blieben ohne Erfolg.

524 Der BGH weist darauf hin, dass bei Streitigkeiten über die Vergütung der ambulanten Pflegeleistungen und der hauswirtschaftlichen Versorgung die Rechtswegzuweisung nach § 51 Abs. 1 Nr. 2, Abs. 2 Satz 1 SGG, bei privater Pflegeversicherung i.V.m. Abs. 2 Satz 3 SGG, eingreift. Danach seien die Gerichte der Sozialgerichtsbarkeit für die Entscheidung über öffentlich-rechtliche wie privatrechtliche Streitigkeiten in Angelegenheiten der Pflegeversicherung zuständig. Wegen dieser ausdrücklichen Rechtswegzuweisung sei über die Klageforderung im Rechtsweg vor den Sozialgerichten zu entscheiden.

525 Nach § 17 Abs. 2 Satz 1 GVG entscheide das Gericht des zulässigen Rechtsweges den Rechtsstreit unter allen in Betracht kommenden rechtlichen Gesichtspunkten. Ob diese Sachkompetenz sich auch auf eine zur Aufrechnung gestellte Gegenforderung erstrecke, die bei selbstständiger Geltendmachung in einen anderen Rechtsweg gehört hätte, sei streitig.[449] Dieser Meinungsstreit sei jedoch schon deshalb nicht entscheidungserheblich, weil die Gegenforderung nicht rechtswegfremd sei.

---

448 BGH, 02.06.2005 – IX ZB 235/04, ZInsO 2005, 707.
449 Vgl. OVG Niedersachsen, NVwZ 2004, 1513, 1515; Kissel/Mayer, GVG, § 17 Rn. 52; Zöller/Gummer, ZPO, § 17 GVG Rn. 10.

Der rechtliche Kern des Streits liege weder bei Grund oder Höhe der Haupt-   526
forderung noch bei der Gegenforderung, sondern konzentriere sich auf die
insolvenzrechtliche Frage, ob die Beklagte die Möglichkeit der Verrechnung durch eine anfechtbare Rechtshandlung erlangt habe (§§ 96 Abs. 1
Nr. 3, 130, 131 InsO). Auch dies führe jedoch nicht zur Zuständigkeit der
Zivilgerichte. Zwar gehöre der insolvenzrechtliche Anfechtungsanspruch als
bürgerliche Rechtsstreitigkeit vor die ordentlichen Gerichte.[450] Ein insolvenz-
rechtlicher Anfechtungsanspruch sei im Streitfall jedoch nicht Verfahrensgegenstand. Sei die Aufrechnung nach § 96 Abs. 1 Nr. 3 InsO unzulässig, bedürfe es keiner Geltendmachung der Insolvenzanfechtung. Sei die Aufrechnung
schon vor der Eröffnung des Insolvenzverfahrens erklärt worden, werde diese
Erklärung mit der Eröffnung rückwirkend unwirksam; eine Aufrechnungserklärung oder Verrechnung nach der Verfahrenseröffnung habe von vornherein
keine Wirkung.[451] Es bedürfe daher keiner Geltendmachung oder Durchsetzung der Anfechtung durch Klage auf Rückgewähr nach § 143 Abs. 1 InsO.
Bestreite der Insolvenzgläubiger das Vorliegen der Voraussetzungen für ein
Aufrechnungsverbot, müsse der Insolvenzverwalter unmittelbar auf Zahlung
der Hauptforderung klagen.

---

450   BGH, 07.05.1991 – IX ZR 30/90, BGHZ 114, 315, 320 = ZIP 1991, 737; a.A. allerdings
      nunmehr BAG, ZIP 2008, 667 zur Anfechtung einer Lohnzahlung; krit. dazu Humberg,
      ZInsO 2008, 487.

451   Vgl. BT-Drucks. 12/ 2443, S. 141 sowie BGH, 29.06.2004 – IX ZR 195/03, BGHZ
      159, 388 = ZInsO 2004, 852.

Beispielsfall 101: „Verzinsungsfall"[452]

§ 143 InsO – Beginn der Verzinsungspflicht bei anfechtbarem Erwerb von Geld

527   *Das Konto der Schuldnerin wies am 28.01.2000 einen Sollsaldo i.H.v. ca. 9.928.000 DM auf. Bis zum Kontoschluss am 16.02.2000 erfolgten Gutschriften i.h.v. ca. 9.936.000 DM. Am 01.06.2000 wurde das Insolvenzverfahren über das Vermögen der Schuldnerin eröffnet. Mit Schreiben vom 08.08.2001 forderte der klagende Insolvenzverwalter die Beklagte auf, den zuletzt genannten Betrag als inkongruente Deckung gem. § 131 Abs. 1 Nr. 1 InsO abzuführen. Die Beklagte zahlte daraufhin am 03.04.2002 den geltend gemachten Betrag zurück. Der Kläger forderte die Beklagte daraufhin mit Schreiben v. 18.04.2002 auf, über die in der Zeit vom 17.02.2000 bis zum 03.04.2002 gezogenen Nutzungen Rechnung zu legen und den sich hieraus ergebenden Betrag zu zahlen. Die Beklagte teilte am 02.09.2002 mit, sie habe für den genannten Zeitraum Tageszinsen i.h.v. durchschnittlich 4,125 % erwirtschaftet, was einen Betrag von 445.931,50 € ergebe. Diesen Betrag schrieb sie dem Konto des Klägers per 04.11.2002 gut.*

Der Kläger machte geltend, die Beklagte schulde für den genannten Zeitraum Ersatz für gezogene Nutzungen i.H.v. 5 % über dem Basiszinssatz. Zumindest sei davon auszugehen, dass sie die Ziehung von Nutzungen in dieser Höhe schuldhaft unterlassen habe. Sie schulde daher noch 492.644,86 € nebst Verzugszinsen.

Das Berufungsgericht sah die Klage i.H.v. 428.483,06 € als begründet an. Mit der zugelassenen Revision begehrte die Beklagte die Wiederherstellung des klageabweisenden landgerichtlichen Urteils. Der Kläger verlangte im Wege der Anschlussrevision auch Zinsen für den Zeitraum vom 17.02.2000 bis zur Eröffnung des Insolvenzverfahrens. Die Revision der Beklagten wurde zurückgewiesen. Die Anschlussrevision des Klägers hatte teilweise Erfolg und führte zur Zurückverweisung.

528   Der BGH billigt die Auffassung des Berufungsgerichts, wonach der Kläger auf den Rückgewährbetrag Zinsen i.H.v. 5 % über dem Basiszinssatz ab Er-

---

452   BGH, 01.02.2007 – IX ZR 96/04, BGHZ 171, 38 = ZInsO 2007, 261.

öffnung des Insolvenzverfahrens verlangen könne. § 143 Abs. 1 Satz 2 InsO enthalte eine Rechtsfolgenverweisung auf § 819 Abs. 1 BGB.

Für den Zeitraum vor der Insolvenzeröffnung stünden dem Kläger keine Prozesszinsen zu. Der Rückgewähranspruch werde erst mit der Eröffnung des Insolvenzverfahrens fällig. Das Anfechtungsrecht setze tatbestandsmäßig die Eröffnung des Insolvenzverfahrens voraus. Der entsprechende Anspruch könne nur vom Insolvenzverwalter geltend gemacht werden, weshalb das Anfechtungsrecht erst mit der Eröffnung des Insolvenzverfahrens entstehe. Zugleich werde damit der Rückgewähranspruch fällig, weil nach neuerem Verständnis die Insolvenzanfechtung keiner gesonderten Erklärung bedürfe.[453] An der im Urt. v. 23.03.2006[454] ohne nähere Begründung vertretenen Auffassung, wonach der Zinsanspruch mit der Vornahme der Rechtshandlung entstehe, halte der Senat daher nicht fest. 529

Gezogene oder schuldhaft nicht gezogene Zinsen seien jedoch als Nutzungen bzw. unterlassene Nutzungen ab dem Zeitpunkt der Vornahme der anfechtbaren Rechtshandlung herauszugeben. Die Anknüpfung des Anfechtungsrechts an die Erfüllung der tatbestandlichen Voraussetzungen der jeweiligen Anfechtungsnorm führe dazu, dass Nutzungen nach den §§ 143 Abs. 1 Satz 2 InsO, 819 Abs. 1, 818 Abs. 4, 987 BGB vom Zeitpunkt der Vornahme der anfechtbaren Rechtshandlung an zurückzugewähren seien. 530

---

453   Vgl. BGH, 20.03.1997 – IX ZR 71/96, BGHZ 135, 140, 151 = ZIP 1997, 737.
454   BGH, 23.03.2006 – IX ZR 116/03, BGHZ 167, 11 = ZInsO 2006, 553.

Beispielsfall 102: „Sicherheitenfall"[455]

§§ 143, 144 InsO – Wiederaufleben von Sicherheiten nach Anfechtung der Tilgung der gesicherten Forderung

531 *Als Sicherheit für ein der X-GmbH von der Klägerin gewährtes Darlehen hatte ein Dritter seine Ansprüche aus einer Lebensversicherung bei der Beklagten abgetreten. Nachdem der Darlehensrückzahlungsanspruch der Klägerin zunächst erfüllt worden war, trat die Klägerin die Ansprüche aus der Lebensversicherung wieder an den Dritten ab. In der Folgezeit focht der Insolvenzverwalter über das Vermögen der X-GmbH die zur Darlehenstilgung führenden Leistungen an, sodass diese zurückgewährt werden mussten. Die Klägerin vertrat die Auffassung, damit stünden ihr auch wieder die Rechte aus der Lebensversicherung zu, und begehrte mit ihrer Klage Auskunft über die Höhe des Rückkaufswertes.*

Das LG und das OLG gaben der Klage statt. Die nur vorübergehende Erfüllung führe nicht zu einem endgültigen Wegfall des Sicherungsrechts der Klägerin. Nach einhelliger Auffassung in Rechtsprechung und Schrifttum erfasse § 144 InsO die unanfechtbar begründeten akzessorischen und nichtakzessorischen Sicherheiten, soweit diese vom Schuldner selbst gestellt worden seien. Rührten die Sicherheiten von einem Dritten her, sei ihr Wiederaufleben nach § 144 InsO zumindest für die akzessorischen Sicherheiten (insbes. für die Bürgschaft) ebenfalls allgemein anerkannt. Aber auch hinsichtlich der nichtakzessorischen Sicherungsrechte sei der im Schrifttum überwiegend vertretenen Auffassung[456] zu folgen, wonach auch diese wieder auflebten.

532 Im Schrifttum wird hiergegen zu Recht eingewandt,[457] es müsse nach den Arten der Sicherungsrechte differenziert werden. Sicherungsrechte, zu deren Begründung es keines Realaktes bedarf, entstünden neu, sobald der Sicherungsnehmer den durch die Anfechtung der Tilgung der Hauptforderung ausgelösten Rückgewähranspruch erfüllt habe. Dies gelte insbes. für Bürgschaften. Habe der Gläubiger allerdings mit dem Bürgen einen Erlassvertrag geschlossen, dürfte die Bürgschaft durch die Anfechtung nicht wieder aufleben.

---

455 OLG Frankfurt am Main, 25.11.2003 – 9 U 127/02, ZInsO 2004, 211.
456 Vgl. Jaeger/Henckel, KO, § 39 Rn. 13; MünchKomm-InsO/Kirchhof, § 144 Rn. 10.
457 Ganter, WM 2006, 1081, 1085.

Sei der zur Begründung des Sicherungsrechts erforderliche Realakt (bspw.   533
bei einer Verpfändung) bereits rückgängig gemacht worden, müsse der Sicherungsgeber das Sicherungsrecht neu begründen. Dies gelte grds. auch im
Bereich der Immobiliarsicherheiten. Sei daher eine Hypothek bereits gelöscht
oder als Eigentümergrundschuld umgeschrieben worden, könne der Sicherungsnehmer nur die Wiedereintragung der Hypothek oder die Bewilligung
der Umschreibung der Eigentümergrundschuld als Hypothek verlangen. Die
Erkenntnis, dass in diesen Fällen die Sicherheit neu bestellt werden müsse,
habe zur Konsequenz, dass im Fall einer zwischenzeitlichen Pfändung diese
Belastung dem neu zu begründenden Sicherungsrecht vorgehe.

Beispielsfall 103: „Verjährungsfall"[458]

§§ 96 Abs. 1 Nr. 3, 146 InsO – Anfechtbarkeit der Herstellung einer Aufrechnungslage; Verjährung der Hauptforderung im Fall der Anfechtung

534 *Die Schuldnerin erbrachte für die Beklagte Transportleistungen. Am 13.09.2001 überwies die Beklagte der Schuldnerin die am 15.09.2001 fällige Transportvergütung i.h.v. ca. 132.000 € versehentlich doppelt. Der Geschäftsführer der Schuldnerin beantragte am 20.09.2001 die Eröffnung des Insolvenzverfahrens. Am 24.09.2001 nahm die Schuldnerin die vorübergehend eingestellten Transporte für die Beklagte wieder auf. Am nächsten Tag wurde der Kläger zum vorläufigen Insolvenzverwalter bestellt.*

Am 21.11.2001 erstellte die Beklagte die Abrechnung für die Transportleistungen der Schuldnerin vom 16.07. bis zum 16.10.2001 i.h.v. ca. 167.000 €. Hiervon zog die Beklagte den irrtümlich doppelt überwiesenen Betrag ab und zahlte nur den Unterschiedsbetrag i.h.v. 35.000 € an die Schuldnerin aus. Mit Beschl. v. 12.02.2002 wurde das Insolvenzverfahren eröffnet und der Kläger zum Insolvenzverwalter bestellt.

Der Kläger hielt die Verrechnung der Beklagten für unwirksam und focht die Aufrechnungserklärung hilfsweise an. Er verlangte mit seiner Klage die Zahlung der restlichen Vergütung i.h.v. 132.000 €. Die Beklagte erhob die Einrede der Verjährung.

Das LG wies die Klage ab. Die Berufung des Klägers blieb ohne Erfolg. Das Berufungsgericht ging davon aus, dass die Forderung der Insolvenzschuldnerin der einjährigen Verjährung nach § 439 HGB unterlegen habe, und nahm Verjährung an, da die Klage erst am 12.01.2004 erhoben wurde. Die Revision des Klägers führte zur Aufhebung und Zurückverweisung.

535 Der BGH ist der Rechtsauffassung des Berufungsgerichts nicht gefolgt. Er stellt zunächst klar, dass § 96 Abs. 1 Nr. 3 InsO auch die von einem künftigen Insolvenzgläubiger abgegebene Aufrechnungserklärung erfasse. Lägen die Anfechtungsvoraussetzungen vor, werde die Aufrechnungserklärung mit der Eröffnung des Insolvenzverfahrens insolvenzrechtlich unwirksam.

---

458 BGH, 28.09.2006 – IX ZR 136/05, BGHZ 169, 158 = ZInsO 2006, 1215.

Die Hauptforderung sei für die Dauer und die Zwecke des Insolvenzverfahrens   536
nicht als gem. § 439 Abs. 1 Satz 1 HGB verjährt anzusehen. Die Anwendung
des § 96 Abs. 1 Nr. 3 InsO habe zur Folge, dass sich der Insolvenzverwalter
unmittelbar auf die insolvenzrechtliche Unwirksamkeit der Aufrechnung berufen könne. Er müsse nicht mehr die Anfechtung erklären, sondern könne
die Forderung, gegen die anfechtbar aufgerechnet worden sei, für die Insolvenzmasse einklagen und den Aufrechnungseinwand mit der Gegeneinrede
der Anfechtbarkeit abwehren.

Da § 96 Abs. 1 Nr. 3 InsO eine anfechtbar herbeigeführte Aufrechnung für   537
insolvenzrechtlich unwirksam erkläre, bestehe die Forderung, die andernfalls
durch Aufrechnung erloschen wäre, für die Dauer und die Zwecke des Insolvenzverfahrens fort. Was dies in Bezug auf die Verjährung der Hauptforderung bedeute, sei umstritten. Im Schrifttum werde teilweise angenommen, die
Hauptforderung verjähre innerhalb der für sie im Allgemeinen maßgeblichen
Frist.[459] Nach anderer Auffassung wirke die Anfechtbarkeit der Aufrechnung
i.S.e. Novation. Der Insolvenzverwalter klage nicht die ursprüngliche Hauptforderung ein, sondern erhebe einen ausschließlich anfechtungsrechtlich begründeten Anspruch.[460] Eine dritte Meinung wende zugunsten des Insolvenzverwalters § 146 Abs. 1 InsO entsprechend an und unterstelle die Verjährung
der anfechtungsrechtlichen Ausübungsfrist.[461]

Der BGH schließt sich der zuletzt genannten Auffassung an und begründet   538
dies v.a. damit, dass der Insolvenzverwalter im Fall des Fortbestandes der für
die Hauptforderung allgemein geltenden Verjährungsregeln nicht selten vor
kaum zu überwindenden Schwierigkeiten stünde. Andererseits sei es nicht
hinnehmbar, dass die Rechtsfolgen des § 96 Abs. 1 Nr. 3 InsO zeitlich unbeschränkt geltend gemacht werden könnten. Da die Unwirksamkeit der Aufrechnung kraft Gesetzes eintrete und es einer Anfechtung nicht bedürfe, gelte
§ 146 Abs. 1 InsO zwar nicht unmittelbar; es sei jedoch gerechtfertigt, diese
Bestimmung entsprechend anzuwenden.

---

459   Vgl. MünchKomm-InsO/Kirchhof, § 143 Rn. 52; Jacobs in: Hamburger Kommentar zum
       Insolvenzrecht, § 96 Rn. 25.
460   Ries, ZInsO 2005, 848, 849, 851.
461   Kreft, WuB VI A. § 96 InsO 3.05.

Beispielsfall 104: „Zurückbehaltungsfall"[462]

§§ 143, 144 Abs. 2 InsO, § 273 BGB – Kein Zurückbehaltungsrecht gegenüber anfechtungsrechtlichem Rückgewähranspruch wegen Auskunftsanspruch über den Verbleib aus- oder absonderungsfähiger Gegenstände

539 *Der klagende Insolvenzverwalter nahm die verklagte Lieferantin auf Rückzahlung von ca. 360.000 DM unter dem Gesichtpunkt der Insolvenzanfechtung in Anspruch. Die Beklagte machte (u.a.) geltend, sie könne einem etwaigen anfechtungsrechtlichen Rückgewähranspruch des Klägers einen – ihre Aus- und/oder Ersatzabsonderungsansprüche vorbereitenden – Auskunftsanspruch im Wege des Zurückbehaltungsrechts entgegensetzen, da der Rückgewähranspruch und die sich aus dem verlängerten Eigentumsvorbehalt ergebenden Aus- oder Absonderungsrechte auf demselben rechtlichen Verhältnis i.S.d. § 273 BGB beruhten.*

540 Der BGH ist dieser Auffassung nicht gefolgt. Es treffe allerdings zu, dass einem Anspruch der Masse ein Gegenanspruch gegen diese grds. mit den allgemeinen zivilrechtlichen Mitteln entgegengesetzt werden könne. Deshalb könne etwa der Anfechtungsgegner wegen eines sich aus § 38 KO (vgl. jetzt: § 144 Abs. 2 InsO) ergebenden Anspruchs auf Erstattung der Gegenleistung ein Zurückbehaltungsrecht ausüben.

541 Der insolvenzrechtliche Rückgewähranspruch habe seine Grundlage aber in einem gesetzlichen Tatbestand, der das Ergebnis einer Abwägung der Interessen des Anfechtungsgegners mit denen der Gesamtheit der Insolvenzgläubiger darstelle und deshalb von den Rechtsbeziehungen zwischen dem Gemeinschuldner und dem Anfechtungsgegner losgelöst sei. Er könne deshalb nicht ohne Weiteres mit gegen die Masse gerichteten Ansprüchen verknüpft werden, die nicht – wie eine nach § 38 KO zu erstattende Gegenleistung – mit dem anfechtungsrechtlichen Rückgewähranspruch in einem besonders engen Zusammenhang stünden. Für Aus- oder Absonderungsrechte wegen anderer Leistungen des Anfechtungsgegners als derjenigen, deren Absicherung der anfechtbar erlangte Gegenstand habe dienen sollen, könne ein solch enger, ein Zurückbehaltungsrecht begründender Zusammenhang nicht bejaht werden.

---

462   BGH, 11.05.2000 – IX ZR 262/98, ZInsO 2000, 410.

Beispielsfall 105: „Umsatzsteuerfall"[463]

§ 143 Abs. 1 InsO – Erstreckung des Anfechtungsanspruchs auf den in der angefochtenen Leistung enthaltenen und bereits abgeführten Umsatzsteueranteil?

Der Beklagte veräußerte als Insolvenzverwalter einer Tochtergesellschaft einen Turmdrehkran, der nicht dieser, sondern der Muttergesellschaft gehörte. Den Erlös i.H.v. 25.250 € brutto zog er zur Masse; die im Kaufpreis enthaltene USt i.H.v. 3.520 € führte er an das zuständige FA ab. Der klagende Insolvenzverwalter über das Vermögen der Muttergesellschaft verlangte vom Beklagten unter dem Gesichtspunkt der Ersatzaussonderung nach § 48 InsO die Zahlung von 25.250 €. Im Verlauf des Rechtsstreits zahlte der Beklagte an den Kläger 22.000 €. Streitig blieb, ob der Beklagte auch den auf die USt entfallenden Teil des Kaufpreises i.H.v. 3.520 € an den Kläger herauszugeben hatte. Die Vorinstanzen verurteilten den Beklagten auch insoweit antragsgemäß. Die hiergegen gerichtete Revision des Klägers hatte Erfolg.

542

Nach Ansicht des Berufungsgerichts erstreckte sich die Ersatzaussonderung auch auf die USt. Dies folge auch aus § 48 Satz 1 InsO. Nach dieser Bestimmung könne der Gläubiger die Abtretung des gesamten, auf den Bruttobetrag gerichteten Anspruchs verlangen, wenn der Anspruch auf die Gegenleistung noch offen sei.

543

Der BGH ist dieser Auffassung nicht gefolgt. Veräußere der Insolvenzverwalter unberechtigt einen Gegenstand, dessen Aussonderung hätte verlangt werden können, könne der Aussonderungsberechtigte die Abtretung des Rechts auf die Gegenleistung verlangen, soweit diese noch ausstehe (§ 48 Satz 1 InsO). Er könne die Gegenleistung aus der Insolvenzmasse verlangen, soweit sie in der Masse unterscheidbar vorhanden sei (§ 48 Satz 2 InsO). In dem zu entscheidenden Fall komme nur ein Anspruch aus § 48 Satz 2 InsO in Betracht, da der Beklagte den Kaufpreis bereits für die Masse vereinnahmt habe. Die dem Käufer in Rechnung gestellte und von diesem gezahlte USt könne der Kläger jedoch deshalb nicht mehr herausverlangen, weil sich dieser Teil des Kaufpreises nach der Weiterleitung an das Finanzamt nicht mehr, wie von § 48 Satz 2 InsO verlangt, in der Masse befinde.

544

463 BGH, 08.05.2008 – IX ZR 229/06, ZInsO 2008, 619.

545   Sogar dann, wenn ein Betrag i.H.d. Bruttokaufpreises noch auf dem Konto vorhanden sein sollte, wäre der auf die USt entfallende Anteil des Gesamtkaufpreises nicht mehr Teil der Masse. Zivilrechtlich gesehen sei die in einer Rechnung ausgewiesene USt (§ 14 Abs. 4 Satz 1 Nr. 8 UStG) zwar untrennbarer Bestandteil der vereinbarten und geschuldeten Leistung.[464] Sie sei jedoch von vornherein zur Weiterleitung an das Finanzamt bestimmt, auch weil der Käufer sie beim Vorliegen der Voraussetzungen gem. §§ 15, 16 Abs. 2 UStG im Wege des Vorsteuerabzugs geltend machen werde. Steuerschuldner (§ 13a Nr. 1 UStG) sei die Tochtergesellschaft gewesen, deren Unternehmereigenschaft durch die Insolvenzeröffnung unberührt geblieben sei.

546   Der Aussonderungsberechtigte werde durch die Ersatzaussonderung der zur Masse gelangten und dort noch vorhandenen Gegenleistung weder Unternehmer in Bezug auf den vorangegangenen steuerbaren Umsatz (§ 2 UStG) noch Steuerschuldner (§ 13a Abs. 1 Nr. 2 UStG). Die Abführung der USt an das Finanzamt sei ebenso wie die Buchung des Kaufpreises auf dem Verwalterkonto als solche erkennbar und bestimmbar und führe dazu, dass der auf die USt entfallende Teil der Gegenleistung sich nicht mehr unterscheidbar in der Masse befinde. Nach § 48 Satz 2 InsO könne die Gegenleistung nur noch insoweit herausverlangt werden, als sie noch unterscheidbar in der Masse vorhanden sei. Das sei dann, wenn USt angefallen und an das FA abgeführt worden sei, nicht der Fall.

547   Ein Anspruch aus den §§ 816 Abs. 1 Satz 1 BGB, 55 Abs. 1 Nr. 3 InsO stehe dem Kläger gleichfalls nicht zu. In Höhe der an das Finanzamt abgeführten USt könne sich der Beklagte auf einen Wegfall der Bereicherung berufen (§ 818 Abs. 3 BGB).

548
> Es stellt sich die Frage, ob aufgrund dieser Erwägungen davon auszugehen ist, dass sich auch der Anfechtungsanspruch gem. § 143 Abs. 1 InsO nicht auf die in der angefochtenen Leistung enthaltene und bereits abgeführte USt erstreckt. Der BGH hat allerdings durch Urt. v. 15.12.1994[465] entschieden, dass der anfechtungsrechtliche Rückgewähranspruch auch dann den in der gewährten Leistung enthaltenen Umsatzsteueranteil umfasse, wenn das Finanzamt dem Gemeinschuldner die Vorsteuer erstattet habe.

---

464   BGH, 17.03.1988 – III ZR 101/87, NJW-RR 1988, 1012, 1013.
465   BGH, 15.12.1994 – IX ZR 18/94, NJW 1995, 1093.

Entscheidungsregister

* Besprochene Entscheidungen sind fett, zitierte Entscheidungen sind mager hinterlegt (Randnummer).

Datum	Gericht	Akten-zeichen	amtl. FS	DZWIR	NZI	ZInsO	ZIP	Sonstige	Rand-nummer*
05.06.2008	BGH	IX ZR 17/07				ZInsO 2008, 738	ZIP 2008, 1291		**458**
08.05.2008	BGH	IX ZR 229/06				ZInsO 2008, 619	ZIP 2008, 1127	DB 2008, 1318	542
17.04.2008	BGH	IX ZR 77/07						LNR 2008, 13818	406
27.03.2008	BGH	IX ZR 210/07			NZI 2008, 293	ZInsO 2008, 449	ZIP 2008, 747	WM 2008, 842	17, 195
27.03.2008	BGH	IX ZR 98/07			NZI 2008, 366		ZIP 2008, 930	WM 2008, 840	263
13.03.2008	BGH	IX ZR 14/07			NZI 2008, 371	ZInsO 2008, 452	ZIP 2008, 885	WM 2008, 803	73
13.03.2008	BGH	IX ZB 39/05		DZWIR 2008, 298		ZInsO 2008, 558	ZIP 2008, 1028	WM 2008, 1034	166

			BGHZ	DZWIR	NZI	ZInsO	ZIP		
28.02.2008	BGH	IX ZR 213/06		DZWIR 2008, 256	NZI 2008, 297	ZInsO 2008, 374	ZIP 2008, 701	WM 2008, 704	182
27.02.2008	BAG	5 AZB 43/07		DZWIR 2008, 241		ZInsO 2008, 391	ZIP 2008, 667	EWiR 2008, 259	526
21.02.2008	BGH	IX ZR 255/06		DZWIR 2008, 295	NZI 2008, 304	ZInsO 2008, 317	ZIP 2008, 703	WM 2008, 602	286, 287
14.02.2008	BGH	IX ZR 38/04		DZWIR 2008, 289	NZI 2008, 299	ZInsO 2008, 378	ZIP 2008, 706	WM 2008, 698	**259**
22.01.2008	LG Hamburg	303 O 359/07			NZI 2008, 249	ZInsO 2008, 277	ZIP 2008, 656	EWiR 2008, 113	195
20.12.2007	BGH	IX ZR 132/06		DZWIR 2008, 213	NZI 2008, 235	ZInsO 2008, 206	ZIP 2008, 469	WM 2008, 367	198
20.12.2007	BGH	IX ZR 93/06		DZWIR 2008, 211	NZI 2008, 231	ZInsO 2008, 273	ZIP 2008, 420	WM 2008, 452	377
06.12.2007	BGH	IX ZR 113/06		DZWIR 2008, 127	NZI 2008, 173	ZInsO 2008, 101	ZIP 2008, 232	DB 2008, 176	**507**
05.12.2007	BGH	XII ZR 183/05	BGHZ 174, 297			ZInsO 2008, 35	ZIP 2008, 177	WM 2008, 162	471
29.11.2007	BGH	IX ZR 30/07		DZWIR 2008, 193	NZI 2008, 89	ZInsO 2008, 91	ZIP 2008, 183	NJW 2008, 430	1, **30**, 41, 286
29.11.2007	BGH	IX ZR 165/05		DZWIR 2008, 191	NZI 2008, 236	ZInsO 2008, 209	ZIP 2008, 372	WM 2008, 363	**40**

Datum	Gericht	Az.	BGHZ	DZWIR	NZI	ZInsO	ZIP	WM	
29.11.2007	BGH	IX ZR 121/06	BGHZ 174, 314	DZWIR 2008, 161	NZI 2008, 167		ZIP 2008, 190	WM 2008, 223	114
27.11.2007	OLG Oldenburg	9 U 43/07				ZInsO 2008, 460		DB 2007, 2643	451
16.11.2007	BGH	IX ZR 194/04	BGHZ 174, 228	DZWIR 2008, 161	NZI 2008, 163	ZInsO 2008, 106	ZIP 2008, 125	WM 2008, 173	422
15.11.2007	BGH	IX ZR 212/06		DZWIR 2008, 153	NZI 2008, 184	ZInsO 2008, 159	ZIP 2008, 235	WM 2008, 169	499
25.10.2007	BGH	IX ZR 217/06	BGHZ 174, 84		NZI 2008, 27	ZInsO 2007, 1216	ZIP 2007, 2273		88, 89
25.10.2007	BGH	IX ZR 157/06		DZWIR 2008, 122	NZI 2008, 180	ZInsO 2008, 161	ZIP 2008, 131	WM 2008, 168	183
11.10.2007	BGH	IX ZR 195/04		DZWIR 2008, 116	NZI 2008, 175	ZInsO 2008, 163	ZIP 2008, 237	WM 2008, 222	501
19.07.2007	BGH	IX ZB 36/07	BGHZ 173, 286	DZWIR 2007, 522	NZI 2007, 579	ZInsO 2007, 939	ZIP 2007, 1666	WM 2007, 1796	261
12.07.2007	BGH	IX ZR 235/03		DZWIR 2008, 72	NZI 2007, 718	ZInsO 2007, 1107	ZIP 2007, 2084	WM 2007, 2071	172

Datum	Gericht	Aktenzeichen	DZWIR	NZI	ZInsO	ZIP	WM/NJW	Nr.
05.07.2007	BGH	IX ZR 160/06	DZWIR 2007, 473	NZI 2007, 515		ZIP 2007, 1507	WM 2007, 1669	3
14.06.2007	BGH	IX ZR 56/06	DZWIR 2007, 473	NZI 2007, 515		ZIP 2007, 1507	NJW 2007, 2640	59
24.05.2007	BGH	IX ZR 105/05	DZWIR 2007, 467	NZI 2007, 452	ZInsO 2007, 658	ZIP 2007, 1274	WM 2007, 1221	199
24.05.2007	BGH	IX ZR 97/06	DZWIR 2007, 471	NZI 2007, 512	ZInsO 2007, 819	ZIP 2007, 1511	WM 2007, 1579	361
10.05.2007	BGH	IX ZR 146/05	DZWIR 2007, 466	NZI 2007, 456	ZInsO 2007, 662	ZIP 2007, 1162	WM 2007, 1181	336
03.05.2007	BGH	IX ZR 16/06	DZWIR 2007, 463	NZI 2007, 457	ZInsO 2007, 778	ZIP 2007, 1326	WM 2007, 1377	233
19.04.2007	BGH	IX ZR 199/03	DZWIR 2007, 421	NZI 2007, 404	ZInsO 2007, 596	ZIP 2007, 1164	WM 2007, 1133	223

Datum	Gericht	Aktenzeichen	BGHZ	DZWIR	NZI	ZInsO	ZIP	WM/EWiR/VersR	
19.04.2007	BGH	IX ZR 79/05		DZWIR 2007, 423	NZI 2007, 403	ZInsO 2007, 598	ZIP 2007, 1118	WM 2007, 1135	**433**
19.04.2007	BGH	IX ZR 59/06		DZWIR 2007, 425	NZI 2007, 462	ZInsO 2007, 600	ZIP 2007, 1120	WM 2007, 1218	**1**
29.03.2007	OLG Dresden	13 U 1132/06			NZI 2007, 661	ZInsO 2007, 497	ZIP 2007, 1278	WM 2007, 1887	**401**
28.03.2007	OLG München	20 U 4101/06						EWiR 2007, 407	**406**
08.03.2007	BGH	IX ZR 127/05		DZWIR 2007, 381	NZI 2007, 337		ZIP 2007, 924	WM 2007, 897	**331**
01.02.2007	BGH	IX ZR 96/04	BGHZ 171, 38	DZWIR 2007, 517	NZI 2007, 230	ZInsO 2007, 261	ZIP 2007, 488	WM 2007, 556	**527**
18.01.2007	OLG Karlsruhe	12 U 185/06			NZI 2008, 188		ZIP 2007, 286	VersR 2007, 1111	**484**
17.01.2007	LG Würzburg	43 S 541/06							**458**

273

			BGHZ	DZWIR	NZI	ZInsO	ZIP	WM	
11.01.2007	BGH	IX ZR 31/05	BGHZ 170, 276	DZWIR 2007, 248	NZI 2007, 225	ZInsO 2007, 269	ZIP 2007, 435	WM 2007, 508	**177**, 185
14.12.2006	BGH	IX ZR 102/03	BGHZ 170, 196	DZWIR 2007, 240	NZI 2007, 158	ZInsO 2007, 91	ZIP 2007, 191	WM 2007, 370	**66, 74**
14.12.2006	BGH	IX ZR 194/05	BGHZ 170, 206	DZWIR 2008, 65	NZI 2007, 222	ZInsO 2007, 213	ZIP 2007, 383	WM 2007, 409	**142**
07.12.2006	BGH	IX ZR 157/05		DZWIR 2007, 167	NZI 2007, 161	ZInsO 2007, 99	ZIP 2007, 136	WM 2007, 227	7, 301
12.10.2006	BGH	IX ZR 228/03		DZWIR 2007, 116	NZI 2007, 36	ZInsO 2006, 1210	ZIP 2006, 2222	WM 2006, 2312	**250**, 380, 413
28.09.2006	BGH	IX ZR 136/05	BGHZ 169, 158	DZWIR 2007, 81	NZI 2007, 31	ZInsO 2006, 1215	ZIP 2006, 2178	WM 2006, 2267	**534**
21.09.2006	BGH	IX ZR 173/02			NZI 2006, 697		ZIP 2006, 2046	WM 2006, 2092	**88**
20.07.2006	BGH	IX ZR 44/05		DZWIR 2007, 79	NZI 2006, 581		ZIP 2006, 1591	WM 2006, 1637	**325**

Datum	Gericht	Az.	BGHZ	DZWIR	NZI	ZInsO	ZIP	WM u.a.	Seite
22.06.2006	OLG München	6 U 5448/05				ZInsO 2007, 219		OLGR München 2007, 241	411
13.06.2006	BGH	IX ZB 238/05		DZWIR 2006, 431	NZI 2006, 591	ZInsO 2006, 827	ZIP 2006, 1457	WM 2006, 1631	387
02.06.2006	OLG Schleswig-Holstein	4 U 120/05						VuR kompakt 2007, 71	134
01.06.2006	BGH	IX ZR 159/04		DZWIR 2006, 389	NZI 2006, 524	ZInsO 2006, 771	ZIP 2006, 1362	WM 2006, 1396	437
11.05.2006	BGH	IX ZR 247/03	BGHZ 167, 363	DZWIR 2006, 468	NZI 2006, 457	ZInsO 2006, 708	ZIP 2006, 1254	WM 2006, 1343	129
13.04.2006	BGH	IX ZR 158/05	BGHZ 167, 190	DZWIR 2006, 502	NZI 2006, 469	ZInsO 2006, 712	ZIP 2006, 1261	WM 2006, 1159	313, 378, 474, 501, 510
30.03.2006	BGH	IX ZR 84/05					ZIP 2008, 331	NJW 2008, 595	416

23.03.2006	BGH	IX ZR 116/03	BGHZ 167, 11	DZWIR 2006, 466	NZI 2006, 397	ZInsO 2006, 553	ZIP 2006, 916	WM 2006, 921	529
09.03.2006	BGH	IX ZR 55/04		DZWIR 2006, 302	NZI 2006, 350	ZInsO 2006, 429	ZIP 2006, 859	WM 2006, 918	3
02.02.2006	BGH	IX ZR 67/02	BGHZ 166, 125	DZWIR 2006, 419	NZI 2006, 287	ZInsO 2006, 322	ZIP 2006, 578	WM 2006, 621	470
19.01.2006	BGH	IX ZR 154/03		DZWIR 2006, 373	NZI 2006, 700	ZInsO 2006, 493	ZIP 2006, 959	WM 2006, 915	202, 211
22.12.2005	BGH	IX ZR 190/02	BGHZ 165, 343	DZWIR 2006, 206	NZI 2006, 155	ZInsO 2006, 140	ZIP 2006, 243	WM 2006, 908	161
15.12.2005	BGH	IX ZR 156/04	BGHZ 165, 283	DZWIR 2006, 336	NZI 2006, 227	ZInsO 2006, 208	ZIP 2006, 431	WM 2006, 537	152
08.12.2005	BGH	IX ZR 182/01		DZWIR 2006, 198	NZI 2006, 159	ZInsO 2006, 94	ZIP 2006, 290	NJW 2006, 1348	122, 307, 407, 431
20.10.2005	BGH	IX ZR 276/02				ZInsO 2006, 151	ZIP 2006, 387	WM 2006, 490	228
11.08.2005	BFH	VII B 244/04		DZWIR 2006, 73	NZI 2006, 53	ZInsO 2005, 1105	ZIP 2005, 1797	GmbHR 2005, 1514	489

Datum	Gericht	Az.	BGHZ	DZWIR	NZI	ZInsO	ZIP	WM / VersR	
05.07.2005	OLG Düsseldorf	4 U 133/04						VersR 2006, 250	65
09.06.2005	BGH	IX ZR 152/03		DZWIR 2005, 432	NZI 2005, 497	ZInsO 2005, 766	ZIP 2005, 1243	WM 2005, 1474	**318, 339**
02.06.2005	BGH	IX ZR 181/03		DZWIR 2006, 29	NZI 2005, 622	ZInsO 2005, 932	ZIP 2005, 1651	WM 2005, 1790	32, 292
02.06.2005	BGH	IX ZR 263/03		DZWIR 2006, 31	NZI 2005, 553	ZInsO 2005, 884	ZIP 2005, 1521	WM 2005, 1712	**96, 174**
02.06.2005	BGH	IX ZB 235/04		DZWIR 2005, 513	NZI 2005, 499	ZInsO 2005, 707	ZIP 2005, 1334	WM 2005, 1573	**523**
24.05.2005	BGH	IX ZR 123/04	BGHZ 163, 134	DZWIR 2006, 25	NZI 2005, 547	ZInsO 2005, 807	ZIP 2005, 1426	WM 2005, 1468	250, 311
21.04.2005	BGH	IX ZR 24/04			NZI 2005, 389	ZInsO 2005, 648	ZIP 2005, 992	WM 2005, 1033	**490**

Datum	Gericht	Az.	BGHZ	DZWIR	NZI	ZInsO	ZIP	weitere	Seite
08.04.2005	OLG Karlsruhe	14 U 200/03			NZI 2006, 103	ZInsO 2005, 552	ZIP 2005, 1248	MDR 2006, 233	**25**
07.04.2005	BGH	IX ZR 138/04		DZWIR 2005, 384	NZI 2005, 384	ZInsO 2005, 535	ZIP 2005, 909	NJW 2005, 2231	**62**
05.04.2005	BGH	XI ZR 167/04					ZIP 2005, 1024	WM 2005, 1076	236
03.03.2005	BGH	IX ZR 441/00	BGHZ 162, 276	DZWIR 2005, 297	NZI 2005, 323	ZInsO 2005, 431	ZIP 2005, 767	WM 2005, 853	13, **416**
28.02.2005	BGH	II ZR 103/02			NZI 2005, 350	ZInsO 2005, 653	ZIP 2005, 660	WM 2005, 747	472
10.02.2005	BGH	IX ZR 211/02	BGHZ 162, 143	DZWIR 2005, 213	NZI 2005, 215	ZInsO 2005, 260	ZIP 2005, 494	WM 2005, 564	7, **49**, 119, 160, 312, 356
13.01.2005	OLG Stuttgart	2 U 164/04				ZInsO 2005, 942	ZIP 2005, 1837	EWiR 2005, 479	177
09.12.2004	BGH	IX ZR 108/04	BGHZ 161, 315	DZWIR 2005, 151	NZI 2005, 218	ZInsO 2005, 88	ZIP 2005, 314	WM 2005, 240	153
18.11.2004	BGH	IX ZR 299/00			NZI 2005, 329	ZInsO 2005, 439	ZIP 2005, 769	WM 2005, 804	337, **391**

11.11.2004	BGH	IX ZR 237/03					ZIP 2005, 181	WM 2005, 178	72
04.11.2004	BGH	IX ZR 22/03	BGHZ 161, 49	DZWIR 2005, 80	NZI 2005, 99	ZInsO 2004, 1353	ZIP 2004, 2442	NJW 2005, 675	**87, 88**
23.09.2004	BGH	IX ZR 25/03		DZWIR 2005, 123	NZI 2005, 165	ZInsO 2005, 148	ZIP 2005, 40	WM 2005, 126	**237**
22.07.2004	BGH	IX ZR 183/03		DZWIR 2004, 472	NZI 2004, 623	ZInsO 2004, 967	ZIP 2004, 1819	WM 2004, 1837	440
29.06.2004	BGH	IX ZR 258/02	BGHZ 159, 397				ZIP 2004, 1619	WM 2004, 1689	176
29.06.2004	BGH	IX ZR 195/03	BGHZ 159, 388	DZWIR 2004, 519	NZI 2004, 580	ZInsO 2004, 852	ZIP 2004, 1558	WM 2004, 1693	526
17.06.2004	BGH	IX ZR 124/03		DZWIR 2004, 466	NZI 2004, 492	ZInsO 2004, 856	ZIP 2004, 1509	WM 2004, 1576	335
13.05.2004	BGH	IX ZR 190/03			NZI 2005, 692	ZInsO 2004, 859	ZIP 2004, 1512	WM 2004, 1587	**46, 360,** 378

13.05.2004	OLG Koblenz	5 U 1539/03						WM 2004, 1931	420
11.03.2004	BGH	IX ZR 160/02		DZWIR 2004, 332	NZI 2004, 372	ZInsO 2004, 616	ZIP 2004, 1060	WM 2004, 1141	293, **382**
12.02.2004	BGH	IX ZR 98/03		DZWIR 2004, 379	NZI 2004, 314	ZInsO 2004, 342	ZIP 2004, 620	NJW 2004, 1660	**294**, 459
05.02.2004	BGH	IX ZR 473/00		DZWIR 2004, 328	NZI 2004, 374	ZInsO 2004, 499	ZIP 2004, 917	NJW-RR 2004, 983	**100**
22.01.2004	BGH	IX ZR 39/03	BGHZ 157, 350	DZWIR 2004, 301	NZI 2004, 206	ZInsO 2004, 270	ZIP 2004, 513	WM 2004, 517	32, 187
18.12.2003	BGH	IX ZR 199/02	BGHZ 157, 242	DZWIR 2004, 297	NZI 2004, 201	ZInsO 2004, 145	ZIP 2004, 319	WM 2004, 299	9, 302, **303**, 328
11.12.2003	BGH	IX ZR 336/01			NZI 2004, 253	ZInsO 2004, 149	ZIP 2004, 671	WM 2004, 540	435, **447**
25.11.2003	OLG Frankfurt	9 U 127/02		DZWIR 2005, 36	NZI 2004, 267	ZInsO 2004, 211	ZIP 2004, 271	KKZ 2005, 122	**531**
20.11.2003	BGH	IX ZR 259/02		DZWIR 2004, 205	NZI 2004, 137	ZInsO 2003, 1137	ZIP 2004, 42	WM 2004, 39	238

Datum	Gericht	Az.	BGHZ	DZWIR	NZI	ZInsO	ZIP	NJW/WM	Seiten
23.10.2003	BGH	IX ZR 252/01	BGHZ 156, 350	DZWIR 2004, 293	NZI 2004, 78	ZInsO 2003, 1096	ZIP 2003, 2307	NJW 2004, 214	15, 61, 63, 67, 432, 485, **513**
09.10.2003	BGH	IX ZR 28/03		DZWIR 2004, 78	NZI 2004, 82	ZInsO 2003, 1101	ZIP 2003, 2370	WM 2003, 2458	239
17.07.2003	BGH	IX ZR 272/02		DZWIR 2003, 519	NZI 2003, 597	ZInsO 2003, 850	ZIP 2003, 1799	NJW 2003, 3560	11, 310, 356, 363, **364**, 409
10.07.2003	BGH	IX ZR 89/02		DZWIR 2003, 515	NZI 2003, 542	ZInsO 2003, 755	ZIP 2003, 1666	WM 2003, 400	388
27.05.2003	BGH	IX ZR 169/02	BGHZ 155, 75		NZI 2003, 533	ZInsO 2003, 764	ZIP 2003, 1506	WM 2003, 1690	50, **280**, 361, 366, 372, 394
27.05.2003	BGH	IX ZR 51/02	BGHZ 155, 87		NZI 2003, 491	ZInsO 2003, 607	ZIP 2003, 1208	WM 2003, 1384	74
15.05.2003	BGH	IX ZR 194/02			NZI 2003, 433	ZInsO 2003, 611	ZIP 2003, 1304	WM 2003, 1278	9

			BGHZ	DZWIR	NZI	ZInsO	ZIP	WM / ZVI	
20.03.2003	BGH	IX ZR 166/02			NZI 2003, 320	ZInsO 2003, 372	ZIP 2003, 808	WM 2003, 896	**53**, 333
13.03.2003	BGH	IX ZR 64/02	BGHZ 154, 190	DZWIR 2003, 291	NZI 2003, 315	ZInsO 2003, 417	ZIP 2003, 810	WM 2003, 893	175, **342**
09.01.2003	BGH	IX ZR 85/02			NZI 2003, 197	ZInsO 2003, 178	ZIP 2003, 356	WM 2003, 398	308
09.01.2003	BGH	IX ZR 175/02			NZI 2003, 322	ZInsO 2003, 180	ZIP 2003, 410	WM 2003, 400	390
19.12.2002	BGH	IX ZR 377/99		DZWIR 2003, 207	NZI 2003, 253	ZInsO 2003, 324	ZIP 2003, 488	WM 2003, 524	474
01.10.2002	BGH	IX ZR 360/99			NZI 2003, 34	ZInsO 2002, 1136	ZIP 2002, 2182	WM 2002, 2369	**206**, 284, 332
18.07.2002	BGH	IX ZR 195/01	BGHZ 151, 353	DZWIR 2002, 470	NZI 2002, 543	ZInsO 2002, 819	ZIP 2002, 1625	ZVI 2002, 250	93, 343
18.07.2002	BGH	IX ZR 480/00		DZWIR 2003, 31	NZI 2002, 602	ZInsO 2002, 876	ZIP 2002, 1540	WM 2002, 1808	**503**
25.04.2002	BGH	IX ZR 313/99	BGHZ 150, 353	DZWIR 2003, 20	NZI 2002, 375	ZInsO 2002, 577	ZIP 2002, 1093	WM 2002, 1199	3, 45, 65, 226

18.04.2002	BGH	IX ZR 219/01	BGHZ 150, 326		NZI 2002, 485	ZInsO 2002, 670	ZIP 2002, 1204	WM 2002, 1416	492
11.04.2002	BGH	IX ZR 211/01			NZI 2002, 378	ZInsO 2002, 581	ZIP 2002, 1159	WM 2002, 1193	48
07.03.2002	BGH	IX ZR 223/01	BGHZ 150, 122	DZWIR 2002, 385	NZI 2002, 311	ZInsO 2002, 426	ZIP 2002, 812	WM 2002, 951	27, 33, 246, 297, 333, **494**, 501
07.02.2002	BGH	IX ZR 115/99		DZWIR 2002, 251	NZI 2002, 255	ZInsO 2002, 276	ZIP 2002, 489	WM 2002, 561	374, 449
24.01.2002	BGH	IX ZR 180/99			NZI 2002, 257	ZInsO 2002, 278	ZIP 2002, 535	WM 2002, 558	220
20.12.2001	BGH	IX ZR 419/98			NZI 2002, 276	ZInsO 2002, 226	ZIP 2002, 407	WM 2002, 337	288
20.11.2001	BGH	IX ZR 48/01	BGHZ 149, 178	DZWIR 2003, 110	NZI 2002, 91	ZInsO 2002, 29	ZIP 2002, 87	NJW 2002, 515	273, 379, 388
25.10.2001	BGH	IX ZR 17/01	BGHZ 149, 100	DZWIR 2002, 119	NZI 2002, 88	ZInsO 2001, 1150	ZIP 2001, 2235	WM 2001, 2398	**191**, 270, 278, 311, **357**, 413

Datum	Gericht	Aktenzeichen	BGHZ	DZWIR	ZInsO	NZI	ZIP	WM/NJW u.a.	Seite
04.10.2001	BGH	IX ZR 207/00				NZI 2002, 35	ZIP 2001, 2055	NJW-RR 2002, 262	36, 65
04.10.2001	BGH	IX ZR 81/99			ZInsO 2001, 1049	NZI 2002, 34	ZIP 2001, 2097	WM 2001, 2181	253
27.09.2001	BGH	IX ZR 471/00					ZIP 2004, 917	BGHReport 2002, 258	459
19.07.2001	BGH	IX ZR 36/99			ZInsO 2001, 904	NZI 2001, 585	ZIP 2001, 1641	WM 2001, 1777	166
07.06.2001	BGH	IX ZR 195/00		DZWIR 2001, 460	ZInsO 2001, 661	NZI 2001, 539	ZIP 2001, 1248	WM 2001, 1476	186, 189
26.04.2001	BGH	IX ZR 53/00			ZInsO 2001, 508	NZI 2001, 418	ZIP 2001, 933	NJW 2001, 2477	21, 138
05.04.2001	BGH	IX ZR 216/98	BGHZ 147, 233		ZInsO 2001, 464	NZI 2001, 357	ZIP 2001, 885	WM 2001, 1041	98, 167, 283
29.03.2001	BGH	IX ZR 34/00	BGHZ 147, 193	DZWIR 2002, 153			ZIP 2001, 825	WM 2001, 898	186

Datum	Gericht	Aktenzeichen	BGHZ	DZWIR	NZI	ZInsO	ZIP	WM	
22.02.2001	BGH	IX ZR 191/98	BGHZ 147, 28		NZI 2001, 537	ZInsO 2001, 708	ZIP 2001, 1380	WM 2001, 1470	36
25.01.2001	BGH	IX ZR 6/00		DZWIR 2001, 374	NZI 2001, 247	ZInsO 2001, 318	ZIP 2001, 524	WM 2001, 689	253
28.09.2000	BGH	VII ZR 372/99	BGHZ 145, 245	DZWIR 2001, 429	NZI 2001, 23		ZIP 2000, 2207	WM 2000, 2453	36, **147**, 170
11.05.2000	BGH	IX ZR 262/98			NZI 2000, 422	ZInsO 2000, 410	ZIP 2000, 1061	NJW 2000, 3777	**539**
06.04.2000	BGH	IX ZR 122/99			NZI 2000, 364	ZInsO 2000, 349	ZIP 2000, 932	WM 2000, 1072	**240**
06.04.2000	BGH	IX ZR 422/98	BGHZ 144, 192	DZWIR 2000, 428	NZI 2000, 306	ZInsO 2000, 330	ZIP 2000, 895	WM 2000, 1052	332
21.03.2000	BGH	IX ZR 138/99			NZI 2000, 310	ZInsO 2000, 333	ZIP 2000, 898	WM 2000, 1071	52, 184
09.03.2000	BGH	IX ZR 355/98		DZWIR 2000, 433	NZI 2000, 308	ZInsO 2000, 284	ZIP 2000, 757	WM 2000, 933	144, 148

			BGHZ	DZWIR	NZI	ZInsO	ZIP	WM / NJW	
25.02.1999	BGH	IX ZR 353/98			NZI 1999, 194	ZInsO 1999, 289	ZIP 1999, 665	WM 1999, 781	494
21.01.1999	BGH	IX ZR 329/97			NZI 1999, 152	ZInsO 1999, 165	ZIP 1999, 406	WM 1999, 456	306, 456
21.01.1999	BGH	IX ZR 429/97			NZI 1999, 111	ZInsO 1999, 163	ZIP 1999, 316	NJW 1999, 1033	456
17.12.1998	BGH	IX ZR 196/97			NZI 1999, 114	ZInsO 1999, 181	ZIP 1999, 196	WM 1999, 226	231
07.12.1998	BGH	II ZR 382/96	BGHZ 140, 147	DZWIR 1999, 246	NZI 1999, 68	ZInsO 1999, 173	ZIP 1999, 65	NJW 1999, 577	137
03.12.1998	BGH	IX ZR 313/97		DZWIR 1999, 203	NZI 1999, 70	ZInsO 1999, 107	ZIP 1999, 76	WM 1999, 12	36, 37
08.10.1998	BGH	IX ZR 337/97			NZI 1998, 118	ZInsO 1998, 395	ZIP 1998, 2008	WM 1998, 2345	337, 380
02.04.1998	BGH	IX ZR 232/96					ZIP 1998, 830	WM 1998, 1037	375
19.03.1998	BGH	IX ZR 22/97	BGHZ 138, 291	DZWIR 1998, 368		ZInsO 1998, 89	ZIP 1998, 793	WM 1998, 968	77, 116, 309

Datum	Gericht	Aktenzeichen	BGHZ	DZWIR	ZIP	NJW/WM	Seiten
04.12.1997	BGH	IX ZR 47/97		DZWIR 1998, 284		NJW 1998, 1561	393, **395**, 405
18.11.1997	BGH	VI ZR 11/97			ZIP 1998, 31	WM 1998, 721	319
25.09.1997	BGH	IX ZR 231/96			ZIP 1997, 1926	NJW 1998, 607	370
09.09.1997	BGH	IX ZR 14/97	BGHZ 136, 309		ZIP 1997, 1929	WM 1997, 2093	18, 54, **299**, 304
06.05.1997	BGH	XI ZR 135/96	BGHZ 135, 307		ZIP 1997, 1148	WM 1997, 1194	181
20.03.1997	BGH	IX ZR 71/96	BGHZ 135, 140		ZIP 1997, 737	WM 1997, 831	35, 74, 184, 288, 297, 529
13.03.1997	BGH	IX ZR 93/96			ZIP 1997, 853	WM 1997, 921	**323**
27.02.1997	BGH	IX ZR 5/96	BGHZ 135, 25	DZWIR 1998, 64	ZIP 1997, 688	WM 1997, 794	45
30.01.1997	BGH	IX ZR 89/96			ZIP 1997, 513	WM 1997, 545	26, 130

Datum	Gericht	Aktenzeichen	Sammlung	ZIP	NJW/WM	Seite
09.01.1997	BGH	IX ZR 1/96		ZIP 1997, 367	NJW 1997, 1063	**350**
24.10.1996	BGH	IX ZR 284/95		ZIP 1996, 2080	WM 1996, 2250	56
19.09.1996	BGH	IX ZR 249/95	BGHZ 133, 298	ZIP 1996, 1829	WM 1996, 1983	**465**
11.07.1996	BGH	IX ZR 226/94		ZIP 1996, 1516	WM 1996, 3147	**150**
14.05.1996	BGH	XI ZR 257/94	BGHZ 133, 25	ZIP 1996, 1164	WM 1996, 1128	290
27.04.1995	BGH	IX ZR 147/94		ZIP 1995, 929	WM 1995, 1113	**256**
04.04.1995	BFH	VII R 82/94	BFHE 177, 224			453

16.03.1995	BGH	IX ZR 72/94		ZIP 1995, 630	NJW 1995, 1668	21
19.12.1994	BGH	II ZR 10/94		ZIP 1995, 280	NJW 1995, 658	469
15.12.1994	BGH	IX ZR 153/93	BGHZ 128, 184	ZIP 1995, 134	NJW 1995, 659	6
06.12.1994	BGH	XI ZR 173/94	BGHZ 128, 135	ZIP 1995, 109	WM 1995, 149	496
11.11.1993	BGH	IX ZR 257/92	BGHZ 124, 76	ZIP 1994, 40	WM 1994, 171	166
30.09.1993	BGH	IX ZR 227/92	BGHZ 123, 320	ZIP 1993, 1653	WM 1993, 2099	213, 235, 309, 392, 475, **476**
08.07.1993	BGH	IX ZR 116/92	BGHZ 123, 183	ZIP 1993, 1662	WM 1993, 1729	180
24.06.1993	BGH	IX ZR 96/92		ZIP 1993, 1170	WM 1993, 1801	**443**
19.11.1992	BGH	IX ZR 45/92		ZIP 1993, 213	NJW-RR 1993, 301	**196**

12.11.1992	BGH	IX ZR 236/91		ZIP 1993, 276	NJW-RR 1993, 238	398
12.11.1992	BGH	IX ZR 237/91		ZIP 1993, 271	WM 1993, 265	474
30.04.1992	BGH	IX ZR 176/91	BGHZ 118, 171	ZIP 1992, 778	WM 1992, 1083	**80**, 181
07.05.1991	BGH	IX ZR 30/90	BGHZ 114, 315	ZIP 1991, 737	WM 1991, 1227	526
28.02.1991	BGH	IX ZR 74/90	BGHZ 113, 393	ZIP 1991, 454	NJW 1991, 1610	414
03.12.1990	BGH	II ZR 215/89		ZIP 1991, 445	WM 1991, 454	217
29.11.1990	BGH	IX ZR 29/90	BGHZ 113, 98	ZIP 1991, 35	WM 1991, 112	419, 445, 461, 512
12.07.1990	BGH	IX ZR 245/89	BGHZ 112, 136	ZIP 1990, 1088	WM 1990, 1588	399
06.11.1989	BGH	II ZR 62/89		ZIP 1990, 53	WM 1990, 34	75

Datum	Gericht	Aktenzeichen	BGHZ			
16.10.1989	BGH	II ZR 307/88	BGHZ 109, 55		ZIP 1989, 1542	DB 1989, 466
19.09.1988	BGH	II ZR 255/87	BGHZ 105, 168		ZIP 1988, 1248	WM 1988, 1525 · 174
07.06.1988	BGH	IX ZR 144/87	BGHZ 104, 355		ZIP 1988, 1060	WM 1988, 1244 · 230, 321, 450, 482
17.03.1988	BGH	III ZR 101/87				NJW-RR 1988, 1012 · 545
11.12.1986	BGH	IX ZR 78/86			ZIP 1987, 305	NJW 1987, 1268 · **125**
29.09.1986	BGH	II ZR 283/85			ZIP 1986, 1537	WM 1986, 1409 · 83
05.12.1985	BGH	IX ZR 165/84			ZIP 1986, 452	WM 1986, 296 · 171
07.11.1985	BGH	III ZR 142/84				NJW 1986, 978 · 326

Datum	Gericht	Aktenzeichen	BGHZ				ZIP	NJW/WM	
01.07.1985	BGH	II ZR 155/84	BGHZ 95, 149				ZIP 1985, 1126	WM 1985, 1057	81, 82
15.05.1985	BGH	IVb ZR 33/84	BGHZ 94, 316					NJW 1985, 2263	236
11.04.1984	BGH	VIII ZR 302/82	BGHZ 91, 73					WM 1984, 938	327
01.03.1984	BGH	IX ZR 34/83					ZIP 1984, 809	NJW 1984, 1953	369
19.01.1984	BGH	VII ZR 110/83	BGHZ 89, 376				ZIP 1984, 427	WM 1984, 423	111
26.01.1983	BGH	VIII ZR 257/81	BGHZ 86, 340				ZIP 1983, 334	WM 1983, 213	102
15.12.1982	BGH	VIII ZR 264/81					ZIP 1983, 32	NJW 1983, 1679	418
13.07.1981	BGH	II ZR 256/79	BGHZ 81, 252				ZIP 1981, 974	WM 1981, 870	466
05.11.1980	BGH	VIII ZR 230/79	BGHZ 78, 318				ZIP 1981, 31	WM 1981, 32	165

11.06.1980	BGH	VIII ZR 62/79	BGHZ 77, 250		ZIP 1980, 618	WM 1980, 1047	**155**
21.05.1980	BGH	VIII ZR 40/79			ZIP 1980, 518	WM 1980, 779	103
17.03.1980	BGH	II ZR 11/79	BGHZ 76, 320		ZIP 1980, 366	WM 1980, 524	468
13.11.1978	BGH	AnwSt (R) 13/78	BGHSt 28, 174			NJW 1979, 770	459
21.12.1977	BGH	VIII ZR 255/76	BGHZ 70, 177			NJW 1978, 758	474
26.01.1977	BGH	VIII ZR 122/75				WM 1977, 254	479
15.10.1975	BGH	VIII ZR 62/74				WM 1975, 1182	102
14.05.1975	BGH	VIII ZR 254/73	BGHZ 64, 312			WM 1975, 534	243
27.11.1974	BGH	VIII ZR 21/73				WM 1975, 6	218

18.10.1973	BGH	VII ZR 8/73	BGHZ 61, 289					WM 1973, 1374	111
25.09.1972	BGH	VIII ZR 216/71	BGHZ 59, 230					NJW 1972, 2084	285, 329
15.03.1972	BGH	VIII ZR 159/70	BGHZ 58, 240						479
21.09.1965	BGH	V ZR 65/63						WM 1965, 1066	471
15.04.1964	BGH	VIII ZR 232/62	BGHZ 41, 298					WM 1964, 590	105, 418
31.10.1963	BGH	VII ZR 285/61	BGHZ 40, 272					WM 1964, 85	111
11.07.1961	BGH	VI ZR 208/60						NJW 1961, 2016	276
24.11.1959	BGH	VIII ZR 220/57						WM 1960, 377	346
30.06.1959	BGH	VIII ZR 11/59	BGHZ 30, 238					WM 1959, 944	22

30.05.1958	BGH	V ZR 295/56	BGHZ 27, 360	WM 1958, 903	3, 38
05.01.1955	BGH	IV ZR 154/54		NJW 1955, 544	3, 38
25.09.1952	BGH	IV ZR 13/52		BB 1952, 868	346

Stichwortverzeichnis

Die Zahlen verweisen auf die Randnummern. Hauptfundstellen sind fett hinterlegt.

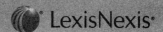